Conzelmann/Schmidt/Valkanover
Persönlichkeitsentwicklung durch Schulsport

Verlag Hans Huber
Programmbereich Psychologie

W0074140

Achim Conzelmann
Mirko Schmidt
Stefan Valkanover

Persönlichkeitsentwicklung durch Schulsport

Theorie, Empirie und Praxisbausteine
der Berner Interventionsstudie Schulsport (BISS)

Unter Mitarbeit von Regine Berger, Sandra Crameri und Martin Joss

Mit Materialien zum Download:
www.ispw.unibe.ch/biss

Verlag Hans Huber

Anschrift der Autoren:
Prof. Dr. Achim Conzelmann
Dr. Mirko Schmidt
Dr. Stefan Valkanover
Institut für Sportwissenschaft
Bremgartenstr. 145
3012 Bern

Zeichnungen: Luzi Etter / www.luzi.eu

Lektorat: Tino Heeg
Herstellung: Daniel Berger
Umschlagillustration: BASPO, Ueli Känzig
Umschlaggestaltung: Claude Borer, Basel
Druckvorstufe: punktgenau gmbh, Bühl
Druck und buchbinderische Verarbeitung: AZ Druck und Datentechnik GmbH, Kempten
Printed in Germany

Bibliografische Information der Deutschen Nationalbibliothek
Die Deutsche Nationalbibliothek verzeichnet diese Publikation in der Deutschen Nationalbibliografie; detaillierte bibliografische Daten sind im Internet über http://dnb.d-nb.de abrufbar.

Anregungen und Zuschriften bitte an:
Verlag Hans Huber
Lektorat Psychologie
Länggass-Strasse 76
CH-3000 Bern 9
Tel: 0041 (0)31 300 4500
Fax: 0041 (0)31 300 4593
verlag@hanshuber.com
www.verlag-hanshuber.com

1. Auflage 2011
© 2011 by Verlag Hans Huber, Hogrefe AG, Bern
(E-Book-ISBN 978-3-456-94948-2)
ISBN 978-3-456-84948-5

Inhaltsverzeichnis

Vorwort

Phokion Henry Clias (1782–1854), eigentlich Heinrich Käslin aus Beckenried, ein Mitbegründer des Turnunterrichtes in der Schweiz und übrigens auch erster Hochschulsportlehrer an der Universität Bern, war dank seiner vielfältigen Erfahrungen überzeugt, dass turnerisches Handeln zwar mit patriotischen sowie militärischen Anliegen eng zusammenhänge, doch weit mehr in *pädagogischer* Hinsicht bedeutungsvoll sei. Auch ich habe, vorerst als Sportfunktionär und danach als Bundesrat und Sportminister des VBS, erkennen können, welch enorme *erzieherische Kraft* in einem *fair* betriebenen Sport stecken kann. Als UNO-Sonderbeauftragter für Sport im Dienste von Entwicklung und Frieden ist mir noch klarer geworden, wie sinnvoll inszenierter, d. h. *verantwortungsvoll* begleiteter sowie *wissenschaftlich* unterstützter Sportunterricht, eine buchstäblich maßgebende *bildungsrelevante* Funktion erfüllen kann!

Dem seit 2005 am Institut für Sportwissenschaft der Universität Bern erfolgreich wirkenden Prof. Dr. Achim Conzelmann und seinem kompetenten Mitarbeiter- und Autoren-Team ist es mit der hier vorliegenden – und wie ich überzeugt bin – *wegweisenden* Publikation eindrücklich gelungen, das ewig-klassische Thema *Persönlichkeitsentwicklung durch Schulsport* grundlegend neu aufzurollen. Mit bemerkenswertem Spürsinn nehmen sie zur nach wie vor faszinierenden Frage Stellung, *ob* überhaupt und wenn, dann *inwiefern* der Schulsport aus unseren Kindern sogenannt *bessere* Menschen machen könne. Nur eine systematische Überprüfung der behaupteten Zusammenhänge kann schließlich zu einem fruchtbar aufzubereitenden Terrain beitragen, auf dem auch aufgezeigt werden kann, auf welche Art und Weise *persönlichkeitsbildende Ziele* im Sportunterricht erreicht werden können. Dazu braucht es zwingend entsprechend profund ausgebildete Lehrpersonen, die in ihrer Vorbildfunktion überzeugen, um jene günstigen Voraussetzungen und Rahmenbedingungen schaffen zu können, die es sowohl in einer Erziehung *zum* Sport als auch in einer Erziehung *durch* Sport pädagogisch-ethisch zu nutzen gilt.

Auch als Ehrendoktor der philosophisch-humanwissenschaftlichen Fakultät der Universität Bern bin ich irgendwie *stolz* auf diese Publikation, deren Autoren großen Dank und viel Anerkennung verdienen! Dem *richtungsweisenden* Werk wünsche ich die ihm gebührende Verbreitung und eine interessierte Leserschaft!

Adolf Ogi, Dr. h. c.; alt Bundesrat

Dank

Die vorliegende Publikation fasst die Ergebnisse eines mehrjährigen For-schungsprojekts zusammen, das von der Abteilung Sportwissenschaft I des Instituts für Sportwissenschaft der Universität Bern in Zusammenarbeit mit Dozierenden der Pädagogischen Hochschule Bern durchgeführt wurde. Ohne die tatkräftige Mitarbeit der beteiligten Personen hätte unsere *Berner Inter-ventionsstudie Schulsport (BISS)* nicht in dieser Form durchgeführt und mit dem nun vorliegenden Bericht abgeschlossen werden können:

Unsere beiden Kolleginnen und unser Kollege von der Pädagogischen Hochschule Bern, Regine Berger, Sandra Crameri und Martin Joss, haben die BISS von Anfang an intensiv begleitet. Sie haben entscheidenden Anteil an der gelungenen Übersetzung der theoretischen Überlegungen in konkrete Unterrichtsentwürfe, waren maßgeblich an der Fortbildung der Primarlehre-rinnen und -lehrer beteiligt und zeichnen mitverantwortlich für Kapitel 4 dieses Buches.

In einzelnen Phasen der Projektplanung und -durchführung haben uns Dorothee Anders und Dr. Erin Gerlach als Assistierende sowie unsere Hilfs-assistierenden Ruedi Beck, Renate Bickel und Vanessa Stürmlin tatkräftig unterstützt.

Esther Oswald (Assistentin in unserer Abteilung) hat beim Kapitel 3 mit-gearbeitet und unterstützte uns, wie auch Fabienne Egger (Hilfsassistentin), bei redaktionellen Arbeiten.

23 Primarlehrerinnen und -lehrer haben sich bereit erklärt, mit ihren Schulklassen an der Studie teilzunehmen. Diejenigen, die Experimentalklas-sen betreuten, haben zudem mehrere Schulungen besucht und die von uns konzipierten Unterrichtsbausteine engagiert umgesetzt.

Insgesamt waren 446 Schülerinnen und Schüler in die Studie involviert und haben umfangreiche Befragungen und sportmotorische Testungen (mit großer Freude!) über sich ergehen lassen. Letztendlich waren sie (und ihre Persönlich-keitsentwicklung) die Hauptpersonen (die Hauptsache) bei unserer Studie!

All den genannten, direkt am Projekt oder an der Publikation beteiligten Personen, gilt unser herzlicher Dank!

Schulsportinterventionen bedürfen der Genehmigung und Unterstützung verschiedener Personen und Institutionen:

In erster Linie danken wir den Eltern, die ihren Kindern erlaubt haben, an der Studie teilzunehmen. Einen weiteren Dank möchten wir der Erziehungsdirektion des Kantons Bern, namentlich Markus Christen vom Amt für Kindergarten, Volksschule und Beratung sowie den verschiedenen involvierten kommunalen Schulbehörden im Kanton Bern aussprechen: Ein Merçi nach Belp, Köniz (Wabern, Spiegel), Münchenbuchsee, Münsingen, Ostermundigen, Wohlen, Zollikofen, Interlaken und Hindelbank. Für die frühe Unterstützung des Projekts bedanken wir uns bei Irene Hänsenberger, Leiterin des Schulamts der Stadt Bern. Und schließlich gebührt ein Dank den Schulleitungen der beteiligten Schulen, dass sie uns die Durchführung der Intervention ermöglicht haben.

Ohne finanzielle Unterstützung sind breit angelegte Interventionsstudien nicht möglich. Unser Projekt wurde in den Jahren 2007 bis 2009 von der Eidgenössischen Sportkommission (ESK; Präsident: Hans Höhener) gefördert. Unser besonderer Dank gilt dabei der Arbeitsgruppe Forschung ESK (Präsident: Prof. Dr. Thomas Zeltner), die das Forschungsvorhaben (Conzelmann & Valkanover, 2006) als förderungswürdig eingestuft hat.

Bedanken möchten wir uns auch beim Verlag Hans Huber, der uns die Möglichkeit geboten hat, unsere Ideen in einem renommierten Verlag zu publizieren. Ein besonderer Dank gilt dabei unserem Lektor, Herrn Tino Heeg, der uns stets hilfsbereit und sachkundig unterstützt hat.

Und schließlich bedanken wir uns bei Adolf Ogi, alt Bundesrat und von 2001 bis 2007 UNO-Sonderbeauftragter für Sport im Dienste von Entwicklung und Frieden im Auftrag der Vereinten Nationen, der seit vielen Jahren auf die Bedeutung sportlicher Aktivitäten für die Persönlichkeitsentwicklung verweist. Er hat es sich als Ehrendoktor der Philosophisch-humanwissenschaftlichen Fakultät der Universität Bern nicht nehmen lassen, ein Vorwort für unsere Publikation zu verfassen.

Bern und Hamilton, im März 2011
Achim Conzelmann, Mirko Schmidt & Stefan Valkanover

Einführung

Macht Schulsport «bessere» Menschen aus unseren Kindern? Mit dieser Frage, bei der es um die Möglichkeiten und Grenzen der Persönlichkeitsentwicklung durch Schulsport[1] geht, beschäftigt sich die vorliegende Publikation. Die Thematik *Persönlichkeitsentwicklung durch Schulsport* hat nicht nur in der Theorie der Leibeserziehung bzw. der Sportpädagogik eine lange Tradition, sondern war und ist auch sport- und bildungspolitisch von enormer Bedeutung.

Bei sportpädagogischen Begründungen hinsichtlich der positiven Wirkungen des Schulsports auf die Persönlichkeitsentwicklung stand seit jeher die normativ orientierte bildungstheoretische Argumentation im Vordergrund. Demgegenüber wurde der Frage nach der empirischen Bewährung der normativen Aussagen zu den (vermeintlich) positiven Wirkungen des Sportunterrichts bislang zu wenig Aufmerksamkeit geschenkt. Angesichts der aktuellen bildungspolitischen Diskussion um den Schulsport (z. B. 3-Stundenobligatorium an Schweizer Schulen) und dessen persönlichkeitsbildenden Intentionen[2] ist allerdings die systematische Überprüfung der Zusammenhänge zwischen Schulsport und Persönlichkeitsentwicklung in zweifacher Hinsicht zwingend: erstens für eine empirisch fundierte (evidenzbasierte) Legitimation des Schulsports und zweitens für die Erarbeitung konkreter Handlungsempfehlungen zum Erreichen der formulierten persönlichkeitsbildenden Ziele.

Was dürfen die Leserinnen und Leser von diesem Band erwarten? Sicherlich kann keine erschöpfende Antwort auf die eingangs gestellte Frage gegeben

---

1 Wenn im Folgenden von Schulsport die Rede ist, so ist immer der von Lehrpersonen angeleitete, obligatorische Sportunterricht gemeint.

2 In der sportpädagogischen Literatur, in bildungspolitischen Rahmenordnungen und in unterschiedlichsten Lehrplänen finden sich verschiedene Begründungslinien für den Schulsport bzw. für den Sportunterricht, die sich im Wesentlichen zu drei Kernthemen zusammenfassen lassen: (1) körperliche Gesundheit und motorische Entwicklung fördern, (2) Sport- und Bewegungskultur erschließen und (3) die Persönlichkeit entwickeln (vgl. Kapitel 1.1). Die beiden erstgenannten Begründungen sind wichtig und unbestritten, da sie aber nicht Gegenstand dieser Publikation sind, werden sie im Folgenden nicht weiter thematisiert.

werden. Dafür handelt es sich um eine zu komplexe Fragestellung, wie Kapitel 1 zeigen wird. Andererseits verfolgen wir eine breitere Zielsetzung. Es geht nicht nur um eine Ja-Nein-Antwort hinsichtlich der persönlichkeitsbildenden Wirkung des Schulsports. Vielmehr steht das *Wie* im Zentrum des Interesses, also die Frage, auf welche Weise im Sportunterricht persönlichkeitsbildende Ziele erreicht werden können.

Was ist das Spezifische am vorliegenden Band? Wir haben uns zum Ziel gesetzt, die Ob- und die Wie-Frage der Möglichkeiten des Schulsports für die Persönlichkeitsentwicklung aus *verschiedenen Perspektiven* und auf *unterschiedlichen Abstraktionsniveaus* zu bearbeiten. Mit einer ausführlichen Problembeschreibung auf einer theoretischen Ebene beginnend, wird der Gegenstand zunehmend konkretisiert und bis auf die Ebene der praktischen Umsetzung persönlichkeitsbildender Lehr-/Lerninhalte in der einzelnen Schulstunde bearbeitet. Damit soll auch ein exemplarischer Beitrag zur Überbrückung des in der sportwissenschaftlichen Diskussion vielfach beklagten «Theorie-Praxis-Grabens» geliefert werden.

Mit Blick auf die berechtigte Forderung nach evidenzbasierten Aussagen für die persönlichkeitsbildende Funktion des Schulsports darf schließlich die empirische Überprüfung der Wirksamkeit der ausgearbeiteten Lehrinhalte im Rahmen einer quasiexperimentellen Interventionsstudie nicht fehlen. Diese Studie liefert auch wichtige Befunde für die realistischen Möglichkeiten der positiven Beeinflussung der Persönlichkeit im Rahmen des Sportunterrichts.

Der Band gliedert sich in sechs Kapitel:

- In Kapitel 1 werden zunächst sportpädagogische Postulate zu den positiven Wirkungen des (Schul-)Sports diskutiert. Dabei zeigt sich ein konsistentes Bild dahingehend, dass dem Schulsport unisono entsprechende Wirkungen nachgesagt werden. Allerdings wird erstens in den Postulaten mit unterschiedlichen Begrifflichkeiten operiert, was bereits Hinweise auf die Komplexität und Inhomogenität der Thematik gibt. Zweitens ist die empirische Basis für die jeweils postulierten Wirkungen dünn und zwar insofern, als den Positionen meist persönliche Erfahrungen und nur vereinzelt dezidierte wissenschaftliche Befunde zugrunde liegen. Im weiteren Verlauf von Kapitel 1 wird deshalb der Gegenstand *Sport und Persönlichkeit* präzisiert und es wird eine Kurzübersicht über den Stand der sportpsychologischen Persönlichkeitsforschung gegeben. Dabei ergibt sich, um ein Ergebnis vorwegzunehmen, eine unbefriedigende Bilanz bisheriger Forschungsaktivitäten, die sich durch wenig konsistente Befunde und durch nicht gelöste theoretisch-methodische Probleme auszeichnet. Das

Kapitel schließt daher mit Empfehlungen für die theoretische Behandlung und die forschungsmethodische Umsetzung des Gegenstands Persönlichkeitsentwicklung durch Schulsport. Eine Empfehlung hierbei lautet, die (positive) Beeinflussung *kognitiver* Persönlichkeitsvariablen (z. B. Selbstkonzept) im Sportunterricht anzustreben, da diese (1) einen großen Einfluss für unser alltägliches Handeln haben und (2) – im Vergleich zu zeitlich relativ stabilen Traits – durch kurz- bis mittelfristige Interventionen eher veränderbar sind.

- An dieser Stelle setzt Kapitel 2 ein und konzeptualisiert den nun mit Blick auf die einleitend gestellte Frage zwar eingeschränkten, gleichzeitig aber besser fassbaren Gegenstand *Selbstkonzeptförderung durch Schulsport*. Zuerst wird das Konstrukt Selbstkonzept begrifflich gefasst und ausdifferenziert. Damit ergibt sich die Möglichkeit, konkrete Angaben darüber zu machen, welche Selbstkonzeptdimension jeweils gefördert werden soll. Zudem wird besprochen, welche Quellen die Entwicklung des Selbstkonzepts speisen. Diese Überlegungen, wie auch die Überlegungen zur Funktionalität des Selbstkonzepts, liefern wichtige Anhaltspunkte für die spätere Konzeptualisierung eines selbstkonzeptfördernden Sportunterrichts.

- In Kapitel 3 wird zunächst aus einer entwicklungspsychologischen Perspektive das späte Kindesalter beleuchtet. Darauf aufbauend werden aus den Quellen des Selbstkonzepts methodisch-didaktische Ansatzpunkte für selbstkonzeptfördernden Sportunterricht im besagten Entwicklungsabschnitt abgeleitet.

- Kapitel 4 stellt drei Schulsportinterventionen vor, die sich an diesen methodisch-didaktischen Ansatzpunkten orientieren. Zu den drei konzipierten Modulen Spiel, Wagnis und Leistung, bei denen es (in dieser Reihenfolge) um die Förderung des sozialen, des emotionalen und des physischen Selbstkonzepts geht, wird der Weg vom Unterrichtsziel über die Inhalte zu den Methoden aufgezeigt. Quasi als «Endprodukt» werden schließlich konkrete Unterrichtsbausteine, einschließlich der Hinweise zu angemessenen Inszenierungsformen, vorgelegt.

- Mit Blick auf die empirische Evidenz einer solchen persönlichkeitsbildenden Zielsetzung stellt sich schließlich die Frage, ob die angestrebten Ziele auch tatsächlich im Sportunterricht erreichbar sind. Dieser Frage widmet sich Kapitel 5, in welchem der theoretisch-methodische Ansatz und die wichtigsten Befunde der von der Eidgenössischen Sportkommission in den Jahren 2007 bis 2009 geförderten Berner Interventionsstudie Schulsport (BISS) referiert werden. Die Verbindung zu den konzeptionellen Teilen des Buches ergibt sich dadurch, dass die herausgearbeiteten Zielsetzungen in die empirische Studie als A-priori-Hypothesen, d. h. aus den theoretischen Überlegungen abgeleitete Annahmen, eingehen.

- Im abschließenden Kapitel 6 werden die Erkenntnisse der Kapitel 1 bis 5 miteinander verbunden und es werden Empfehlungen sowohl für weitere Studien zum Thema Persönlichkeitsentwicklung durch Schulsport als auch für die Praxis des Sportunterrichts und die Ausbildung von sport-unterrichtenden Lehrpersonen gegeben.

Diese Publikation ist für einen breiten Leserkreis gedacht: für in der Schule tätige Sportlehrerinnen und Sportlehrer, für Dozierende an Pädagogischen Hochschulen sowie deren Studierende, für (Schul-)Psychologinnen und Psychologen, für Sportwissenschaftlerinnen und -wissenschaftler und für Studierende der Sportwissenschaft. Um einen umfassenden Einblick in die Thematik Persönlichkeitsentwicklung durch Schulsport zu erhalten, empfiehlt es sich, den gesamten Band zu lesen. Gleichwohl besteht auch die Möglichkeit des selektiven Lesens:

- Leserinnen und Leser, die in besonderem Maße an der didaktisch-metho-dischen *Umsetzung* von persönlichkeitsbildenden Unterrichtszielen inter-essiert sind, sei zuallererst Kapitel 4 empfohlen, wobei die thematisch vor-bereitenden Kapitel 1 bis 3 fraglos ein besseres Verständnis der Problematik ermöglichen. Das die wesentlichen Erkenntnisse zusammentragende Kapitel 6 empfiehlt sich, um Informationen über die Tauglichkeit der in Kapitel 4 besprochenen Lektionen zu erhalten.
- Primär an wissenschaftlichen Themen Interessierte werden sich besonders für die empirische Studie interessieren, weshalb Kapitel 5 empfohlen wird. Um sich – sofern nötig – auf den aktuellen Stand der Diskussion in der sportwissenschaftlichen Persönlichkeitsforschung zu bringen und die the-matische Eingrenzung und methodische Ausrichtung der vorliegenden Studie nachvollziehen zu können, werden zusätzlich die Kapitel 1 bis 3 angeraten. Kapitel 6 lohnt sich, weil es integrativ die wesentlichen Erkennt-nisse zusammenfasst und einen Forschungsausblick gibt.
- Für Seminare mit Studierenden empfehlen wir, den gesamten Text zu bearbeiten. Und zwar deshalb, weil das Projekt – zumindest in unserer Einschätzung – (1) als Beispiel für eine interdisziplinäre, anwendungsori-entierte und gleichzeitig hohen wissenschaftlichen Standards verpflichtete Sportwissenschaft angesehen werden kann und es (2) die Möglichkeit bietet, nicht nur den Forschungsprozess von der Problemgenerierung über die theoretisch-methodische Reflexion bis hin zur Interpretation der empirischen Befunde nachzuzeichnen, sondern mit den theoretisch begründeten Unterrichtsentwürfen auch die Brücke zwischen Wissen-schaft und Unterrichtspraxis schlägt.

Allen Leserinnen und Lesern wünschen wir eine anregende Lektüre.

Zur Komplexität eines (vermeintlich) einfachen Problems

1.1 Pädagogische Postulate zur persönlichkeitsbildenden Funktion des Sports

Die Annahme, Sport trage im positiven Sinne zur Persönlichkeitsentwicklung des Menschen bei, hat in der Theorie der Leibeserziehung, in der Sportpraxis, in der Sportpolitik und in der Sportwissenschaft eine lange Tradition. Dezidierte Hinweise auf den positiven Einfluss von Gymnastik und Leibesübungen auf die Charakterbildung finden sich bereits bei Platon und Aristoteles, im 18./19. Jahrhundert z. B. bei Rousseau, GutsMuths, Jahn und de Coubertin oder etwa Mitte des 20. Jahrhunderts beispielsweise bei Diem, Spranger und Nohl (z. B. Grupe & Krüger, 1997; Kurz, 1973). Exemplarisch sei der Schweizer Philosoph und Pädagoge Johann Georg Sulzer aus dem Jahre 1741 zitiert:

> «Die Leibesübungen haben einen nicht geringen Einfluss auf die Seele. Sie machen die Kinder hart, herzhaft, geduldig, standhaft, kühn und prägen dem Gemüth, wenn sie in Ordnung geübt werden, etwas Edles ein.»

Die Phase der pädagogischen Postulate zu den positiven Wirkungen sportlicher Aktivitäten auf die Persönlichkeitsentwicklung dauert bis heute an und besitzt nach wie vor hohe Aktualität, wie folgendes Zitat von Adolf Ogi zum *International Year of Sport and Physical Education* (www.un.org/sport2005) unterstreicht:

> «Sport teaches young people through play and fun essential values such as respect for one's opponents, for the rules of the game and the referees' decisions. It also teaches that victory is ephemeral, that regular training is needed to succeed, and that defeat can be overcome. Team sports moreover teach the players to become integrated and that they must be able to rely on each other.»

Angesichts dieser Bedeutungszuschreibungen erscheint es konsequent, dass die persönlichkeitsbildende Wirkung des Sports als eine wesentliche Begründungslinie für die Legitimation des Schulsports herangezogen wurde und wird. So ist beispielsweise in der Erklärung der Schweizerischen Konferenz der kantonalen Erziehungsdirektoren zur Bewegungserziehung und Bewegungsförderung in der Schule vom 28. Oktober 2005 auf der ersten Seite zu lesen:

> «Bewegungserziehung und Bewegungsförderung für alle Schülerinnen und Schüler gehören zum Bildungsauftrag der Schule. Sie leisten einen Beitrag zur Gesundheitsförderung und dienen auch der Persönlichkeitsentwicklung.»

Und im gemeinsam von der Deutschen Vereinigung für Sportwissenschaft, dem Deutschen Sportlehrerverband und dem Deutschen Olympischen Sportbund im September 2009 beschlossenen *Memorandum zum Schulsport* wird der pädagogische Auftrag des Schulsports auf Seite 5 wie folgt umschrieben:

> «Grundsätzlich (...) geht es um die doppelte Aufgabe, sowohl die Sport- und Bewegungskultur zu erschließen als auch die Persönlichkeit zu entwickeln.»

Die Reihe vergleichbarer Begründungen in Positionspapieren zum Schulsport ließe sich international nahezu beliebig fortsetzen. In aller Regel wird dabei der positive Einfluss auf die Persönlichkeitsentwicklung von Kindern und Jugendlichen als *ein* zentrales Argument für die Legitimation des Schulsports betrachtet. Daher überrascht es nicht, dass auch in Lehrplänen verschiedenster Länder, Schularten und Klassenstufen der Hinweis auf die persönlichkeitsbildende Bedeutung des Schulsports nicht fehlt, wobei der Schwerpunkt meist auf einzelne Facetten der Persönlichkeitsentwicklung gelegt wird (vgl. **Box 1**).

Lange Zeit baute innerhalb der Theorie der Leibeserziehung bzw. der Sportpädagogik die Diskussion um die persönlichkeitsbildende Funktion des Schulsports nahezu ausschließlich auf einer normativ orientierten Argumentation auf (z. B. Prohl, 2006). Erst im letzten Jahrzehnt wurde verschiedentlich von sportpädagogisch ausgerichteten Arbeitsgruppen der Forderung nach empirischen Nachweisen für den schulischen (oder außerschulischen) Sport nachgekommen (z. B. Bähr, Koch & Gröben, 2007; Brettschneider & Kleine, 2002; Gerlach, 2008; Heim, 2002; Neuber, 2007; Sygusch, 2007). Nichtsdestotrotz fällt auf, dass (1) empirische Ansätze zur evidenzbasierten Legitimation des Schulsports in der Sportpädagogik nach wie vor selten sind, (2) es der empirischen Schulsportforschung bislang nicht gelungen ist, befriedigende empirische Nachweise für die persönlichkeitsbildende Wirkung des Schulsports zu liefern und (3) kaum konkrete Empfehlungen zum Erreichen der postulierten persönlichkeitsbildenden Ziele vorliegen.

Für diesen unbefriedigenden Forschungsstand liegt die Verantwortung nicht nur bei der Sportpädagogik – im Gegenteil! In der sportpsychologi-

Box 1: Deutschsprachige Beispiele für pädagogische Postulate zur Persönlichkeits-entwicklung durch Schulsport

Lehrplan für die Sekundarstufe I in Schleswig-Holstein (Deutschland)
«Für die Persönlichkeitsbildung von Kindern und Jugendlichen, insbesondere für die Entwicklung des Selbstwertgefühls und eines positiven Selbstbildes ist die körperliche Dimension, die durch Spiel und Sport Berücksichtigung findet, ebenso wirksam wie die geistige» (Ministerium für Bildung, Wissenschaft, Forschung und Kultur des Landes Schleswig-Holstein, 1997, S. 16).

Lehrplan Bewegung und Sport für die Allgemeinbildende Höhere Schule (Österreich)
«Der Unterrichtsgegenstand Bewegung und Sport soll gleichrangig zur Entwick-lung der Sach-, Selbst- und Sozialkompetenz beitragen: durch (...) Wahrnehmungs-fähigkeit für den eigenen Körper (...) Selbstvertrauen (...) Durchsetzungsvermögen unter Beachtung fairen Handelns; Regelbewusstsein und interkulturelles Ver-ständnis» (Bundesministerium für Unterricht, Kunst und Kultur, 2000, S. 1).

Rahmenlehrplan für den Sportunterricht an Berufsschulen (Schweiz)
«Sportliches Handeln sowie das Verstehen dieser Tätigkeiten leisten einen wesent-lichen Beitrag zur ganzheitlichen Persönlichkeitsentwicklung» (Bundesamt für Berufsbildung und Technologie (BBT), 2001, S. 5).

schen Persönlichkeitsforschung, an die sich auch die erwähnten sportpäda-gogischen Studien konzeptionell anlehnen, zeigt sich ein ähnliches Bild. Obwohl die Sportpsychologie seit etwa einem halben Jahrhundert bestrebt ist, die positiven Wirkungen von Sport auf die Persönlichkeit zu belegen, ist die empirische Befundlage, wie in den nächsten Abschnitten gezeigt wird, inkonsistent.

Doch welches sind die Ursachen für den bislang ungenügenden Beleg empiri-scher Evidenz für persönlichkeitsbildende Wirkungen des Schulsports? Hat (Schul-)Sport keine eindeutig positiven Wirkungen auf die Persönlichkeits-entwicklung? Oder lassen sich diese proklamierten (unidirektionalen) Wir-kungen aufgrund der Komplexität sportlicher Interventionen und der Kom-plexität der menschlichen Persönlichkeit nur schwerer nachweisen? Oder liegt es an der Auswahl der schulsportbezogenen Inhalte oder an der didak-tisch-methodischen Umsetzung im Unterricht? Oder sind die theoretisch-methodischen Konzepte vorliegender Studien unzulänglich? …

Im weiteren Verlauf des Kapitels wird auf diese Fragen aus einer *sportpsycho-logischen* (und weniger aus einer sportpädagogischen) *Perspektive* einge-gangen, weil das Konstrukt Persönlichkeit genuiner Gegenstand der Persön-lichkeitspsychologie ist, dort eine ausführliche Konzeptspezifikation und Operationalisierung erfahren hat und auch methodische Hinweise für Studien zur Persönlichkeitsentwicklung erarbeitet wurden (vgl. Kap. 1.2). Zudem hat die sportpsychologische Persönlichkeitsforschung bereits eine längere Tradition intensiver Auseinandersetzung mit dem Gegenstand (vgl. Kap. 1.3).

1.2 Sport und Persönlichkeit – ein weites Feld

Ein wesentlicher Grund für die inkonsistente Befundlage zum Zusammenhang zwischen Sport und Persönlichkeit ist darin zu sehen, dass die Termini *Sport* und *Persönlichkeit* sowohl umgangssprachlich als auch in der wissenschaftlichen Diskussion eine beträchtliche begriffliche Unschärfe aufweisen. Auch der Begriff *Zusammenhang* lässt verschiedene (kausale) Interpretationen zu.

Besteht ein Zusammenhang, weil die Persönlichkeit eines Menschen die Wahl der Sportaktivität beeinflusst oder umgekehrt, weil die sportliche Aktivität die Persönlichkeit verändert? Welche Art von Sport ist gemeint? Das einsame Joggen im Wald, ein Rugbyspiel um die neuseeländische Meisterschaft oder eine Hochsprunglektion im Schulsport? Und welches der vielen verschiedenen Persönlichkeitsmerkmale, die sich auf unser Handeln auswirken können, soll durch Sport beeinflusst werden bzw. beeinflusst die Wahl der Sportaktivität?

Wenn also von einem Zusammenhang zwischen Sport und Persönlichkeit gesprochen wird, so können ganz unterschiedliche Gegenstände gemeint sein. Für eine wissenschaftliche Auseinandersetzung mit der Thematik ist dies unbefriedigend, weshalb in diesem Kapitel eine begriffliche Präzisierung vorgenommen wird.

1.2.1 Zum Begriff «Persönlichkeit»

Die wissenschaftliche Beschäftigung mit der menschlichen *Persönlichkeit* ist eine genuine Aufgabe der Persönlichkeits- bzw. der Differentiellen Psychologie.[3] Die theoretisch-methodischen Erkenntnisse der Persönlichkeitspsychologie waren stets auch für die sportpsychologische Persönlichkeitsforschung leitend, weshalb hier auf die Diskussion des Persönlichkeitsbegriffs in der Psychologie Bezug genommen wird.

---

3   Persönlichkeits- und Differentielle Psychologie lassen sich nicht eindeutig voneinander abgrenzen. Geht es um interindividuelle Unterschiede in einzelnen Persönlichkeitsmerkmalen zwischen Personen oder Personengruppen, so spricht man eher von Differentieller Psychologie. Demgegenüber interessieren in der Persönlichkeitspsychologie vornehmlich Veränderungen der intraindividuellen Organisation des Verhaltens, also primär die Entwicklung einer ganzheitlich betrachteten Persönlichkeit (z. B. Pawlik, 1996). Deutschsprachige Einführungen in die Persönlichkeitspsychologie finden sich z. B. bei Amelang, Bartussek, Stemmler und Hagemann (2006), Asendorpf (2007), Herrmann (1991) oder Pawlik (1996).

In der Persönlichkeitspsychologie existiert eine Vielzahl theoretischer Zugänge, in denen Persönlichkeit in je spezifischer Weise definiert wird (z. B. Asendorpf, 2007). Dennoch gibt es definitorische Gemeinsamkeiten. So kennzeichnet im Allgemeinen der Persönlichkeitsbegriff eine Menge von Personmerkmalen, «die (a) Zeitstabilität zeigen und (b) interindividuell variieren. Ein weiterer Bestandteil der meisten Definitionen ist, dass (c) die mit Persönlichkeit bezeichnete Merkmalsmenge geordnet ist (dass es sich also um eine Struktur bzw. ein System von Merkmalen handelt)» (Pekrun, 1996, S. 86). Persönlichkeit lässt sich demnach in Anlehnung an Herrmann (1991, S. 29) als «ein bei jedem Menschen einzigartiges, relativ stabiles und den Zeitablauf überdauerndes Verhaltenskorrelat» definieren. Dabei meint Zeitstabilität, dass Persönlichkeitseigenschaften mittelfristig (Monate oder wenige Jahre) stabil sind, nicht aber viele Jahre stabil sein müssen. Deshalb kann die Persönlichkeit eines Menschen sowohl aus einer *strukturellen* als auch aus einer *prozessualen Perspektive* betrachtet werden (Asendorpf, 2007; Schneewind, 2001).[4]

Diese breite Begriffsbestimmung hat den Vorteil, dass sie als Ausgangspunkt für unterschiedliche persönlichkeitspsychologische Themen herangezogen werden kann. Gleichzeitig ergibt sich aber aus der definitorischen Weite das Problem, dass verschiedene Themen unter dem Dach der Persönlichkeitspsychologie subsumiert werden. Für eine weitere Strukturierung des Gegenstands werden in der Psychologie mindestens vier Klassen von Persönlichkeitskonstrukten unterschieden (vgl. **Tab. 1**).

Diese vier Klassen haben nicht alle dieselbe Bedeutung für die uns interessierende Frage der Persönlichkeitsentwicklung durch Schulsport. Wie die in Kapitel 1.1 referierten pädagogischen Postulate verdeutlichen, soll es bei unserer Thematik nicht um körperliche oder körperlich-motorische Merkmale gehen, da diese in der Sportwissenschaft und in der sport- bzw. bildungspolitischen Diskussion gesondert besprochen werden.

Fraglos spielen kognitive Leistungsmerkmale in der Diskussion um die Legitimation des (Schul-)Sports eine wichtige Rolle. Und es besteht berechtigte Hoffnung, dass sich Bewegung und Sport bei Schülerinnen und Schü-

---

4   Mit Blick auf die interessierende Frage, ob durch Sportunterricht eine positive Beeinflussung der Persönlichkeit möglich ist, ist dieser Hinweis wichtig. Wäre nämlich Persönlichkeit ein (lebenslang) zeitstabiles Konstrukt, so wären Versuche, die Persönlichkeit zu verändern bzw. (längerfristig) die Persönlichkeitsentwicklung zu beeinflussen, sinnlos.

Bereich	Teilkonstrukte
genetische Ausstattung und körperliche Erscheinung	z. B. Genotypen, Konstitutionstypen
generelle Temperaments- und Persönlichkeitseigenschaften	• Eigenschaften/Traits (z. B. Big Five) • Emotionen/States (z. B. Angst, Ärger, Stimmungen)
Leistungsmerkmale	• kognitive Leistungsmerkmale (z. B. Intelligenz) • körperlich-motorische Leistungsmerkmale (motorische Fähigkeiten und Fertigkeiten)
selbst- und umweltbezogene Kognitionen	• selbstbezogene Kognitionen (z. B. Selbstkonzept, Selbstwertgefühl) • Handlungseigenschaften (z. B. motivationale Konstrukte, Bewältigungsstile, Handlungsüberzeugungen) • Bewertungsdispositionen (z. B. Attributionen, Einstellungen, Werte)

Tabelle 1: Klassen von Persönlichkeitskonstrukten (in Anlehnung an Amelang et al., 2006; Asendorpf, 2007; Krampen, 2002; Schneewind, 2001)

lern positiv z. B. auf Aufmerksamkeit, Konzentration und Kreativität auswirken könnten (z. B. Trudeau & Shephard, 2008). Gleichwohl bedarf es einer Eingrenzung der komplexen Thematik, weshalb im Folgenden auch kognitive Leistungsmerkmale nicht weiter verfolgt werden.

Dies bedeutet für das weitere Vorgehen, dass *generelle Temperaments- und Persönlichkeitseigenschaften* sowie *selbst- und umweltbezogene* Kognitionen in ihrer Wechselwirkung mit Sport zu diskutieren sind. Diese beiden Klassen von Persönlichkeitskonstrukten erfuhren auch in der bisherigen sportwissenschaftlichen Persönlichkeitsforschung mit Abstand am meisten Aufmerksamkeit.

Eigenschafts-/Trait-Konzepte: Die prominentesten Ansätze innerhalb der Klasse der generellen Temperaments- und Persönlichkeitseigenschaften (und auch in der Persönlichkeitspsychologie) sind Ansätze, die auf dem sogenannten Eigenschaftsparadigma basieren (z. B. Amelang et al., 2006; Asendorpf, 2007). Im Eigenschaftsparadigma wird unter Persönlichkeit die organisierte Gesamtheit der Eigenschaften (engl.: Traits) verstanden, die einem Menschen zugeordnet werden kann. Dabei wird davon ausgegangen, dass es sich bei Eigenschaften um über die Zeit hinweg relativ stabile Persönlichkeitsmerkmale handelt, die für unterschiedliche Situationen und längere Zeiträume relativ genaue Erlebens- und Verhaltensvorhersagen ermöglichen (z. B. im Gegensatz zu zeitlich und situativ eher instabilen Emotionen/States).

Angesichts der Vielzahl an Eigenschaftswörtern, die uns in unserer Sprache zur Verfügung stehen, besteht ein Ziel dieser Forschungsrichtung darin, die möglichen Eigenschaftszuschreibungen sinnvoll zu reduzieren, die menschliche Persönlichkeit also durch eine überschaubare Anzahl an (unabhängigen) Persönlichkeitsdimensionen zu beschreiben. Die faktorenanalytisch ermittelten Dimensionierungen führten von Cattels 16 Persönlichkeitsfaktoren (z. B. 1950), über Eysencks zwei bzw. dreidimensionale Lösungen (Extraversion, Neurotizismus und weniger eindeutig Psychotizismus; z. B. Eysenck & Eysenck, 1969) zu den seit etwa zwei Jahrzehnten favorisierten Big Five-Modellen (z. B. Angleitner, Ostendorf & John, 1990; Borkenau & Ostendorf, 2008; Digman, 1990; McCrae & John, 1992; Costa & McCrae, 1992). Die Bezeichnung Big Five wurde gewählt, weil – international vielfach empirisch bestätigt – fünf, breite Bereiche umfassende Dimensionen gefunden wurden: Neurotizismus, Extraversion, Verträglichkeit, Gewissenhaftigkeit und Offenheit für Erfahrungen (**Box 2**).

Box 2: Die «Big Five» (z. B. Costa & McCrae, 1992)

Dimension	Facetten
Neurotizismus	Ängstlichkeit, Reizbarkeit, Depression, Soziale Befangenheit, Impulsivität, Verletzlichkeit
Extraversion	Herzlichkeit, Geselligkeit, Durchsetzungsfähigkeit, Aktivität, Erlebnishunger, Frohsinn
Verträglichkeit	Vertrauen, Freimütigkeit, Altruismus, Entgegenkommen, Bescheidenheit, Gutherzigkeit
Gewissenhaftigkeit	Kompetenz, Ordnungsliebe, Pflichtbewusstsein, Leistungsstreben, Selbstdisziplin, Besonnenheit
Offenheit für Erfahrungen	Offenheit für Phantasie, Ästhetik, Gefühle, Handlungen, Ideen, Offenheit des Normen- und Wertesystems

Selbstkonzeptansätze: Innerhalb der Klasse der selbst- und umweltbezogenen Kognitionen wurden verschiedene, mehr oder weniger miteinander zusammenhängende Konzepte entwickelt, die in selbstbezogene Kognitionen, Handlungseigenschaften und Bewertungsdispositionen differenziert werden können. Eine Diskussion der verschiedenen Konzepte würde an dieser Stelle zu weit führen (vgl. z. B. Asendorpf, 2007; Krampen, 2002). Daher konzentriert sich die folgende Darstellung auf die für die Frage der Persönlichkeitsentwicklung durch Sport am häufigsten aufgegriffenen Selbstkonzeptansätze. Das Selbstkonzept beschreibt die Gesamtheit der Wahrnehmung und des

Wissens um die eigene Person, d. h. das Wissen über die eigenen Fähigkeiten, Eigenschaften und Gefühle (z. B. Mummendey, 2006).

Selbstkonzeptansätze haben insbesondere seit der kognitiven Wende innerhalb der Psychologie breite Aufmerksamkeit erfahren und werden auch innerhalb der Sportwissenschaft häufig angewendet. Der prominenteste und bei sportwissenschaftlichen Fragestellungen fast ausnahmslos herangezogene Ansatz ist Shavelsons multidimensionales hierarchisches Selbstkonzeptmodell (Shavelson, Hubner & Stanton, 1976) bzw. Weiterentwicklungen davon. Dieses Konzept dient auch als Grundlage für die Berner Interventionsstudie, weshalb es in Kapitel 2 ausführlich erläutert wird.

1.2.2 Zum Begriff «Sport»

Ebenso diskussionswürdig wie der Persönlichkeitsbegriff ist der Begriff *Sport* und im Anschluss daran der Begriff *Schulsport*. Welchen Sport meinen Sport- und Bildungspolitik, Sportpädagogik oder Sportpsychologie, wenn sie von einem Zusammenhang zwischen Sport und Persönlichkeit sprechen? Oder wird in den allgemeinen Statements (vgl. Kap. 1.1) etwa implizit davon ausgegangen, dass *jede Art* von Sport bzw. Schulsport *per se* positive Wirkungen auf die Persönlichkeit hat? Fraglos handelt es sich beim Sport um ein vielfältiges soziales Phänomen (z. B. Cachay, 1990; Digel, 1990; Grupe, 1988; Hägele, 1996). Alltagssprachlich werden unter Sport sehr unterschiedliche Aktivitäten zusammengefasst (z. B. Willimczik, 1995). Von verschiedenen Personengruppen und Institutionen, in verschiedenen Kulturen und zu verschiedenen historischen Zeitpunkten wurde der Begriff mit unterschiedlichem Bedeutungsgehalt verwendet. Eine einheitliche Definition des Begriffs Sport zu geben, ist daher schwierig.

In Anlehnung an Heinemann (1998) ließen sich zwar vier konstitutive Elemente des Bedeutungsfelds Sport spezifizieren: körperliche Bewegung, Wettkampf, sportartspezifisches Regelwerk und Unproduktivität. Allerdings treffen nur für das traditionelle Sportmodell (Wettkampfsport in traditionellen Sportarten ohne monetären Hintergrund) alle Merkmale zu, während in anderen Sportmodellen – z. B. professioneller Showsport, expressives Sportmodell, funktionalistisches Sportmodell – auf mindestens eines dieser Elemente teilweise oder ganz verzichtet wird. Zum Beispiel sind der professionelle Showsport oder der Gesundheitssport (funktionalistisches Sportmodell) nicht unproduktiv bzw. zweckfrei, da es auch um Geld verdienen oder um die Funktion der Gesundheitserhaltung geht. Im Gesundheitssport gibt es, wie auch im expressiven Sportmodell (z. B. Ausdruck und Gestaltung durch tänzerische Formen), in der Regel keine Wettkämpfe und keine (durch einen Schiedsrichter überwachte) Regeln.[5]

Unabhängig von der Schwierigkeit, dieses komplexe Phänomen Sport zu definieren und gegenüber anderen Aktivitäten abzugrenzen, besteht bei einer primär soziologischen Spezifikation des Begriffs Sport das Problem, dass diese für die psychologische Thematik Sport und Persönlichkeit keine direkten Anhaltspunkte im Sinne psychologischer Wirkungen sportlicher Aktivitäten auf die Persönlichkeit liefert.

Für die Sportpsychologie haben Nitsch, Gabler und Singer (2000) drei wesentliche Aspekte des Sportbegriffs herausgearbeitet, die zu unterschiedlichen sportpsychologischen Fragestellungen führen: (1) Sport als aktive körperliche Betätigung (Sportaktivität), (2) Sport als gesellschaftliche Institution (Sportsystem), (3) Sport als Wirtschaftsfaktor (Sportmarkt). Auch hier zeigt sich die Komplexität des Gegenstands, bei dem es nicht nur um psychologische Aspekte der sportlichen Aktivität selbst geht, sondern auch um psychologische Aspekte des Sportsystems (z. B. Organisationspsychologie) und des Sportmarktes (z. B. Werbepsychologie). Doch selbst wenn man sich auf den ersten Aspekt, die Sportaktivität, beschränkt, «ist es recht problematisch von *dem* Sport zu sprechen, weil Sport – auch innerhalb ein- und derselben Gesellschaft – ein so komplexes und inhomogenes Phänomen ist und in so vielfältigen Realisierungsformen (Sportarten, privat und organisiert betriebener Sport, Breiten- und Höchstleistungssport etc.) betrieben wird, dass sich kaum durchgehende Bedingungen und Anforderungsstrukturen angeben lassen» (Singer, 2000, S. 298).

Für Aussagen und Studien zum Zusammenhang zwischen Sport und Persönlichkeit sind daher nicht nur differenzierte Persönlichkeitstheorien notwendig, sondern auch präzise Annahmen darüber, welche psychischen Dispositionen im Sport gefordert und durch Sport beeinflusst werden. Entsprechende Annahmen wurden bislang von der Sportpsychologie nicht in dezidierter Weise vorgelegt. Vielmehr beschränkten sich die meisten Arbeiten auf wenig aussagekräftige Angaben, z. B. über die untersuchte Sportart, den Sportbereich (Leistungssport, Freizeitsport, Schulsport) und auf das

---

5   Diese Differenzierungen werden in den in Kapitel 1.1 zitierten Postulaten ganz unterschiedlich ins Kalkül gezogen. So hat Adolf Ogi mit seinem Statement zum Jahr des Sports (implizit) das traditionelle Sportmodell im Blick, während aus anderen Statements keine Hinweise über das zugrunde liegende Sportmodell ersichtlich sind, mit Ausnahme derjenigen, die sich explizit auf den Schulsport beziehen.

Leistungsniveau, so dass offen bleibt, was darunter im Einzelfall aus persönlichkeitspsychologischer Perspektive zu verstehen ist (z. B. Conzelmann, 2009a).

Die Erstellung eines umfassenden Katalogs psychischer Wirkungen unterschiedlichster Sportaktivitäten ist keine realistische Zielsetzung und auch nicht nötig. Vielmehr führen die Ausführungen über die Komplexität des Sportbegriffs zur Empfehlung, *bei Aussagen oder Studien zu Sport und Persönlichkeit möglichst konkrete Angaben darüber zu machen, welche Sportaktivität, in welcher Form betrieben, gemeint ist und welche Wirkungen von genau dieser sportlichen Aktivität ausgehen sollen.*

Die Frage, ob eine persönlichkeitsbildende Wirkung insbesondere *durch den Schulsport* bzw. *den Sportunterricht* ausgeht, impliziert – im empfohlenen Sinne – bereits eine Eingrenzung des Gegenstands. Im obligatorischen Sportunterricht geht es um pädagogisch angeleiteten, nicht frei wählbaren Sport, der zu einem festgelegten Zeitpunkt, in einer für den einzelnen Schüler nicht frei wählbaren, in Bezug auf die sportlichen Interessen und die motorischen Möglichkeiten meist heterogenen Gruppe stattfindet.

Schulsport dürfte daher andere psychische Anforderungen stellen und andere Auswirkungen auf die Persönlichkeit haben als z. B. Sport im Verein, informeller Sport oder Spitzensport. Doch auch innerhalb des Schulsports gibt es unterschiedliche Angebote, die sich durch verschiedene Sportaktivitäten und unterschiedliche Inszenierungsformen auszeichnen, bei denen von unterschiedlichen psychischen Wirkungen auszugehen ist. Darauf wird bei der Präzisierung der Fragestellung in Kapitel 2 und 3 und bei der Festlegung der jeweiligen Unterrichtsziele in Kapitel 4 eingegangen.

1.2.3 Zum Zusammenhang zwischen Sport und Persönlichkeit

Auch die Frage des *Zusammenhangs* zwischen den Variablen Sport und Persönlichkeit ist komplex. Zwar kann ohne besondere Probleme eine deskriptive Aussage über den Zusammenhang zwischen den beiden Variablen gemacht werden (es besteht beispielsweise ein Unterschied zwischen Team- und Individualsportlern in einem Persönlichkeitsmerkmal), die eigentliche Forschungsfrage bezieht sich allerdings auf die *kausale* Interpretation, also die Richtung dieses Zusammenhangs.

In der sportwissenschaftlichen Persönlichkeitsforschung wurden vornehmlich die *Sozialisations-* und die *Selektionshypothese* diskutiert. Während bei der Sozialisationshypothese von einer Wirkung der unabhängigen Variablen Sport auf die abhängige Variable Persönlichkeit ausgegangen wird, ist bei der Selektionshypothese die entgegengesetzte Wirkungsrichtung gemeint. Das Interesse an einer Bestätigung der jeweiligen Hypothese ist abhängig von den mit ihnen verbundenen praktischen Implikationen (z. B. Bierhoff-Alfermann, 1986; Singer, 2000). Die Sozialisationshypothese ist gefragt, wenn es um die pädagogische Begründung des Sports als positivem Erziehungsfaktor (z. B. im Rahmen des Schulsports oder der Jugendarbeit im Verein), die Rechtfertigung körperlich-motorischer Maßnahmen (z. B. erlebnispädagogische Maßnahmen zur Verbesserung des Selbstwertgefühls) oder die Talentförderung geht. Die Prüfung der Selektionshypothese ist für die Athletenberatung und die Talentselektion (im Sinne der Suche nach Persönlichkeitsmerkmalen, die den Erfolg in einer Sportart aktuell oder langfristig begünstigen), aber auch für Hinweise auf geeignete, zur jeweiligen Persönlichkeitsstruktur «passende» Sportaktivitäten wichtig.

Neben diesen unidirektionalen Annahmen entstand im Zuge der Person-Umwelt-Debatte, bei der es um den jeweiligen Anteil von Person und Situation bzw. Umwelt für Erlebens- und Verhaltensvorhersagen geht, eine dritte Annahme, die sog. *Interaktionshypothese*, bei der von einer sich gegenseitig abwechselnden Beeinflussung der beiden Variablen ausgegangen wird. Wie kann man sich diese (dynamische) Interaktion vorstellen? Eine bestimmte Person mit einer spezifischen Persönlichkeitsstruktur wählt (aufgrund dieser Persönlichkeitsstruktur) eine bestimmte Sportaktivität, wird durch das Betreiben dieser Sportaktivität in ihrer Persönlichkeitsentwicklung beeinflusst, diese «neue» Person wählt neue Sportaktivitäten aus (oder bleibt bei der alten) usw. (z. B. Conzelmann, 2001).

Im Rahmen unserer Thematik Persönlichkeitsentwicklung durch Schulsport geht es demnach um die Bearbeitung eines Sozialisationsproblems: *Können Kinder und Jugendliche im Rahmen des Schulsports in positiver Weise sozialisiert werden bzw. hat der Schulsport positive Wirkungen auf die Persönlichkeitsentwicklung?* Selektionsfragen sind von untergeordnetem Interesse, weil (1) Schüler nicht die Möglichkeit haben, den Sport innerhalb ihres Klassenverbandes auszuwählen und es (2) in der Schule nicht um die Abhängigkeit sportlicher Erfolge von bestimmten Persönlichkeitsmerkmalen geht. Gleichwohl erscheint es aus theoretischer Perspektive sinnvoll, keine unidirektionalen Wirkungen anzunehmen, sondern den Entwicklungsprozessen eine dynamisch-interaktionistische Position zugrunde zu legen (vgl. Kap. 1.5).

Schließlich ist bei der Beurteilung von Zusammenhängen zwischen den Variablen Sport und Persönlichkeit der Einfluss von Drittvariablen (z. B. Herkunftsfamilie), die sowohl einen Einfluss auf die Variable Sport als auch auf die Variable Persönlichkeit und damit einen Einfluss auf den Zusammenhang zwischen Sport und Persönlichkeit ausüben, zu beachten. Im Extremfall könnte es sogar passieren, dass ein hoher Zusammenhang zwischen Sport und Persönlichkeit gemessen wird, der vollständig durch eine Drittvariable zustande kommt, und dass keine kausale Beziehung zwischen Sport und Persönlichkeit besteht. Um bei Studien zur Überprüfung der Sozialisationshypothese solche *Scheinkorrelationen* aufdecken zu können, bedarf es Designs, bei denen potentielle Störvariablen eliminiert oder kontrolliert werden (vgl. Kap. 5).

1.2.4 Zwischenfazit

Der Terminus *Sport und Persönlichkeit* umschreibt einen komplexen Gegenstand. Allgemeine Hinweise auf einen Zusammenhang zwischen Sport und Persönlichkeit machen aufgrund der Vielschichtigkeit der Begriffe Sport, Persönlichkeit und deren Zusammenhang wenig Sinn und es darf keine empirische Bestätigung von allgemein formulierten Zusammenhangsaussagen erwartet werden. Vielmehr ist bei Studien und Aussagen über dieses Thema immer anzugeben, welcher Sport, auf welche Art und unter welchen Rahmenbedingungen betrieben, welche Wirkungen auf welche Persönlichkeitsmerkmale haben soll. Oder umgekehrt: Welche Persönlichkeitsausprägung sich wie auf das Sporttreiben (z. B. durch die Wahl einer bestimmten Sportart) auswirken soll.

1.3 Historischer Abriss der sportwissenschaftlichen Persönlichkeitsforschung

Der Beginn der systematischen wissenschaftlichen Beschäftigung mit dem Thema Sport und Persönlichkeit lässt sich für den deutschen Sprachraum auf etwa Mitte der 1950er-Jahre datieren. Seit dieser Zeit hat die sportpsychologische Persönlichkeitsforschung verschiedene Etappen durchlaufen (vgl. **Tab. 2**). Der folgende, insbesondere an der Entwicklung der Forschungsmethodik interessierte Kurz-Überblick orientiert sich an Conzelmann (2001, 2009a; vgl. auch z. B. Singer, 2000; Vealey, 2002).

Mit der Monographie von Neumann (1957) begann die «Blütezeit der sportwissenschaftlichen Persönlichkeitsforschung» (Singer, 2000, S. 299). In den 1960/70er-Jahren wurden unzählige Studien zur Thematik vorgelegt. Mehrheitlich handelt es sich um Studien, in denen mit dem Ziel der *Beschreibung von interindividuellen Differenzen* eine Gruppe von Sportlern mit einer anderen Gruppe von Sportlern oder mit Nicht-Sportlern verglichen wurde, wobei die Persönlichkeit meist anhand von *Trait-Konzepten* beschrieben wurde. Die Befunde zeigten allerdings ein uneinheitliches Bild, und es konnten kaum Zusammenhänge zwischen Sport und Persönlichkeit aufgedeckt werden.

Die Vielzahl an inhomogenen Einzelbefunden führte zu *Sekundäranalysen*, in denen aufgezeigt wurde, dass die inkonsistenten Befunde nicht nur auf uneinheitliche Vorgehensweisen und auf einen nicht klar abgrenzbaren Gegenstandsbereich zurückzuführen sind, sondern in hohem Maße auf theoretisch-methodischen Schwächen der Studien beruhen. Unter anderem wurde Folgendes bemängelt:

- fehlende oder uneinheitliche Bestimmung und Operationalisierung der Begriffe Sport, Sportaktivität, Sportler etc. sowie fehlende Analyse der persönlichkeitspsychologisch relevanten Merkmale des Handlungsfeldes Sport;

- zu einseitige Orientierung an Trait-Konzepten, in denen allgemeine Persönlichkeitsmerkmale thematisiert werden, bei denen vorausgesetzt wird, dass es konsistentes Verhalten über verschiedene Situationen hinweg (Transferproblematik) sowie im zeitlichen Verlauf (Problem der Veränderlichkeit zeitstabiler Merkmale) gibt;

- keine Identifikation von Prädiktor- und Kriteriumsvariable hinsichtlich des Zusammenhangs von Sport und Persönlichkeit, keine A-priori-Hypothesengenerierung;

- für Kausalinterpretationen inadäquates Querschnittdesign.

Zeitraum	Kurzcharakterisierung	
etwa Mitte 1950er- bis Ende 1970er-Jahre	*Phase empirischer Einzeluntersuchungen:* «Blütezeit» der sportwissenschaftlichen Persönlichkeitsforschung	Trait-Phase
etwa Mitte 1970er- bis Mitte 1980er-Jahre	*Phase methodologisch orientierter Sekundäranalysen:* methodenkritische Interpretationen einer inkonsistenten Forschungslage	
etwa Mitte 1980er- bis Mitte 1990er-Jahre	*Phase des relativen Stillstands*	Post-Trait-Phase
etwa ab Anfang 1990er-Jahre	*Phase der allmählichen Neuorientierung:* Kognitivismus und dynamischer Interaktionismus	

Tabelle 2: Etappen sportwissenschaftlicher Persönlichkeitsforschung

In den Sekundäranalysen wurden auch Perspektiven aufgezeigt: z. B. die Beachtung des Person-Situation-Interaktionismus, qualitativ ausgerichtete Einzelfallstudien sowie die Anwendung von Längsschnittdesigns. Trotz dieser konstruktiven Vorschläge für die Konzeption geeigneterer Studien führte die insgesamt kritische Diskussion der 1970/80er-Jahre zu einer Lähmung der Forschungsaktivitäten und zu einer Verlagerung des Forschungsinteresses auf andere Themen, so dass man von einer *Phase des relativen Stillstands* sprechen könnte.

Erst seit Beginn der 1990er-Jahre wurden wieder Studien vorgelegt, die erkennen lassen, dass sich die sportwissenschaftliche Persönlichkeitsforschung allmählich von der Orientierungslosigkeit zu Beginn der Post-Trait-Phase erholt hatte. Seit ca. zehn Jahren hat die kognitive Wende auch die sportwissenschaftliche Persönlichkeitsforschung erreicht, was aus der umfangreichen Beschäftigung mit kognitiven Persönlichkeitsvariablen (insbesondere mit Facetten des Selbstkonzepts) ersichtlich ist (vgl. Kap. 2). Solche kognitiven Persönlichkeitsmerkmale bieten sich für Fragen der Veränderung von Persönlichkeit durch Sport deshalb an, weil sie generell, also auch durch sportliche Aktivitäten, eher beeinflussbar sind als (zumindest) mittelfristig stabile Traits (z. B. Costa & McCrae, 1997; Vealey, 2002).

Zudem wird immer häufiger eine – für Fragen der Persönlichkeits*entwicklung* unabdingbare – dynamische Sichtweise der Persönlichkeit eingenommen, was in theoretischer Hinsicht zu einer Orientierung am dynamisch-interaktionistischen Paradigma (z. B. Lerner, 2002; Magnusson, 1990) und methodisch zu mehr Längsschnittstudien geführt hat. Allerdings muss konstatiert werden, dass die schwierige methodische Umsetzung des dynamischen Interaktionismus bislang kaum gelungen ist (Conzelmann & Müller, 2005):

Interventionsstudien mit entsprechenden Treatments (v. a. auch im schulischen Kontext) sind die Ausnahme. Der Forderung nach einer personzentrierten Forschungsmethodologie (z. B. Bergman, Magnusson & El-Khouri, 2003; Magnusson, 1990) und damit zusammenhängend einer differentiellen Betrachtung der Persönlichkeitsentwicklung wurde kaum Rechnung getragen.

1.4 Aktueller Kenntnisstand

Versucht man mit Blick auf die Thematik *Persönlichkeitsentwicklung durch Schulsport* die bislang vorliegenden allgemeinen Befunde zum Zusammenhang von Sport und Persönlichkeit zusammenzufassen, so lassen sich folgende Aussagen treffen (vgl. Conzelmann, 2009a; Singer, 2000; Vealey, 2002):

- Die These von der besonderen Sportlerpersönlichkeit konnte – bezogen auf generelle Persönlichkeitsmerkmale (Traits) – bislang nicht konsistent nachgewiesen werden. Auch bezüglich möglicher Persönlichkeitsdifferenzen zwischen einzelnen Sportlersubgruppen (z. B. Sportlerinnen und Sportler aus unterschiedlichen Sportarten oder unterschiedlichen Leistungsniveaus) liegen keine eindeutigen Befunde vor. Obwohl uneinheitliche theoretisch-methodische Zugänge mitverantwortlich sein dürften, scheint der wesentliche Grund für die inhomogenen Befunde der zu sein, dass es zwischen den untersuchten Gruppen keine systematischen Unterschiede hinsichtlich globaler Persönlichkeitsmerkmale gibt. Berücksichtigt man die Komplexität des sich immer stärker ausdifferenzierenden Phänomens Sport, dessen Einbettung in ein differenziertes Geflecht von Umwelteinflüssen sowie das komplexe Person-Umweltgefüge, welches unidirektionale Kausalinterpretationen kaum zulässt, so dürfen solche Unterschiede auch nicht erwartet werden.
- Das pädagogische Postulat, Sport trage im positiven Sinne zur Persönlichkeits- bzw. Charakterbildung bei, konnte bislang empirisch nicht bestätigt werden. Generelle Aussagen, ob Sport (im Allgemeinen) die Persönlichkeit im positiven Sinne bildet oder nicht, sind nicht möglich. «Man wird lediglich sagen können, dass dem Sport – je nach Gestaltung – sowohl eine negative als auch eine positive Sozialisationswirkung bei bestimmten Probandengruppen zukommen kann, dass jedoch solche sportspezifischen Sozialisationsimpulse nur unter besonderen Umständen weit genug reichen, um auch auf der Ebene allgemeiner Werthaltungen und Verhaltensdispositionen wirksam zu werden» (Singer, 2000, S. 334).
- Generell ist davon auszugehen, dass kognitive Persönlichkeitsmerkmale (z. B. Selbst- und Körperkonzept, Bewältigungsstile) durch sportliche Aktivitäten eher beeinflussbar sind als zeitlich relativ stabile Persönlichkeitseigenschaften (Traits).

Die sportwissenschaftliche Persönlichkeitsforschung hat durchaus einige «useful findings» (Vealey, 2002, S. 71) hervorgebracht und sich auch in den letzten Jahrzehnten weiterentwickelt. Bezogen auf den Umfang der Forschungsaktivitäten ist der Forschungsstand aber eher unbefriedigend und greift insbesondere für die Beantwortung der Frage zu kurz, *ob im Rahmen des Schulsports die Persönlichkeitsentwicklung positiv beeinflusst werden kann.* Gleichwohl liefern die bisherigen Befunde und Überlegungen wichtige Hinweise, wie zukünftige Studien zu gestalten sind, um eindeutigere Nachweise für die postulierte Wirkung sportlicher Aktivitäten auf die Persönlichkeitsentwicklung zu erhalten. Diese Hinweise werden nun systematisiert und zu theoretisch-methodischen Empfehlungen zusammengefasst.

1.5 Theoretisch-methodische Desiderate für Studien zur Persönlichkeitsentwicklung durch Schulsport

Aus den bisherigen Überlegungen ergeben sich für Studien, in denen es um die empirische Prüfung persönlichkeitsbildender Wirkungen des Schulsports geht, sechs theoretisch-methodische Desiderate:

Desiderat 1:
Begriffliche Präzisierung und Themeneingrenzung

Es wurde deutlich, dass Sport nicht per se einen positiv zu bewertenden Einfluss auf die Persönlichkeit bzw. die Persönlichkeitsentwicklung hat. Bei der Formulierung von Thesen über den Zusammenhang von Sport und Persönlichkeit sind daher folgende Fragen zu beachten: (a) Welche Art von sportlicher Aktivität (z. B. Fußball, Jogging, Yoga), auf welche Weise (z. B. mehr oder weniger intensiv, mehr oder weniger regelmäßig), mit welcher Zielsetzung (z. B. Wettkampforientierung, Gesundheitserhaltung, Freizeitgestaltung oder auch – zumindest als Zielsetzung für den Sportunterricht so formuliert – Persönlichkeitsbildung) und unter welchen Rahmenbedingungen (Vereinsmannschaft, Schulklasse, informeller Sport alleine oder in der Gruppe) betrieben, ist gemeint? (b) Welche Persönlichkeitskonstrukte (z. B. Traits, Selbstkonzepte) werden in Betracht gezogen? (c) Welche Kausalrichtung der Interpretation ist gemeint (Selektion, Sozialisation, Interaktion)?

Mit Blick auf die Thematik *Persönlichkeitsentwicklung durch Schulsport* lässt sich die Breite der Antworten eingrenzen. Zu (a): Im Folgenden wird unter Sport der angeleitete Sportunterricht in der Schule verstanden, der allerdings hinsichtlich der Sportaktivitäten, der Unterrichtsziele und der Inszenierung des Unterrichtsgeschehens immer noch vielschichtig ist, weshalb an späterer Stelle weitere Präzisierungen notwendig sein werden. Zu (b): Da gezeigt werden konnte, dass Traits (zumindest mittelfristig) eine hohe zeitliche Stabilität aufweisen, macht es wenig Sinn, durch kurz- bis mittelfristige Interventionen Veränderungen für diese Eigenschaften zu erwarten. Vielmehr sind Persönlichkeitskonstrukte in Betracht zu ziehen, die eine *größere Plastizität* als Traits aufweisen, sich gleichsam aber auch für Erlebens- und Verhaltensvorhersagen eignen. Dem aktuellen Trend folgend werden Selbstkonzeptansätze empfohlen. Diese sind mit modernen Persönlichkeitstheorien und mit dynamisch-interaktionistischen Entwicklungsansätzen kompatibel. Mit ihnen lassen sich sowohl Stabilität als auch Veränderungsdynamiken in der Persönlichkeitsentwicklung modellieren. Zudem werden diese Ansätze dem reziproken Charakter von Entwicklungsprozessen gerecht (vgl. Desiderat 3). Aus pädagogischer Perspektive wird darüber hinaus dem Selbstkonzept im Zusammenspiel von sportlicher Aktivität, Alltagsanforderungen und -belastungen, Gesundheit und Risikoverhalten eine entscheidende Bedeutung bei der Bewältigung von Entwicklungsaufgaben beigemessen (z. B. Brettschneider & Kleine, 2002; Hurrelmann, 2002). Zu (c): Es interessieren *Sozialisationswirkungen* des Schulsports auf das Selbstkonzept der Schüler.

Desiderat 2: Psychologisch orientierte Wirkungsanalyse

Kritisiert wurde die fehlende Analyse der persönlichkeitspsychologisch relevanten Merkmale des Handlungsfeldes Sport. In zukünftigen Studien ist daher herauszuarbeiten, welche psychologischen Anforderungen und welche Wirkungen der Schulsport auf die Persönlichkeit des einzelnen Schülers hat. Dies erfordert zwei Schritte: Erstens sind die *persönlichkeitsbildenden Ziele/ Wirkungen* herauszuarbeiten, die man von einer bestimmten sportbezogenen Maßnahme erwartet. Zweitens ist die Frage zu stellen, ob man von *allgemeinen* Wirkungen auf alle Schüler ausgehen kann oder ob ein und derselbe Sportunterricht, was wahrscheinlicher ist, unterschiedliche Wirkungen auf die einzelnen Schüler hat, was wiederum eine *differentielle Perspektive* erforderlich machen würde. Denn: Ob und wie sich schulsportliches Engagement auf die Persönlichkeit auswirkt, kann nicht sinnvoll untersucht werden, ohne die individuelle Persönlichkeit und den individuellen Entwicklungsstand der Schülerinnen und Schüler in die Analyse einzubeziehen. In der «Annahme einer handlungsvermittelten Wechselwirkung zwischen biologischem Potential und Umweltgegebenheiten» (Baur, 1989, S. 84) muss nämlich auch die entscheidende Rolle des (intentionalen) Individuums als Gestalter seiner Entwicklung (Brandtstädter, 2001) hervorgehoben werden.

Desiderat 3: Entwicklungstheoretische Rahmenkonzeption

Die Frage nach Sozialisationswirkungen des Schulsports auf die Persönlichkeit ist ein *entwicklungstheoretisches Problem* (Conzelmann, 2001, 2009a), bei dem es um die Beeinflussbarkeit der Persönlichkeitsentwicklung von Heranwachsenden in einem pädagogisch erwünschten Sinne geht. Dies bedeutet zweierlei: Erstens bedarf es eines *dynamischen Persönlichkeitsbegriffs* und zweitens ist ein theoretisches Konzept zugrunde zu legen, das in der Lage ist, Aspekte der *Persönlichkeitsentwicklung* zu beschreiben und zu erklären. Diese Funktion erfüllt in der aktuellen Diskussion mehrheitlich der *dynamische Interaktionismus* (z. B. Brandtstädter, 2001; Lerner, 2002; Magnusson, 1990;

in der Sportwissenschaft Conzelmann, 2001, 2009a), der auch der Berner Interventionsstudie zugrunde gelegt wurde. Die Grundannahmen der dynamisch-interaktionistischen Betrachtung der menschlichen Funktionsweise und Entwicklung fasst Magnusson wie folgt zusammen:

> «(1) An individual develops and functions as a total, integrated organism; current functioning and development do not take place in single aspects per se, in isolation from the totality. (2) An individual develops and functions in a dynamic, continuous and reciprocal process of interaction with his or her environment. (3) The characteristic way in which an individual develops and functions, in interaction with the environment, depends on and influences the continuous reciprocal process of interaction among subsystems of mental and biological facts» (1990, S. 196).[6]

Desiderat 4: A-priori-Hypothesenformulierung

Empirische Forschung im Sinne des Kritischen Rationalismus (Popper, 1935) setzt eine theoriegeleitete A-priori-Hypothesengenerierung voraus. Das heißt, es ist (vor Beginn der Datenerhebung) in theoretisch begründeter Weise anzugeben, welche spezifischen Wirkungen von einer spezifischen Maßnahme zu erwarten sind. Werden die in den Desideraten 1 bis 3 formulierten Forderungen erfüllt, so besteht die Möglichkeit der expliziten Formulierung von A-priori-Hypothesen.

Desiderat 5: Quasi-experimentelle Feldstudie

Besteht das Ziel in einer *Kausalinterpretation* von Zusammenhängen, so ist zwingend ein *Längsschnittdesign* erforderlich, bei dem zu mehreren Zeitpunkten an denselben Personen Merkmalsausprägungen erhoben werden. Mit Blick auf eine hohe *interne Validität* und damit eine adäquate Prüfung der A-priori-Hypothesen erscheint es zudem angeraten, zwischen den Testzeitpunkten eine *gezielte Intervention* (mit einem präzise definierten Treatment) durchzuführen, die mit einer systematischen Kontrolle von Störeinflüssen einhergeht. Gleichzeitig ist mit Blick auf die *ökologische Validität*, also auf die Umsetzbarkeit des Programms im alltäglichen Sportunterricht, ein möglichst «natürliches Schulsportsetting» anzustreben (z. B. Brand, 2006). Insofern scheint das Untersuchungsdesign der Wahl für das Problem der

---

6   Eine detaillierte Begründung, weshalb der dynamische Interaktionismus derzeit eine so prominente Rolle als Rahmenkonzeption für die Persönlichkeitsentwicklung einnimmt, würde an dieser Stelle zu weit führen (vgl. für die Sportwissenschaft z. B. Conzelmann, 2009a).

Persönlichkeitsentwicklung durch Schulsport eine *quasi-experimentelle Feldstudie* zu sein.

Desiderat 6: Methodenvielfalt

Für ein umfassendes Verständnis der Persönlichkeits*entwicklung* stellt der *dynamisch-interaktionistische Zugang* zwar einen geeigneten theoretischen Rahmen dar, einer empirischen Überprüfung ist er aufgrund seiner Komplexität allerdings kaum zugänglich. Die Empfehlungen zur «methodischen Annäherung» an den dynamisch-interaktionistischen Ansatz sind relativ einheitlich:

> «Developmental study presupposes methods that permit the analysis of time-related changes in societies, environments, persons, and biological systems. These phenomena call for the utilization of full range of research design: experimental, naturalistic-ethnological, and comparative. In addition, a special burden is placed upon developmental research because the primary features of time and age cannot be manipulated or experimentally reversed» (Magnusson & Cairns, 1996, S. 20f.).

Eine solche Forderung lässt sich innerhalb einer Studie nicht einlösen und ist auch bei engerer Themenwahl (hier: Selbstkonzeptentwicklung von Kindern) nicht in vollem Umfang notwendig. Gleichwohl ist es wichtig, jenseits des experimentellen Denkens für Methodenvielfalt offen zu sein:

- Zunächst ist an Verfahren zu denken, die eine «synchrone Erfassung der äußeren Realität und der inneren Repräsentanz der äußeren Realität sowie eine Erfassung des Wechselspiels zwischen diesen beiden Größen ermöglichen» (Hurrelmann, 1998, S. 91). Dies erfordert *unterschiedliche Informationsquellen* (Schüler, Lehrer, Eltern) und/oder unterschiedliche Erhebungsstrategien (Beobachtung, Befragung).
- Aus einer *differentiellen Perspektive* ist angezeigt, die Entwicklungssituation, in der sich ein Schüler befindet, möglichst präzise zu erfassen, um interindividuell unterschiedliche Entwicklungsveränderungen (z.B. auch während einer Unterrichtsintervention) bewerten zu können.
- Und schließlich ist es aus einer holistischen Perspektive wichtig, nicht nur variablenzentriert vorzugehen, also nur Teilaspekte der Persönlichkeit oder der Entwicklung zu betrachten und interindividuelle Vergleiche für einzelne Variablen vorzunehmen. Vielmehr muss dieser Zugang durch personzentrierte Strategien, bei denen der einzelne Mensch die zentrale Untersuchungseinheit ist, ergänzt werden: «No doubt a certain gain comes from studying single traits, but the more important task is to evolve and to standardize methods for the study of the undivided personality» (Allport, 1924, S. 3; vgl. z. B. auch Bergmann & Magnusson, 2001).

2

Selbstkonzept und Selbstkonzeptentwicklung

Die Fokussierung auf das Selbstkonzept bietet sich für Schulsportinterventionen nicht nur aufgrund der relativ hohen Plastizität kognitiver Persönlichkeitsmerkmale an, sondern auch, weil ihm in vielen Lebensbereichen eine verhaltensregulative Funktion zukommt (Roebers, 2007; Schütz & Sellin, 2003). So hängt es beispielsweise «vom Selbstkonzept der eigenen Fähigkeiten ab, was man anpackt und welche Ziele man sich setzt. Ausbildungs- und Berufsentscheidungen, Eingehen und Auflösen von Partnerschaften, Übernahme oder Ablehnung sozialer Pflichten sind auch Funktionen des Selbstkonzepts» (Montada, 2008, S. 44). Zudem wird die Herausbildung eines differenzierten, realistischen aber dennoch positiv gefärbten Selbstkonzepts als eine der zentralen Entwicklungsaufgaben und als Grundlage für eine gesunde Persönlichkeitsentwicklung angesehen (Hurrelmann, 2006). Aber was ist dieses Selbstkonzept genau, aus welchen Quellen wird es gespeist und wie entwickelt es sich im Kindes- und Jugendalter?

2.1 Selbstkonzept – Definition

Die Erforschung des Selbstkonzepts hat in der Psychologie eine lange Tradition und beginnt mit den grundlegenden Arbeiten von William James Ende des 19. Jahrhunderts. Dieser unterscheidet in seinen Arbeiten zwischen zwei Komponenten des Selbst: zwischen dem Selbst als Subjekt («I») und dem Selbst als Objekt («Me»). Während für James (1890) das «I» der Akteur der eigenen Handlungen und des eigenen Wissens darstellt, repräsentiert das «Me» das Objekt der Selbstbetrachtung. Durch diese Unterscheidung wird das Selbst gleichzeitig zum Subjekt *und* Objekt. Das «I» erkennt sozusagen das «Me», was das Selbst zum Objekt der eigenen Erkenntnis werden lässt. Diese Dichotomie verdeutlicht, dass das Selbst kein passives System darstellt, das sich mit Wissen anhäufen lässt, sondern aktiv die Auseinandersetzung mit der Umwelt beeinflusst und gestaltet (Hänsel, 2008). Das Selbst als Objekt (Me), das als einfache

Aufzählung von zu sich gehörenden Beständen beschrieben werden kann, wurde in nachfolgenden Forschungsbemühungen mit dem Begriff «Selbstkonzept» bezeichnet. Bestehende Definitionen beschreiben das Selbstkonzept beispielsweise als «die Gesamtheit der Einstellungen zur eigenen Person» (Mummendey, 2006, S. 38), als «das mentale Modell einer Person über ihre Fähigkeiten und Eigenschaften» (Moschner & Dickhäuser, 2006, S. 685) oder als «selbstbezogenes Wissenssystem» (Filipp & Mayer, 2005, S. 260).

Das Selbstkonzept eines Menschen ist aufgrund seiner Relevanz mindestens seit der kognitiven Wende eines der wichtigsten Konstrukte in der psychologischen Forschung (Marsh & Hau, 2003) und erweist sich hinsichtlich zweier Merkmale als besonders bedeutsam: Einerseits beeinflusst das Selbstkonzept sowohl Aufnahme als auch Interpretation eingehender Informationen, andererseits kann es als starker Prädiktor zur Vorhersage menschlichen Verhaltens verstanden werden. Da sich seit jeher verschiedene Disziplinen mit diesem Konstrukt befasst haben, ist mittlerweile eine fast unüberschaubare Anzahl an wissenschaftlichen Beiträgen entstanden, die mit unterschiedlichen Selbstkonzeptdefinitionen operieren (Greve, 2000a). Einige Autoren verwenden dabei die Begriffe «Selbstbild», «Selbstschema», «Selbstwertgefühl», «Selbstvertrauen» oder «Selbstmodell» synonym, andere wiederum verweisen auf die inhaltliche und theoretische Differenz der genannten Konstrukte. Folgt man Filipp (1980, S. 106–107), kann eine dreiteilige Kategorisierung des Gegenstandsbereichs vorgenommen werden:

- In der ersten Kategorie sind Ansätze enthalten, die das Selbstkonzept als die individuelle Ausgestaltung des Person-Umwelt-Bezugs definieren. Im Vordergrund steht dabei die Erkenntnis des Individuums, dass die Person als eine Einheit, abgehoben von der Umwelt, existiert. Dieser Ansatz ist besonders für die Selbstkonzeptforschung in den ersten Lebensjahren relevant.
- Die zweite Kategorie definiert Selbstkonzepte als Gesamtheit aller Sichtweisen, die eine Person von sich hat. Das Selbstkonzept kann somit als kognitive Repräsentation des Selbst betrachtet werden. Untersuchungsgegenstand sind hier Attribute, Merkmale und Kategorien, die eine Person sich selbst zuschreibt und die sich schließlich zu einem internen Selbstmodell zusammensetzen.
- In der dritten Kategorie sind all jene Ansätze enthalten, die Selbstkonzepte ausschließlich unter dem Gesichtspunkt einer affektiv-evaluativen Note definieren. Im Vordergrund steht dabei die *Bewertung* von sich selbst. Selbstkonzepte werden dabei begrifflich mit Selbstwertgefühl oder Selbstakzeptanz gleichgesetzt.

Der zweiten Kategorie folgend wird das Selbstkonzept im weiteren Verlauf als kognitive Repräsentation des Selbst oder wie erwähnt als *die Gesamtheit aller Einstellungen zur eigenen Person* definiert. Selbst-Einstellungen ebenso wie Persönlichkeitsmerkmale können sich dabei auf alles Mögliche richten, das an einem Individuum erkennbar ist und hinsichtlich dessen es sich von anderen unterscheiden kann: körperliche und innere Merkmale jeder Art; Merkmale aus der Vergangenheit, an die man sich erinnert, oder Merkmale, die man sich gegenwärtig zuschreibt; Merkmale, die man sich wünscht, nach denen man strebt oder die man besitzen möchte (Mummendey, 2006). Diese Merkmale zeigen sich dabei als beschreibende oder bewertende Komponenten, wobei deren Unterscheidung nicht immer eindeutig getroffen werden kann. So ist die Beschreibung einer bestimmten persönlichen Fähigkeit fast immer mit deren Bewertung verbunden, indem man sich beispielsweise mit anderen vergleicht und sich somit als besser oder schlechter als andere einschätzt. Neben der beschreibenden und der bewertenden Komponente existiert eine dritte: die konative Komponente des Selbstkonzepts, die das Verhalten in eine bestimmte Richtung lenkt. Eine Person nimmt sich beispielsweise in einer bestimmten Weise wahr, bewertet sich gleichzeitig und leitet daraus Absichten für die Zukunft ab. Indem sie sich im Laufe des Lebens alle möglichen Eigenschaften und Merkmale zuschreibt, fasst sie sich selbst als Person mit bestimmten Persönlichkeitseigenschaften auf und kreiert so das Bild der eigenen Person: das Selbstkonzept.

2.2 Struktur des Selbstkonzepts

Die Frage, ob das Selbstkonzept ein uni- oder multidimensionales Konstrukt darstellt, wird kontrovers diskutiert. Zwei Positionen stehen sich gegenüber, welche die im Laufe des Lebens gesammelten Informationen zur eigenen Person unterschiedlich strukturiert sehen (Bracken & Lamprecht, 2003). Vertreter unidimensionaler Modelle nehmen an, dass sich selbstbezogene Informationen zwar aus unterschiedlichen Lebensbereichen wie Familie, Freunde, Beruf etc. ableiten lassen, durch deren gleichmäßige Gewichtung fürs Individuum jedoch getrost zu einem Gesamtindex zusammengefasst werden können (z. B. Rosenberg, 1979). Vertreter dieser unidimensionalen Modellierung des Selbstkonzepts verweisen gerne auf die breite verhaltensregulative Funktion, welche ein solches «globales Selbstkonzept» für viele Lebensbereiche und -entscheidungen einnimmt.

Demgegenüber stehen neuere Ansätze, die das Selbstkonzept als multidimensional strukturiert verstanden wissen wollen. Die Vertreter dieser Position (z. B. Marsh, 1990) führen ins Feld, dass meist nicht interessiert, ob sich Personen über verschiedene Lebensbereiche gleich verhalten, sondern wie sie sich in spezifischen Kontexten zurechtfinden. So tauge ein unidimensional konzipiertes Selbstkonzept wenig für die Verhaltensvorhersage beispielsweise eines Schülers im Mathematikunterricht. Dazu müsse man sein Selbstkonzept der mathematischen Fähigkeiten messen können, was sich vom Selbstkonzept der physischen oder sprachlichen Fähigkeiten unterscheiden lassen sollte. Diese von allgemeinen Modellen der Wissensrepräsentation abgeleitete Strukturierung des Selbstkonzepts folgt im Wesentlichen den Grundgedanken von Markus (1977), welche die gesammelten selbstbezogenen Informationen als «Selbstschemata» bezeichnen. Gemäß diesen Annahmen werden ähnliche Informationen in Kategorien zusammengefasst, die gleichsam einer Landkarte das gesamte Wissen über die eigene Person enthalten (Stiller & Alfermann, 2008).

Zeitlich etwas vor Markus (1977) stellten Shavelson et al. (1976) eines der heute immer noch forschungsleitenden multidimensionalen Modelle des Selbstkonzepts vor (vgl. **Abb. 1**). In ihrem einflussreichen Übersichtsartikel haben sie ein Strukturmodell entworfen, das mögliche Bereiche oder Dimensionen des Selbstkonzepts darstellt und zueinander in Beziehung setzt. Auf der obersten Ebene wird ein allgemeines Selbstkonzept angenommen. Dieses beinhaltet vorwiegend allgemeine Erwartungshaltungen und subjektive Überzeugungen, anstehende Probleme mit den eigenen Kompetenzen bewältigen zu können. In Befragungen werden dazu Itemformulierungen wie «Das meiste, was ich mache, mache ich auch gut» gewählt. Das allgemeine Selbstkonzept – teilweise mit dem Selbstwertgefühl gleichgesetzt – kann weiter in ein akademisches und ein nicht-akademisches Selbstkonzept unterteilt werden.

Der nicht-akademische Teil lässt sich wiederum in eine soziale («Ich bin bei meinen Freunden sehr beliebt»), eine emotionale («Ich habe kaum Angst») und eine physische Dimension («Ich bin körperlich stark») unterteilen, die weitere spezifische Subdimensionen und Facetten enthalten. Shavelson et al. (1976) schreiben dem Selbstkonzept sieben Eigenschaften zu, deren empirische Bestätigung teilweise noch ausstehend ist:

1. *Struktur.* Das Selbstkonzept ist strukturiert bzw. organisiert. Um die Komplexität der Umwelterfahrungen und die Fülle der selbstbezogenen Informationen zu reduzieren, organisiert ein Individuum diese mithilfe von Kategorien. Alltagserfahrungen werden den jeweiligen Strukturen zugeordnet resp. zueinander in Beziehung gesetzt.
2. *Multidimensionalität.* Die Kategorisierung aufgenommener Informationen impliziert eine multidimensionale Struktur; d.h., die einzelnen Dimensionen lassen sich voneinander unterscheiden. Auch wenn die in Abbildung 1 dargestellte Struktur nicht in jeder empirischen Studie repliziert werden konnte, zeigen sich in vielen Befragungen zumindest die Dimensionen des akademischen, sozialen und physischen Selbstkonzepts.

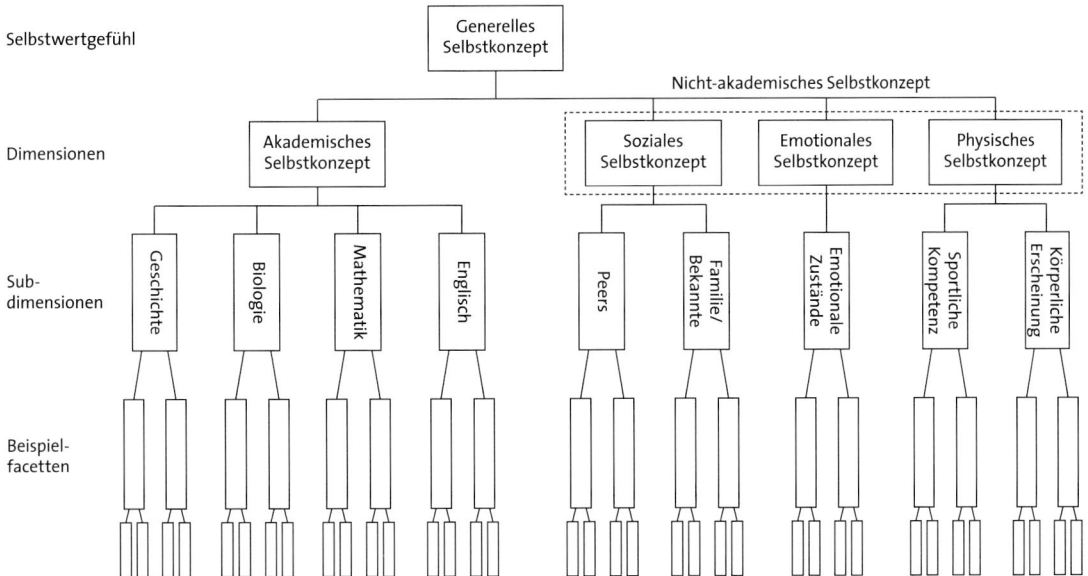

Abbildung 1: Exemplarische Darstellung eines mehrdimensionalen hierarchischen Selbstkonzeptmodells in Anlehnung an Shavelson et al. (1976, S. 413).

3. *Hierarchie.* Die Multidimensionalität wird durch eine hierarchische Organisation weiter ausdifferenziert, wobei davon ausgegangen wird, dass der Grad der Allgemeingültigkeit der Dimensionen resp. Facetten von der Basis bis zur Spitze der Pyramide stetig zunimmt.

4. *Stabilität.* Die Stabilität des Selbstkonzepts nimmt nach oben hin zu. Die spezifischen Selbstkonzeptkomponenten auf den unteren Ebenen sind demnach eher Schwankungen und Veränderungen ausgesetzt als das generelle Selbstkonzept, welches als eher änderungsresistent gilt.

5. *Entwicklung.* Das Selbstkonzept ist entwicklungsfähig. So zeigt sich zum einen eine Ausdifferenzierung der einzelnen Subdimensionen und Facetten, zum anderen nimmt die Anzahl der Subdimensionen und Facetten im Verlauf des Kindes- und Jugendalters zu.

6. *Bewertung.* Bei jeder Beschreibung der eigenen Person schwingt immer auch eine Bewertung mit. Diese Bewertung entsteht entweder durch Vergleiche mit anderen Individuen der gleichen Bezugsgruppe (Klasse, Trainingsgruppe usw.) oder durch den Vergleich mit einem Ideal-Selbst, also einer Idealvorstellung von sich selbst.

7. *Differenzierbarkeit.* Das Selbstkonzept soll sich von anderen, theoretisch ähnlichen Konstrukten unterscheiden und der Zusammenhang mit domänenspezifischen Leistungen sollte sich je nach Hierarchiestufe unterscheiden. Beispielsweise sollte eine erfolgreiche Leistung im Sport mehr mit dem physischen Selbstkonzept auf der bereichsspezifischen als mit dem generellen Selbstkonzept auf der obersten Ebene korrelieren.

Auch wenn einige dieser Eigenschaften in der Selbstkonzeptforschung weiterhin kontrovers diskutiert werden (Marsh & O'Mara, 2008; Marsh & Yeung, 1998; Möller, Pohlmann, Köller & Marsh, 2009), ist man sich zumindest über zwei Annahmen weitgehend einig: Darüber, dass selbstbezogenes Wissen «irgendwie» hierarchisch und multidimensional organisiert ist, und darüber, dass man das Selbstkonzept eines Menschen nur dann richtig verstehen kann, wenn man seine Multidimensionalität anerkennt (Marsh & Craven, 1997). Folglich fordern einige Autoren zu Recht, nicht von *dem* Selbstkonzept, sondern von *den* Selbstkonzepten eines Menschen zu sprechen. Obwohl sich die dargestellte Struktur empirisch nicht vollständig bestätigen ließ, hat sich zumindest die Unterteilung in einen akademischen und einen nicht-akademischen Teil größtenteils nachweisen lassen (Roebers, 2007). So kann jemand beispielsweise ein ausgesprochen hohes Selbstkonzept der mathematischen Fähigkeiten, gleichzeitig aber ein äußerst niedriges Selbstkonzept der sportlichen Fähigkeiten aufweisen. Eine schlechte Leistung in einer Mathematikprüfung sollte sich demnach kaum auf die Fähigkeitseinschätzung im sportlichen Bereich auswirken.

Die dargestellte theoretische Sichtweise eines multidimensionalen und hierarchisch gegliederten Selbstkonzepts impliziert, dass es für das Individuum Kompensationsmöglichkeiten innerhalb dieses Systems geben muss. Je nachdem, wie viel Bedeutung einem Bereich zugeschrieben wird, hat dies unterschiedliche Auswirkungen auf das allgemeine Selbstkonzept. Diesem Umstand versucht man in der Selbstkonzeptforschung gerecht zu werden, indem man neben den einzelnen Dimensionen auch die persönliche Relevanz, Bedeutsamkeit oder Wichtigkeit der entsprechenden Dimensionen erhebt. Thomas (1989) spricht in diesem Zusammenhang von der «Zentralität» und meint damit das «Ausmaß des Selbstbezugs von Prozessen und Attributen» (S. 22). Dieses Ausmaß wird als Kontinuum verstanden, das von einem besonders starken bis zu einem geringen oder keinem Selbstbezug reicht. So wird beispielsweise in der entwicklungspsychologischen (Harter, 1998) oder sportwissenschaftlichen Forschung (Späth & Schlicht, 2000) angenommen, dass das physische Selbstkonzept vor allem für Kinder und Jugendliche einen zentralen Selbstaspekt darstellt und somit für die Ausbildung des allgemeinen Selbstkonzepts eine besonders große Rolle spielt. Wenn also ein Kind der physischen Leistungsfähigkeit hohe Zentralität beimisst, bei sportlichen Aktivitäten jedoch schlechte Resultate erbringt, wird sich dies negativ auf sein allgemeines Selbstkonzept auswirken. Hingegen wird sich ein Kind, dessen allgemeines Selbstkonzept vorwiegend durch erfolgreiches Musizieren gespeist wird, durch die gleichen Resultate weniger negativ beeinflussen lassen.

2.3 Quellen des Selbstkonzepts

Will man das Selbstkonzept eines Menschen gezielt (z. B. durch eine schulische Intervention) beeinflussen, muss der Frage nachgegangen werden, wie sich der Aufbau dieses selbstbezogenen Wissens gestaltet. Nur so kann verstanden werden, wie interveniert werden muss, um eine zielgerichtete Entwicklung des Selbstkonzepts anzuregen. Zum Verständnis dieses Prozesses werden in den letzten Jahren vermehrt informationsverarbeitende Ansätze herangezogen. Das Wissen über die eigene Person wird dabei als selbstbezogene Information verstanden, die vom Individuum – wie herkömmliche Informationen – enkodiert, gespeichert und abgerufen werden kann (Ashcraft & Radvansky, 2010). So wird der Mensch als informationsverarbeitendes System und aktiver Konstrukteur seines Wissens betrachtet, der die Fähigkeit besitzt, interne Selbstmodelle (sprich Selbstkonzepte) zu generieren. Filipp (1979) stellt bereits gegen Ende der 1970er-Jahre fest, dass sich der Aufbau und die Veränderung interner Selbstmodelle nur durch den Rückgriff auf Theorien der menschlichen Informationsverarbeitung schlüssig darstellen lassen. So solle man die Aufmerksamkeit auf die Quellen richten, welche dem Menschen zum Aufbau dieses Wissens zur Verfügung stehen. Sucht man in einschlägiger Literatur nach den entsprechenden Quellen, stößt man auf unterschiedliche Kategorisierungen dieser selbstbezogenen Informationen. Schoeneman (1981) nimmt in seiner Untersuchung an Collegestudenten neben der Nennung dieser Quellen eine bedeutungsbezogene Reihung vor, in der die Selbstwahrnehmung als wichtigste Quelle, vor sozialen Rückmeldungen und dem sozialen Vergleich, steht. Aus Studien mit Kindern gehen ähnliche Ergebnisse hervor (Schoeneman, Tabor & Nash, 1984). Filipp und Frey (1988) nennen als Quellen selbstbezogenen Wissens, neben der Beobachtung des eigenen Verhaltens und Erlebens, die Beobachtung physiologischer Zustände sowie Informationen aus sozialer Rückmeldung und sozialen Vergleichsprozessen. Ähnlich differenziert berichten Schwalbe und Staples (1991) über Selbstwahrnehmung, wahrgenommene Fremdbewertung und soziale Vergleiche. Für die Entwicklung einer Intervention, die auf Veränderung von Selbstkonzepten ausgerichtet ist, scheint eine möglichst differenzierte Betrachtung der unterschiedlichen Quellen am sinnvollsten. Die im deutschen Sprachraum wohl am meisten rezipierte Kategorisierung selbstbezogenen Wissens ist diejenige von Filipp (1979) (vgl. z. B. Amelang, Bartussek, Stemmler & Hagemann, 2006; Petersen, 1994). Folgt man ihr, lassen sich fünf verschiedene Informationsquellen selbstbezogenen Wissens unterscheiden: Direkte und indirekte Prädikatenzuweisungen durch andere Personen sowie komparative, reflexive und ideationale Prädikaten-Selbstzuweisungen.

Direkte Prädikatenzuweisungen

Die erste Quelle selbstbezogener Informationen ergibt sich aus der Interaktion mit anderen Personen. Dabei werden einer Person durch direkte Rückmeldungen bestimmte Eigenschaften zugeschrieben, die sie anschließend in ihr Selbstkonzept integrieren kann. Diese Ansicht, dass Personen durch Äußerungen von Interaktionspartnern zu selbstbezogenen Informationen gelangen, wurde vorwiegend von Vertretern des symbolischen Interaktionismus vertreten. Charles Horton Cooley (1902) setzt zu Beginn des 20. Jahrhunderts mit seinem Konzept des «looking-glass self» eben diesen Gedanken ins Zentrum seiner Untersuchungen. Sicherlich lässt sich diese Position heute aus kognitionstheoretischer Sicht als verkürzt bezeichnen, da nicht davon auszugehen ist, dass Personen jegliche Aussagen oder Zuschreibungen unreflektiert und ungefiltert in ihr Selbstkonzept aufnehmen. Jedoch sind die Auswirkungen und die zeitliche Nachhaltigkeit, die solche Zuschreibungen auf das Selbstkonzept und den Selbstwert haben, kaum zu überschätzen (Horberg & Chen, 2010). Wahrscheinlich mag sich jeder und jede an eine Reihe von Attributen erinnern, die ihm oder ihr in der Vergangenheit von bedeutsamen Personen (Eltern, Geschwister, Lehrpersonen usw.) zugeschrieben wurden. Dies lässt die Bedeutung ersichtlich werden, die solchen direkten Rückmeldungen in der Entwicklung des Selbstkonzepts zukommen. Immer wieder als «unsportlich» bezeichnet zu werden, kann bis zur Etikettierung führen, wobei die genannten Attribute so stark ins Bild der eigenen Person integriert werden, dass sie als unveränderbare Tatsachen angesehen werden.

Indirekte Prädikatenzuweisungen

Im Gegensatz zu den direkten werden bei den indirekten Prädikatenzuweisungen Eigenschaften durch Verhaltensbeobachtung von Interaktionspartnern erschlossen. Wird zum Beispiel bei der Gruppenbildung im Sportunterricht ein Schüler immer als letzter in ein Team aufgenommen, könnte dieser Schüler daraus schließen, er sei ein nicht allzu beliebter und/oder spielschwacher Mitspieler. Indirekte Prädikatenzuweisungen verlaufen weitestgehend nonverbal ab und erfordern von der jeweiligen Person mehrere integrative Schlussfolgerungen. Dabei ist noch ungeklärt, wie diese Transformationsprozesse von einer wahrgenommenen Verhaltensweise eines Interaktionspartners zur Integration in das eigene Selbstkonzept vonstatten gehen. Man geht aber davon aus, dass Verhaltensweisen und daraus abgeleitete Prädikate stärker gewichtet werden und somit länger im Gedächtnis bleiben, wenn sie von Personen gezeigt werden, die einem nahe stehen oder für wichtig befunden werden (Andersen & Chen, 2002). Zu diesen sogenannten «significant others» gehören oft nicht nur Familienangehörige, sondern meist auch Lehrpersonen, Klassenkameraden oder Personen aus der Peergroup.

Komparative Prädikaten-Selbstzuweisungen

«Menschen verarbeiten nicht nur selbstbezogene Informationen, die ihnen unmittelbar aus ihrer sozialen Umwelt bereitgestellt werden, sondern sie spielen auch selbst eine aktive Rolle in der Generierung selbstbezogener Informationen» (Filipp, 1979, S. 135). So besteht die Möglichkeit, sich selbst bezüglich eines bestimmten Merkmals mit anderen Personen zu vergleichen und danach eine komparative Prädikaten-Selbstzuweisung zu vollziehen. Gemäß Festinger (1954) werden soziale Vergleichsprozesse besonders dort angestrebt, wo eindeutige Kriterien für die Bewertung der eigenen Handlung fehlen, vage oder mehrdeutig sind. Ob sich also eine Person als «intelligent» oder «sportlich begabt» usw. einstuft, hängt nicht unwesentlich von der sozialen Bezugsgruppe ab, an der sie sich für die Einstufung orientieren kann oder muss. Dabei ist nicht nur das soziale Bezugssystem von Bedeutung, das beispielsweise in einer Schulklasse gegeben ist, sondern auch die Wahl der Referenzpersonen, die ein Individuum für diesen Vergleich als gültig anerkennt. Zwei Personen mit gleichen individuellen Leistungen, die zwei Klassen mit unterschiedlichem Leistungsniveau besuchen, können unterschiedliche Einschätzungen der eigenen Fähigkeiten aufweisen. In der leistungsstärkeren Klasse kommt es zwangsläufig zu sogenannten Aufwärtsvergleichen. Indem man sich mehrheitlich mit leistungsstärkeren Mitschülern vergleicht, sinkt das Selbstkonzept, während dasjenige des Schülers der leistungsschwächeren Klasse durch vermehrte soziale Abwärtsvergleiche erhöht wird. Diese Art von Bezugsgruppeneffekt wird auch unter dem Begriff «Big-Fish-Little-Pond-Effect» (Gerlach, 2008; Marsh & Hau, 2003) diskutiert.

Reflexive Prädikaten-Selbstzuweisungen

Als weitere wichtige Quelle selbstbezogener Informationen ist die Beobachtung des eigenen Verhaltens zu nennen, wobei die Rückschlüsse einer solchen Selbstbeobachtung auf die eigene Person als reflexive Prädikaten-Selbstzuweisungen bezeichnet werden. Durch das Registrieren internaler Zustände und eigener Verhaltensweisen schließen Personen auf ihre eigenen Fähigkeiten und Eigenschaften. Es wird also ein Rückbezug «vom Akt zum Akteur» hergestellt, der das handelnde Individuum mit Zunahme dieser Fähigkeit von externen Quellen selbstbezogener Informationen unabhängiger werden lässt. Bem (1972) hat diese Rückbezüglichkeit zur Theorie der Selbstwahrnehmung (self-perception theory) ausgebaut, die zu den fundamentalen psychologischen Theorien gezählt werden kann, die das Zusammenspiel von Äußerem und Innerem, von Verhalten und Einstellung, von Handeln und Denken oder gar von Sein und Bewusstsein behandeln (Mummendey, 2006). Bem beschreibt den Erkenntnisweg, den Menschen beschreiten, um zu Informationen über sich selbst zu gelangen, wie folgt:

> «Individuals come to ‹know› their own attitudes, emotions, and other internal states partially by inferring them from observations of their own overt behavior and/or the circumstances in which this behavior occurs. Thus, to the extent that internal cues are weak, ambiguous, or uninterpretable, the individual is functionally in the same position as an outside observer, an observer who must necessarily rely upon those same external cues to infer the individual's inner states» (Bem, 1972, S. 2).

Wenn also die inneren Zustände einer Person für sie selbst nur diffus sind, muss sie sich auf dieselben äußeren Hinweisreize beziehen wie ein externer Beobachter. Durch die Spiegelung oder Reflexion des eigenen Verhaltens wird somit eine weitere Quelle selbstbezogener Informationen erschlossen. Ist sich eine Spielerin über ihre Fähigkeiten im Fußball unsicher und macht beispielsweise die Beobachtung, dass sie während eines Spiels viele Tore geschossen hat, kann dies dazu führen, dass sie sich als gute Fußballerin einstuft. Diese Reflexion kann bewusst angeleitet und begleitet werden.

Ideationale Prädikaten-Selbstzuweisungen

Aus der Tatsache, dass Menschen in der Lage sind, über sich selbst nachzudenken und vergangene Erfahrungen im Sinne «innerer Wiederholungen» zu reproduzieren, ergibt sich die letzte Quelle selbstbezogener Informationen: die ideationale Prädikaten-Selbstzuweisung. Indem gespeicherte Informationen über sich selbst als «memozeptive Erfahrungen» (Filipp, 1975) abgerufen werden, ergeben sich zugleich neue selbstbezogene Informationen. Zum einen sind gespeicherte Informationen in unterschiedlichem Ausmaß verfügbar und zugänglich (Hannover, 1997). Zum anderen werden durch den Vorgang des Erinnerns gemachte Erfahrungen nicht als Kopien dieser ins Bewusstsein gerufen, da das Erinnern vielmehr als eine «aktive Rekonstruktion» (Edelmann, 1996) gespeicherten Informationsmaterials zu verstehen ist. Neben der Rekonstruktion vergangener Selbsterfahrungen können auch imaginierte Zukunftsmodelle der eigenen Person als Quelle selbstbezogener Informationen genutzt werden. Diese prospektiven Selbstbilder, die sich auf mögliche zukünftige Sichtweisen der eigenen Person beziehen, werden auch «possible selfs» genannt (Markus & Nurius, 1986). Sie repräsentieren zukünftige selbstbezogene Zustände, die eine Person anstreben oder vermeiden möchte. Für die Selbstkonzeptforschung sind diese Wünsche, Ängste und Ziele beinhaltenden «possible selfs» aus verschiedenen Gründen von Interesse. Zum einen können sie als eine kritische Bewertungsgrundlage für die Einschätzung des aktuellen Selbstbildes betrachtet werden. Zum anderen wird ihnen eine vermittelnde Rolle zwischen Selbstkonzept, Motivation und Verhalten zugesprochen (Markus & Nurius, 1986). Der Stellenwert, den nun diese Quelle selbstbezogener Informationen für eine Person darstellt, wird stark durch den Grad der Selbstaufmerksamkeit (Duval & Wicklund, 1972) gesteuert, wobei dieser kurzfristige Zustand der Selbstaufmerksamkeit durch selbstbezogene Informationsgebung – z.B. in Form von Rückmeldungen – situativ induziert werden kann (Asendorpf, 2007, S. 274).

2.4 Selbstkonzeptentwicklung im Kindesalter

Im Laufe der Ontogenese entwickelt sich das Selbstkonzept als Produkt kumulierter Person-Umwelt-Interaktionen und wird dabei durch zwei unterschiedliche, aber voneinander nicht unabhängige Faktoren bestimmt. Zum einen erlauben die zunehmenden kognitiven Fähigkeiten des Kindes eine differenziertere Informationsverarbeitung und eine damit einhergehende differenziertere Sicht seiner selbst. Zum anderen beeinflussen soziokulturelle Veränderungen, z. B. der Eintritt in die Schule, das Selbstkonzept des Kindes erheblich (Harter, 1999, 2003). In diesem Zusammenhang ist es wichtig anzumerken, dass weder der eine noch der andere Faktor als alleinige Triebfeder der Entwicklung angesehen werden kann, sondern dass die Interaktion dieser beiden Einflussgrößen das Selbstkonzept als kognitive und soziale Konstruktion entstehen lässt. Da das Selbstkonzept nicht nur Produkt der eigenen Erfahrung ist, sondern maßgeblich bei der Verhaltenssteuerung mitwirkt, ist es plausibel, anzunehmen, dass sich dieses System im Verlaufe des Alters stabilisiert (Shavelson et al., 1976; Wylie, 1979). Zumindest scheinen viele entwicklungspsychologische Studien diese Annahme zu untermauern. So entwickelt sich aus dem eingangs noch undifferenzierten kategorialen Selbst (z. B. «ich bin ein Kind», «mein Name ist Eugen») ein bereichsspezifisches Selbstkonzept aus, das sich durch voneinander unterscheidbare Dimensionen eines akademischen, eines emotionalen, sozialen und physischen Selbstkonzepts (Marsh, Ellis & Craven, 2002) auszeichnet.

Vom Kleinkindalter zur frühen Kindheit

Bereits in diesem Alter sind Kinder fähig, konkret beobachtbare Merkmale des Selbst zu benennen. Sie erzählen etwa, dass sie «schon ohne Stützräder Rad fahren können» oder «blaue Augen haben». Diese Merkmale beziehen sich meist auf Kategorien, die entweder körperlicher Natur sind, sich auf Aktivitäten beziehen oder soziale Beziehungen beschreiben (Oerter, 2008) und stehen vorerst noch unverbunden nebeneinander. Ein kohärentes Selbstkonzept auszubilden, scheint für Kinder dieses Alters undenkbar, da mehrere Dimensionen noch nicht miteinander koordiniert werden können. Zudem sind diese Beschreibungen des Selbst oft unrealistisch positiv, was teilweise mit dem Begriff des kindlichen Größenwahns umschrieben wird. Darüber, wie diese Überschätzungen zu erklären sind, gibt es unterschiedliche Auffassungen: (1) Der aus der Metakognitionsforschung stammende Erklärungsansatz macht einen Mangel an kognitiven Fähigkeiten (metakognitives Defizit) dafür verantwortlich, dass kleine Kinder Schwierigkeiten haben, ihre Gedächtnisaktivitäten zu überwachen (Parsons & Ruble, 1977). Dabei werden

Leistungsfehleinschätzungen auf ein schlechtes Gedächtnis oder die unvollständige Verarbeitung serieller Information zurückgeführt. (2) Folgt man der Anstrengungsattributions-Hypothese, geben jüngere Kinder deshalb unrealistische Prognosen über ihr Können ab, weil sie noch nicht zwischen Anstrengung und Fähigkeit unterscheiden können. Diese Hypothese wird auch von Vertretern aus der Leistungsmotivationsforschung vertreten (Heckhausen, 1984). (3) Die Wunschdenkens-Hypothese («wishful thinking», Stipek, 1984) geht davon aus, dass es Kindern durch ihre egozentrische Grundhaltung schwerfällt, zwischen Wünschen und Erwartungen zu unterscheiden und dass ihre Leistungsprognosen daher dem Wunschdenken folgen. Obwohl bis heute diese drei Erklärungsansätze unverbunden nebeneinander stehen, wird zumindest eines ersichtlich: Eine zuverlässige Erfassung des frühkindlichen Selbstkonzepts bringt erhebliche zusätzliche methodische Schwierigkeiten mit sich, die nicht ohne Weiteres aus dem Weg geräumt werden können (Asendorpf & van Aken, 1993).

Von der frühen zur mittleren Kindheit

Im weiteren Verlauf der kindlichen Entwicklung werden einzelne Merkmale der Selbstbeschreibung allmählich miteinander verknüpft (Oerter, 2008). So ordnet ein Kind beispielsweise die Bereiche Laufen, Springen, Werfen einer übergeordneten Kategorie zu, die sich als rudimentäres sportbezogenes Fähigkeitsselbstkonzept bezeichnen lässt. Zudem verstehen Kinder zunehmend, dass andere Personen einen unterschiedlichen Standpunkt einnehmen können und dass sie von diesen bewertet werden. Diese Bewertungen werden von nun an als Referenzwerte verwendet, um das Selbstkonzept als soziale Konstruktion voranzutreiben. Die externale Kontrolle durch positive oder negative Verstärkung anderer Personen wird durch die internalisierten Werte ersetzt, was von Bandura (1991) als Genese der Selbst-Regulation beschrieben wird. Dieser Prozess wird durch den Eintritt in die Schule zusätzlich verstärkt, da dem Kind, vermittelt über die Ausweitung der sozialen Umwelt, zusätzliche Quellen selbstbezogener Informationen zur Verfügung stehen. So kommen in dieser Entwicklungsstufe erstmals soziale Vergleichsprozesse zum Tragen. Während Vorschulkinder in spezifischen Aufgabensituationen noch weniger an der Herangehensweise anderer Kinder interessiert sind, kommen mit dem Übergang in die Schule die ersten (meist) leistungsbezogenen Vergleiche vor (Frey & Ruble, 1985). Dies scheint deshalb der Fall zu sein, weil die Fähigkeit, sich und andere gleichzeitig bei der Ausführung einer Aufgabe zu beobachten, erst in diesem Alter entwickelt wird (Kagan, 1991). Im weiteren Verlauf bemerken Kinder jedoch, dass soziale Vergleiche nicht immer sozial akzeptabel sind. So zeigt eine Längsschnittstudie an Kindergartenkindern sowie an Kindern der ersten und zweiten Klasse, dass z. B. offene Kommentare als soziale Vergleichsformation zunehmend negativ empfunden werden und dadurch auch weniger auftreten. Ab der zweiten Klasse nehmen subtilere Formen des sozialen Vergleichs überhand, indem beispielsweise nachgefragt wird, wie weit ein anders Kind bei der gleichen Aufgabe ist oder indem durch kontrollierende Blicke der Leistungsfortschritt anderer Kinder erfasst wird (Pomerantz, Ruble, Frey & Greulich, 1995). Beinahe untrennbar mit dem zunehmenden sozialen Vergleich verbunden erkennen Kinder auch ihre relativen Stärken und Schwächen in unterschiedlichen Bereichen oder Fächern, was zu einer leichten Zunahme der Realitätsangemessenheit der Selbsteinschätzung führt (Marsh, 1990). Einige wenige halten zwar weiterhin an ihren überzogenen Selbsteinschätzungen fest, die meisten jedoch entwickeln durch die beschriebenen Prozesse ein realistischeres Bild der eigenen Fähigkeiten (z. B. Eccles, Wigfield, Harold & Blumenfeld, 1993; Frey & Ruble, 1985; Valkanover, 2005; Wigfield et al., 1997).

Von der mittleren zur späten Kindheit

In den folgenden Primarschuljahren entsteht die Fähigkeit, die bis dahin nur lose miteinander verknüpften Bereiche des Selbstkonzepts zu koordinieren und sich vermeintlich widersprechende Attribute in ein Gesamtbild zu integrieren (Oerter, 2008). Dies ermöglicht den Kindern zum einen, erkannte Schwächen in einem Bereich durch Stärken in einem andern Bereich zu kompensieren. Zum anderen können übergeordnete Kategorien gebildet werden, die ein Nebeneinander von Attributen wie «glücklich» und «traurig» überhaupt erst zulassen (Harter, 1998). So kann sich ein Kind dieses Alters als glücklich beim Spielen mit Freunden, aber traurig beim Nichtbestehen eines Tests erleben und diese beiden Merkmale trotzdem als kompatibel empfinden. Die Fähigkeit zur Koordination solcher Gegensätze nennt Case (1991) auch bidimensionales Denken. Neben dieser neu erworbenen Integrationsleistung wird der Vergleich mit anderen immer wichtiger. Während in der frühen Kindheit diese Vergleichsprozesse eher dazu dienten, die eigene Leistung einzuschätzen, werden sie nun herangezogen, um die eigene Position oder den Beliebtheitsgrad in der Gruppe zu bestimmen (Harter, 1998). Die Nutzung dieser Informationsquelle lässt das Selbstkonzept differenzierter, realistischer und komplexer werden. Auch wenn das ermittelte Alter, in welchem diese Hinwendung zum sozialen Vergleich vermehrt stattfindet, je nach Studie leicht variiert, wird dieser Wendepunkt zwischen dem 10. und 12. Lebensjahr weitgehend akzeptiert (Chanal, Marsh, Sarrazin & Bois, 2005; Schneider, 1998). Erst in diesem Stadium lernen Kinder, Fähigkeit als dispositionale Kompetenz von Anstrengung zu unterscheiden und Informationen aus dem sozialen Vergleich zur Beurteilung der eigenen Leistung systematisch heranzuziehen (Visé & Schneider, 2000). Dadurch wird eine realistische Einschätzung der eigenen Fähigkeiten zusätzlich beschleunigt. Dieser Prozess beinhaltet jedoch sowohl positive als auch negative Konsequenzen. Sind soziale Abwärtsvergleiche für einige wenige Schüler mit hohem Leistungsniveau selbstwertsteigernd, haben die sozialen Aufwärtsvergleiche für den Rest einer Klasse eher selbstwertmindernde Effekte. Der große Entwicklungsschritt in dieser Periode ist aber sicherlich die Fähigkeit, sich selbst und die Meinungen anderer Menschen zu reflektieren und geeignete Ansichten in das eigene Selbstkonzept zu integrieren (Higgins, 1991). Diese metakognitive Leistung ermöglicht die Ausbildung eines zwar differenzierten, aber dennoch in sich kohärenten Selbstkonzepts, das als Grundbaustein einer gelingenden Persönlichkeitsentwicklung angesehen werden kann (vgl. zusammenfassend **Tab. 3**).

Tabelle 3: Entwicklungsbedingte Veränderungen des Selbstkonzepts vom Kleinkind bis zur späten Kindheit in Anlehnung an Harter (2003, S. 617).

Altersabschnitt	Inhalt	Struktur	Valenz/Selbsteinschätzung	Art des Vergleichs	Bezug zu anderen/Standards
Kleinkind bis frühe Kindheit	Konkret beobachtbare Eigenschaften; Beschreibung meist in Form von einzelnen Fähigkeiten, Aktivitäten oder Präferenzen	Isolierte Repräsentationen; Mangel an Kohärenz und Koordination einzelner Merkmale; Alles-oder-Nichts-Denken	Unrealistisch positiv («kindlicher Größenwahn»); Unvermögen, das reale vom möglichen Selbst zu unterscheiden	Keine direkten Vergleiche	Antizipation von Reaktionen Erwachsener; rudimentäres Verständnis, ob jemand objektive Kriterien erfüllt
Frühe bis mittlere Kindheit	Bildung übergeordneter Kategorien; Fokus auf spezifischen Fähigkeiten	Rudimentäre Verbindungen einzelner Merkmale der Selbstbeschreibung; Alles-oder-Nichts-Denken	Eher positiv; Überschätzung bleibt bestehen	Erste soziale Vergleiche; besonders zur Bestimmung fairen oder unfairen Verhaltens anderer	Einsicht, dass man von anderen bewertet wird und diese anderer Meinung sein können; einzelne Wertvorstellungen werden übernommen
Mittlere bis späte Kindheit	Ausweitung übergeordneter Kategorien; allgemeine Selbstwertschätzung	Integration widersprüchlicher Merkmale zu einem Gesamtbild; «Bidimensionales Denken»	Eigene Stärken und Schwächen werden erkannt; Selbsteinschätzung wird realistischer	Sozialer Vergleich gewinnt immer mehr an Bedeutung	Internalisierung von Wertvorstellungen, die verhaltensregulative Funktion übernehmen

2.5 Funktionalität des Selbstkonzepts

Neben der entwicklungsbedingten Veränderung des Selbstkonzepts interessiert aus pädagogischer Sicht, welche Selbstkonzeptausprägungen anzustreben sind. In vielen Sportlehrplänen ist zu lesen, dass Schülerinnen und Schüler ein *positives* Selbstkonzept ausbilden sollen. Die pädagogische Frage nach dem anzusteuernden Ziel wird dadurch jedoch noch nicht beantwortet. Gerade die normative Begründung von Erziehungs- und Entwicklungszielen kann und soll aus einer pädagogischen Perspektive und somit im schulischen Kontext nicht ausgeklammert werden (z.B. Neuber, 2007; Prohl, 2006). Wenn es also um die «positive» Beeinflussung des Selbstkonzepts im Sportunterricht geht, ist zu fragen, *wohin* sich Merkmale des Selbstkonzepts von Schülerinnen und Schülern entwickeln sollen. Was ist damit gemeint, wenn man von einem *positiven* Selbstkonzept spricht? Geht es darum, ein möglichst *hohes* Selbstkonzept auszubilden oder gibt es andere Zielperspektiven?

Die aus unterschiedlichen Forschungszweigen stammenden Empfehlungen sind uneinheitlich. Sie reichen von einer möglichst realitätsangemessenen Selbstwahrnehmung als «Grundbedingung für eine gesunde Persönlichkeitsentwicklung» (Hurrelmann, 2006) über ein «positiv-realistisches Selbstkonzept» (Sygusch, 2008) bis zur Forderung nach einem möglichst hohen Selbstkonzept (Lintunen, 1999; Stiller & Alfermann, 2007). Angesichts dieser Unterschiedlichkeit erstaunt, dass alle bis dato gefundenen Interventionsstudien im Sportunterricht auf eine *Erhöhung* des Selbstkonzepts der Schülerinnen und Schüler abzielen (u.a. Annesi, 2007; Calfas & Cooper, 1996; Goni & Zulaika, 2000; Lloyd & Fox, 1992; Marsh & Peart, 1988; Percy, Dziuban & Martin, 1981; Petrakis & Bahls, 1991; Smith, 1982) und dabei die Veridikalität[7], verstanden als den Grad der «Realitätsangemessenheit der Selbstwahrnehmung eigener Fähigkeiten und Leistungen» (Helmke, 1992, S. 197), außer Acht lassen. Wenn dann durch Querschnittstudien gestützt gefolgert wird, dass Personen mit hohem Selbstkonzept bessere Leistungen bringen als Personen mit niedrigem, und daraus geschlossen wird, dass hohe Selbstkonzepte funktional seien, scheint dies nur schon deshalb problematisch, da es ja durchaus sein kann, dass Personen hohe Selbstkonzepte aufweisen, *weil* sie in einer entsprechenden Domäne auch hohe Fähigkeiten besitzen. In diesem Fall wäre das Selbstkonzept hoch, aber dennoch realitätsangemessen. Neben der Funktionalität der Höhe gilt es also auch die Funktionalität der Realitätsangemessenheit des Selbstkonzepts zu diskutieren.

---

7   Für eine ausführliche Diskussion zur Funktionalität veridikaler Selbstkonzepte im Sportunterricht siehe Schmidt & Conzelmann (2011).

Obwohl sich Forscher unterschiedlichster psychologischer Teildisziplinen und Forschungstraditionen dem Problem der Funktionalität von Selbsteinschätzungen angenommen haben, gibt es bis heute keine integrative Theorie realitätsangemessener Selbstkonzepte (Wilson, 2009). Diskussionen mit mehr oder weniger konsistenten Ergebnissen wurden vor allem in der Sozial- und Motivationspsychologie, in der Entwicklungspsychologie und in der Klinischen Psychologie geführt (Helmke, 1992).

In der Klinischen Psychologie vertreten besonders Taylor und Brown (1988) die These, dass unrealistisch positive Selbstbewertungen, übertrieben hohe Einschätzungen eigener Kontrolle (Kontrollillusion) und unrealistischer Optimismus sowohl zu psychischer Gesundheit als auch erhöhter Motivation, größerer Leistungsbereitschaft, somit besserer Leistung und schließlich zu mehr Erfolg führen. Ihren Ausführungen zufolge zeigen sich diese selbstwertdienlichen Selbsteinschätzungen in zwei Tatsachen: «a) most individuals see themselves as better than the average person and b) most individuals see themselves better than others see them» (Taylor & Brown, 1988, S. 195–196). Diese bei den meisten gesunden Individuen vorzufindenden «positiven Illusionen» zeichnen sich insbesondere durch drei systematische Verzerrungen aus, die 1) die eigene Person, 2) die Welt und 3) die Zukunft betreffen (Taylor, 1989). Dass dieses Phänomen normal, adaptiv und gesund sein soll, scheinen auch Befunde aus der Depressionsforschung zu bestätigen (Abramson & Alloy, 1981).

Trotz dieser scheinbar starken empirischen Evidenz der Funktionalität positiver Illusionen für die psychische Gesundheit wurde heftige Kritik an dieser Position und dem damit einhergehenden Menschenbild geübt. Colvin und Block (1994) betonen in der Tradition der humanistischen Psychologie (z. B. Rogers, 1951), dass nur eine realistische Selbst- und Weltsicht die psychische und physische Gesundheit fördern könne, sogar dann, wenn realistisch mit «negativ» gleichgesetzt werden müsse. Sie stellen sich den von Taylor und Brown (1988, 1994) vorgetragenen Befunden mit methodologischer Kritik und führen ins Feld, die Akkuratheit der Realitätseinschätzungen sei nicht valide erhoben worden. Dabei fordern sie ein externales Validitätskriterium, das ermöglicht, Personen mit positiver Selbsteinschätzung – die in realis eine Entsprechung finden – von jenen zu unterscheiden, denen diese Entsprechung fehlt. Die Funktionalitätsfrage beantworten zu wollen, indem sowohl die unabhängige als auch die abhängige Variable über ein selbstberichtetes Konstrukt operationalisiert wird, sei per se ein sinnloses Unterfangen. So könne davon ausgegangen werden, dass Personen, die sich selbst überschätzen, generell überzogene Selbstansichten haben und dass so auch das selbstberichtete Konstrukt einer positiven Verzerrung unterliegt.

Neben dieser eher methodologisch ausgerichteten Kritik an der Funktionalität überzogener Selbsteinschätzungen für das psychische Wohlbefinden des befragten Individuums wird ein zweiter Aspekt diskutiert, der sich auf den Einfluss der Selbstüberschätzung auf die Umwelt (namentlich auf mögliche Interaktionspartner) bezieht. Taylor und Brown (1988) behaupten, dass hohe Selbsteinschätzungen auch mit der Fähigkeit einhergehen, auf andere Personen einzugehen und diese zu unterstützen. Dies soll unter anderem deshalb der Fall sein, weil optimistische Menschen generell besser in der Lage seien, gute Stimmung zu verbreiten, sich eher trauen würden, Lob auszusprechen und daher beliebtere Interaktionspartner seien. Gestützt wird diese These z. B. von einer Studie, die sich mit der Entstehung neuer Freundschaften bei Studienanfängern beschäftigt. So stellten Brissette, Scheier und Carver (2002) fest, dass Optimisten (als «zukunftsgerichtete» Selbstüberschätzer) schon zwei Wochen nach Studienbeginn deutlich mehr Freunde gefunden und gegen Ende des Semesters einen größeren Freundeskreis hatten als Pessimisten. Diesen Befunden wiederum steht eine Reihe von Untersuchungen entgegen, die eher von negativen sozialen Konsequenzen hoher Selbsteinschätzung berichten und Selbstüberschätzer als problematische Interaktionspartner beschreiben, da sie sich durch mangelnde Empathie, hohe Narzissmuswerte und erhöhte Gewaltbereitschaft auszeichnen (Baumeister, Bushman & Campbell, 2000; Baumeister, Campbell, Krueger & Vohs, 2003; Bushman & Baumeister, 1998; Robins & Beer, 2001). Zudem wird Überschätzern zwar kurzfristig höhere soziale Akzeptanz zugestanden, die sich jedoch in einer längerfristigen Perspektive ins Gegenteil kehrt (Colvin, Block & Funder, 1995; Paulhus, 1998).

Studien, die mit Kindern und Jugendlichen in Leistungskontexten durchgeführt wurden, untersuchen neben der realistischen Ein- und der Überschätzung auch die Unterschätzung der eigenen Fähigkeiten und kommen zumindest in Bezug auf letztere zu einem einheitlichen Schluss (Weiss & Ferrer-Caja, 2002). So zeigt sich beispielsweise in einer Studie von Weiss und Horn (1990), dass Überschätzer, Realisten und Unterschätzer unterschiedliche leistungsbezogene Persönlichkeitsmerkmale aufweisen. Aufgrund von Erhebungen der selbsteingeschätzten sportlichen Fähigkeit, der erhobenen sportmotorischen Kompetenz und den daraus gebildeten Differenzwerten teilten sie die Kinder in drei Gruppen ein: in solche, die ihre Fähigkeiten unterschätzten, solche, die sich realistisch einschätzten und solche, die sich überschätzten. Ergebnisse zeigten, dass Mädchen, die sich unterschätzten, weniger Leistungsmotivation, höhere Leistungsangst und eher externale Kontrollüberzeugungen aufwiesen, als Mädchen, die sich realistisch einschätzten. Unterschätzende Jungen unterschieden sich nur in Bezug auf die Kontrollüberzeugungen von den Überschätzern und den Realisten. Phillips und Zimmerman (1990) haben hochbegabte Schüler untersucht, welche ihre schulischen Fähigkeiten stark unterschätzen und dabei herausgefunden, dass diejenigen, die diese «illusion of incompetence» aufwiesen, gleichzeitig auch unrealistisch tiefe Erfolgserwartungen und hohe Leistungsangst zeigten sowie selten Aufgaben mit adäquatem Schwierigkeitsgrad wählten. Das Problem inadäquater Aufgabenwahl von Über- und Unterschätzern thematisiert auch Harter (1998), die nach ähnlichen Befunden zum Schluss kommt, dass in einem motivationalen Kontext sowohl eine starke Über- als auch eine starke Unterschätzung als dysfunktional für den Erwerb neuer Fähigkeiten taxiert werden muss. Eine *maßvolle Überschätzung* erachtet sie für das Setting Schule als den funktionalsten Zustand, da er mit einer höheren Leistungsmotivation einhergehe als eine realistische Einschätzung, jedoch weniger negative Konsequenzen mit sich bringe als eine starke Über- oder Unterschätzung.

2.6 Konsequenzen für das weitere Vorgehen

Aus den referierten theoretischen Grundlagen ergeben sich verschiedene Konsequenzen für die Konzeption einer selbstkonzeptfördernden Intervention im Sportunterricht.

Spezifische Interventionen

Wie gezeigt wurde, zeichnen moderne Selbstkonzeptansätze das Selbstkonzept eines Menschen als multidimensional und hierarchisch gegliedertes Konstrukt nach, das aus Erfahrungen gewonnene, selbstbezogene Informationen bereichsspezifisch abspeichert. Dabei wird angenommen, dass die Stabilität des Selbstkonzepts nach oben hin zunimmt. Die Selbstkonzeptfacetten auf den unteren Ebenen sind demnach eher für Veränderungen offen als das generelle Selbstkonzept. Wenn nun das Ziel einer Intervention sein soll, das Selbstkonzept eines Menschen positiv zu beeinflussen, macht es wenig Sinn, Veränderungen an globalen, hierarchisch höher angesiedelten Dimensionen erzielen zu wollen. Diese aus theoretischen Überlegungen gezogene Konsequenz wird auch durch empirische Studien belegt. So zeigen O'Mara, Marsh, Craven und Debus (2006) in ihrer Metaanalyse, die 200 Selbstkonzeptinterventionen umfasst, dass besonders diejenigen Interventionen Effekte bei den Probanden zu verzeichnen hatten, die nicht auf Ebene des allgemeinen Selbstkonzepts, sondern auf Ebene der Dimensionen, Subdimensionen oder Facetten Veränderungen hervorrufen wollten. Zudem scheint die Spezifik der Selbstkonzeptinterventionen eine weitere Gelingensbedingung darzustellen: So erzielten Interventionen, die einzelne Facetten durch maßgeschneiderte Inhalte anzusprechen versuchten, die größten Effekte ($d = .76$), während jene ohne klaren Bezug zu einer bestimmten Facette nur geringe Effektgrößen zu verzeichnen hatten ($d = .14$). Je stärker die gewählten Inhalte also den anzusteuernden Facetten entsprechen, desto wahrscheinlicher ist eine Veränderung derselben. Eine Intervention im Mathematikunterricht wird sich demnach eher auf das mathematische als auf das physische Selbstkonzept auswirken. Da dem Sportunterricht nun vorwiegend das Potenzial attestiert wird, neben der Sach- auch die Selbst- und Sozialkompetenz der Kinder und Jugendlichen zu fördern (Fries, Baumberger & Egloff, 2008; Prohl & Krick, 2006), liegt der Schluss nahe, eine mögliche Intervention nicht auf den Bereich des akademischen, sondern auf den (gesamten Bereich) des nicht-akademischen Selbstkonzepts auszurichten.

Spezifische Inszenierungen

In Kapitel 2.3 wurde dargestellt, aus welchen Quellen sich das Selbstkonzept eines Menschen speist, um selbstbezogene Informationen aus der Welt aufzunehmen: aus direkten und indirekten Prädikatenzuweisungen durch andere Personen sowie aus komparativen, reflexiven und ideationalen Prädikaten-Selbstzuweisungen. Wenn sich nun die Genese des Selbstkonzepts aus diesen fünf Quellen erklären lässt, sollten sich entsprechend auch dessen Veränderung und Beeinflussung daraus ableiten lassen. Für die Konzeption einer selbstkonzeptfördernden Intervention bedeutet dies, dass sich neben der Bestimmung der Inhalte auch die Art und Weise der Inszenierung des Unterrichts an diesen Quellen zu orientieren hat. Es muss bestimmt werden, welche Inszenierungen – vermittelt über welche Quellen – sich dazu eignen, das Selbstkonzept in eine bestimmte Richtung hin zu verändern. Indem z. B. die Qualität und Quantität von Rückmeldungen erhöht werden, können direkte Prädikatenzuweisungen vermehrt auftreten, was eine Aneignung neuen selbstbezogenen Wissens zur Folge haben kann. Eine theoriegeleitete Intervention sollte demnach dann die größten Effekte erzielen, wenn Unterrichtsmethoden darauf ausgerichtet werden, die Quellen des Selbstkonzepts anzusprechen.

Dass bei selbstkonzeptfördernden Interventionen weniger das *Was* (Inhalt), als das *Wie* (Methode) von zentraler Bedeutung ist, zeigten bereits Marsh und Peart (1988) in ihrer Studie mit Gymnasiastinnen. Ihre Intervention hatte zum Ziel, sowohl die physische Leistungsfähigkeit als auch das physische Selbstkonzept zu verbessern. Dazu teilten sie die Schülerinnen einem kompetitiven und einem kooperativen Setting zu. Während sich die Inhalte der beiden Settings nicht unterschieden, stand in der kooperativen Gruppe der individuelle Lernfortschritt und bei der kompetitiven Gruppe der Vergleich mit der Klassenbesten im Zentrum. Nach der Intervention hatte sich zwar die physische Leistungsfähigkeit beider Gruppen im selben Ausmaß verbessert, im Gegensatz zur kompetitiven hatte sich bei der kooperativen Gruppe aber auch das physische Selbstkonzept erhöht.

Altersspezifik

Die Entwicklung des Selbstkonzepts ist ein lebenslanger Prozess. Wie bei anderen Persönlichkeitsmerkmalen nimmt auch beim Selbstkonzept die Plastizität im Lebensverlauf ab, was spätestens ab dem Erwachsenenalter keine größeren Veränderungen mehr erwarten lässt (Greve, 2000b). Eine Intervention, die auf die Veränderung des Selbstkonzepts ausgerichtet ist, sollte demnach möglichst früh in der individuellen Entwicklung angesiedelt sein. Denn je jünger das Individuum, desto form- und veränderbarer zeigt sich dessen Selbst. Demgegenüber steht jedoch die Tatsache, dass es Kindern bis zur mittleren Kindheit äußerst schwerfällt, einerseits übergeordnete Kategorien des Selbst zu bilden, andererseits die eigenen Fähigkeiten realistisch einzuschätzen (Harter, 1998; Oerter, 2008). Erst im Verlaufe der späten Kindheit scheinen die kognitiven Fähigkeiten in solchem Ausmaße ausgebildet zu sein, dass eine kritische Reflexion des eigenen Handelns und die Integration von daraus abgeleiteten Schlüssen in ein kohärentes Selbstkonzept möglich werden. Geht es also um die Bestimmung des idealen Alters einer selbstkonzeptfördernden Intervention, ist man gut beraten, sich an die Formel «so früh wie möglich, so spät wie nötig» zu halten. Noch bevor pubertäre Veränderungen zum Tragen kommen (Harter, 1999, 2003), scheint die späte Kindheit ein idealer Lebensabschnitt für eine selbstkonzeptfördernde Intervention zu sein.

Funktionalität

Aus den Ergebnissen empirischer Studien zur Funktionalität geht hervor, dass eine Unterschätzung der eigenen Fähigkeiten durch die damit verbundene unproduktive Persistenz (McFarlin, Baumeister & Blascovich, 1984) oder die inadäquate Aufgabenwahl (Harter, 1998) leistungsbezogenes Verhalten hemmt. Starke Überschätzung hingegen kann zu einem erhöhten Unfallrisiko führen (Schwebel & Plumert, 1999) und geht oft mit hohen Narzissmuswerten einher (Bushman & Baumeister, 1998), was besonders in sozialen Interaktionen dysfunktional sein kann. Diesen Ausführungen folgend müsste eine realistische Selbsteinschätzung bis eine maßvolle Überschätzung der eigenen Fähigkeiten die ideale Zielperspektive darstellen. Mit den Worten von Sygusch (2008) könnte man sagen, dass die Schüler ein «positiv-realistisches Selbstkonzept» ausbilden sollen: ein Selbstkonzept, das hoch, aber dennoch veridikal ist. Während Überschätzer also auf ein realistisches Niveau gedrosselt werden sollten, dürften Unterschätzer eher von Unterrichtsinszenierungen profitieren, die ihr Selbstkonzept zu erhöhen versuchen.

3

Pädagogisch-psychologische Überlegungen zum selbstkonzept-fördernden Sportunterricht in der späten Kindheit

Sportunterricht in der Schule mit dem Ziel der positiven Beeinflussung von Aspekten des Selbstkonzepts legt eine spezifische Ausgestaltung der Förder-maßnahmen seitens der Lehrperson nahe. Dabei ist eine optimale Passung der Unterrichtsmaßnahmen auf die intendierte Zielsetzung der Selbstkon-zeptförderung und auf die zu erreichenden Schülerinnen und Schüler anzu-streben. Unter Berücksichtigung der Konsequenzen aus Kapitel 1 und 2 sind für die Unterrichtsgestaltung folgende Aspekte miteinzubeziehen: (a) Für den Sportunterricht relevante Funktionsbereiche wie die Motorik oder die Ver-arbeitung selbstbezogener Informationen sind im Laufe der Schulzeit ent-wicklungsbedingt stetiger Veränderung unterworfen. Um zu wissen, wie unterrichtliche Maßnahmen angemessen zu arrangieren sind, ist der Ent-wicklungsstand der Schülerinnen und Schüler auf der Zielstufe zu berück-sichtigen (Kap. 3.1). (b) Mit den Quellen des Selbstkonzepts wurden wesent-liche Einflussbereiche für den Aufbau des Selbstkonzepts vorgestellt. Diese unterschiedlichen Quellen sind hinsichtlich ihrer Bedeutung für die Beein-flussung des nicht-akademischen Selbstkonzepts durch den Sportunterricht in der Schule zu prüfen und entsprechende didaktische Schwerpunkte für das Anregen dieser Quellen zu formulieren (Kap. 3.2).

3.1 Entwicklung und Entwicklungsthemen in der späten Kindheit

Die Ansprüche an Kinder in der späten Kindheit lassen sich nach Baacke (1999, S. 145) durch die Dynamik zwischen «Selbstverfügung und Angewie-sensein» beschreiben: Kinder in unserer westlichen Kultur wollen kompe-tente Kinder sein, die nach Selbstverwirklichung streben und bereits einen hohen Grad an Individualität in ihren Kindheitserfahrungen ausdrücken können. Auf der anderen Seite sind sie physisch und psychisch verletzbar, in die Kulturtechniken erst teilweise eingeführt und benötigen deshalb Schutz, Fürsorge und Bildung.

Neben dem Erlernen motorischer Fähigkeiten und Fertigkeiten sowie grundlegender Kulturtechniken wie Lesen, Schreiben und Rechnen stellen sich Kindern in diesem Alter auch (sozial-)psychologische Entwicklungsaufgaben (Havighurst, 1956):

- Aufbau eines angemessenen Selbstkonzepts und die positive Einstellung zu sich selbst;
- Lernen mit Gleichaltrigen zurechtzukommen;
- Erlernen von geschlechtsspezifischem Rollenverhalten (Oerter & Dreher, 2008).

In Bezug auf *körperliche Merkmale und motorische Fähigkeiten* kann die Phase der Kindheit bis zum Eintreten der Pubertät als Lebensabschnitt mit gleichmäßiger (intraindividueller) Entwicklung charakterisiert werden. Die motorischen Fähigkeiten verbessern sich bei Kindern bis zur Pubertät annähernd linear, ohne ausgeprägte Differenzen zwischen den Geschlechtern (Willimczik, 2009). Dabei muss berücksichtigt werden, dass die tatsächliche Leistungsfähigkeit aufgrund der hohen Plastizität der motorischen Fähigkeiten wesentlich von sportmotorischen Erfahrungen abhängt (Conzelmann, 2009b).

Ein großer Teil der Kindheit wird in der Schule verbracht. Die Schule funktioniert einerseits als gemeinschaftlicher Raum mit vielfältigen Wirkungen auf die soziale und personale Entwicklung der Heranwachsenden. Andererseits werden kognitive Fähigkeiten gefördert, die wesentlich zu einer Umstrukturierung von bisherigem Wissen und Umwelterfahrungen führen: Die Schule führt Kategorien ein, die das Wissen aus dem Erfahrungskontext herauslösen und logische Ordnungen u. a. nach Schulfächern gliedern. Diese sogenannte Dekontextualisierung wird dabei mit der Vertiefung und Erweiterung von schriftsprachlichen Kommunikationsformen unterstützt (Oerter, 2008, S. 255). Die Begleitumstände und die Bildungsangebote der Schule werden damit in Ergänzung zur Familie zu wesentlichen Entwicklungsinstanzen dieses Lebensabschnitts. Auch in Anbetracht der häufig anstehenden Selektionsentscheide für die weitere Schul- und Ausbildungslaufbahn zum Ende der Primarschule ist die erfolgreiche Bewältigung von *schulischen Anforderungen* als eine zentrale Entwicklungsaufgabe der späten Kindheit zu betrachten.

Einhergehend mit der zunehmenden kognitiven Differenzierungsfähigkeit wird das *Bild der eigenen Person* bei Kindern in der späten Kindheit zunehmend differenzierter und realitätsangemessener (Oerter, 2008, S. 231; vgl. Kap. 2.4). Die Erkenntnis, dass die eigene Leistung aus dem Zusammenspiel von Anstrengung und Fähigkeit resultiert, löst die für das Vorschulalter und die mittlere Kindheit charakteristische Ansicht ab, Leistung sei ausschließlich ein Produkt der eigenen Anstrengung. In der späten Kindheit hängt die Akzeptanz der eigenen Person (Selbstwert) wesentlich von der eigenen Leistungsfähigkeit ab (Harter, 2003; Podlich, 2008).

Die *Interaktion mit Gleichaltrigen* kann in der späten Kindheit als zunehmend bedeutungsvoll für die Entwicklung bezeichnet werden. Dabei steht der kompetente Umgang mit anderen innerhalb der Gruppe der Gleichaltrigen im Vordergrund und weniger die Ablösung von den Erwachsenen (z. B. Eltern). Wer zu den «significant others» zu zählen ist, wird wesentlich durch die schulischen Rahmenbedingungen bestimmt: Die Kinder treffen sich mit Klassenkameraden in der Freizeit oder tummeln sich mit Schülerinnen und Schülern der eigenen Schule vor oder nach dem Unterricht um das Schulhaus.

Neben den erwachsenen Bezugspersonen in der Familie tragen in der späten Kindheit gleichaltrige Mädchen und Jungen und deren Umgang untereinander wesentlich zu gesellschaftlich erwarteten *geschlechtsspezifischen Rollenmustern* bei (Trautner, 2008). Dabei sind Einrichtungen wie Schule oder Verein bedeutende Quellen für einen differenzierten Zugang zum eigenen Geschlecht und für eine gelungene Geschlechtsidentität.

3.2 Didaktisch-methodische Prinzipien für selbstkonzeptfördernden Sportunterricht

In Kapitel 2 wurden in Anlehnung an Filipp (1979) verschiedene Quellen der Selbstkonzeptgenese beschrieben. Diese Mechanismen sind auch bei der Konzeption eines selbstkonzeptfördernden Sportunterrichts zu berücksichtigen. Filipp (1979) nimmt keine Gewichtung einzelner Quellen vor und thematisiert auch nicht die Frage der gezielten Selbstkonzept-*Veränderung*. Daher ist zu klären, welche Quellen der Selbstkonzeptgenese im Sportunterricht angesprochen werden sollen und wie dies erreicht werden kann. Drei Prinzipien lassen sich herausarbeiten:

1. Das Prinzip der Kompetenzerfahrung
2. Das Prinzip der reflexiven Sportvermittlung
3. Das Prinzip der individualisierten Lernbegleitung

(1) Die Referenz für die Wahrnehmung und Bewertung der eigenen Person im Schulfach «Sport» bilden in erster Linie Fertigkeiten in Bewegung, Spiel und Sport. Das gemeinsame Sporttreiben in der Klasse führt zur Offenlegung der (sportlichen) Leistungsfähigkeit von Schülerinnen und Schülern in einer Weise, wie es in keinem anderen Schulfach zu verzeichnen ist. Das individuelle *Darstellen* der Sport- und Bewegungskompetenzen führt dazu, dass sich die Mitglieder in der Klasse gegenseitig ein Bild voneinander machen und die Sportlichkeit des anderen beurteilen. Durch den Austausch dieser Einschätzungen erschließen die Schülerinnen und Schüler selbstbezogene Informationen zur Funktionsweise ihres Körpers (direkte und indirekte Prädikatenzuweisung). Individuelle sportliche Kompetenzen werden von den Kindern andererseits auch unmittelbar *erfahren*: Die erfolgreiche Ausführung eines Felgaufschwungs am Reck oder das Misslingen eines Zuspiels im Volleyball wird von der einzelnen Schülerin oder vom einzelnen Schüler erlebt und selbstbezogen verarbeitet (reflexive Prädikaten-Selbstzuweisung), mit der Leistungsfähigkeit anderer in der Klasse verglichen und bewertet (komparative Prädikaten-Selbstzuweisung) und kann zum differenzierten Aufbau des physischen, emotionalen und sozialen Selbstkonzepts beitragen. Als erster Ansatzpunkt für selbstkonzeptfördernden Sportunterricht ist daher das *Prinzip der Kompetenzerfahrung* zu nennen (Kap. 3.2.1).

(2) Kognitive Entwicklungsprozesse führen in der späten Kindheit dazu, dass Kinder zunehmend in der Lage sind, sich selbst als Objekt zu betrachten (Harter, 2003). Während im frühen Kindesalter die Bewusstheit von Außengrenzen noch nicht aufgebaut ist (z. B. Stern, 1985), sind entsprechende Repräsentationen zum Ende der Primarschulzeit möglich. Daher sind die Voraus-

setzungen gegeben, über eigene Handlungen nachzudenken und diese auf dem Hintergrund individueller Erfahrungen und sozialer Normen einzuordnen (reflexive und komparative Prädikaten-Selbstzuweisung). Aufgrund der zunehmend differenzierteren Informationsverarbeitung ist es dem Individuum in der späten Kindheit möglich, im Sinne ideationaler Prädikaten-Selbstzuweisungen vergangene Erfahrungen selbstbezogen zu verarbeiten und zukünftige Handlungsziele zu benennen (z. B. Sodian, 2008).

Im Wissen um dieses kognitive Potenzial von Schülerinnen und Schülern sind im Unterricht gezielte Konfrontationen mit eigenen Leistungen, Einschätzungen und Einstellungen zu sich selbst thematisierbar und als effektives Steuerungsinstrument in der Durchführung von selbstkonzeptförderndem Sportunterricht zu berücksichtigen. Das Verstehen und Unterstützen dieses Veränderungsprozesses durch den Einsatz von verschiedenen Methoden ermöglicht dem Individuum, die Selbstaufmerksamkeit zu erhöhen und damit eine differenziertere Wahrnehmung der eigenen Person mit dem übergreifenden Ziel der Selbstkonzeptförderung zu entwickeln. Daraus lässt sich ein weiteres Prinzip für die Umsetzung von selbstkonzeptförderndem Sportunterricht in der Schule festhalten, jenes der *reflexiven Sportvermittlung* (Kap. 3.2.2).

(3) Bereits im Kindesalter zeigen sich große Unterschiede im Ausmaß der sportlichen und körperlichen Aktivität (Lamprecht, Fischer & Stamm, 2008). Die unterschiedliche Sportpartizipation führt zu einer beachtlichen Heterogenität in der sportmotorischen Kompetenz der Schülerinnen und Schüler. Diesem Umstand muss im Sportunterricht Rechnung getragen werden. Für einen selbstkonzeptfördernden Sportunterricht ergibt sich aus der Heterogenität sportmotorischer Kompetenzen ein zusätzliches Problem: Lernfortschritte von sportlich weniger leistungsfähigen Kindern werden oft mit den Fähigkeiten von Gleichaltrigen der Klasse verglichen. Im Sinne einer Beurteilung der relativen Leistungsfähigkeit kann dieser Vergleich Sinn machen und wird oftmals als Kriterium für die Benotung im Unterrichtsfach «Sport» herangezogen. Es besteht jedoch die Gefahr, dass diese Kinder ihre Leistungsfortschritte aufgrund einer komparativen Prädikaten-Selbstzuweisung nicht als positive Entwicklung in ihr Selbstbild integrieren können. Ihre Anstrengungen zur erfolgreichen Kompetenzentwicklung werden daher kaum als bedeutsam erfahren. Steht die Selbstkonzeptentwicklung im Zentrum der Lehrbemühung, sind soziale Vergleichsprozesse insbesondere für leistungsschwächere Schüler entsprechend niedrig zu halten. Für eine optimale Lernförderung im Schulsport bietet sich daher die Orientierung an der individuellen Bezugsnorm an (Rheinberg, 2001). Die ausgeprägte Berücksichtigung der

individuellen Bezugsnormorientierung für die Selbstkonzeptförderung sowie Maßnahmen für die positive Veränderung pessimistischer Attributionsstile verdeutlichen den dritten Eckpfeiler der didaktisch-methodischen Vorgehensweise, das *Prinzip der individualisierten Lernbegleitung* (Kap. 3.2.3).

3.2.1 Kompetenzerfahrung

Das Selbstkonzeptmodell von Shavelson et al. (1976) legt mit seiner hierarchischen Struktur nahe, dass Subdimensionen des Selbstkonzepts durch Erfahrungen und Bewertungen direkter beeinflusst werden können als das hierarchisch höhergestellte generelle Selbstkonzept (Selbstwertgefühl) (Kap. 2.2). Es kann damit aber noch nicht erklärt werden, weshalb eine kontrollierte Folge von Sport- und Bewegungsangeboten tatsächlich in die Wahrnehmung des Selbst integriert wird und unter welchen Bedingungen die übergeordnete Ebene des Selbstwertgefühls positiv beeinflusst werden kann.

Den Einfluss von Körpererfahrungen durch sportliche Aktivitäten auf das physische Selbstkonzept beschreiben Sonstroem und Morgan (1989) und in Erweiterung Sonstroem, Harlow und Josephs (1994) im «Exercise and Self-Esteem»-Modell (EXSEM). Sonstroem et al. (1994) gehen in ihrem Prozessmodell davon aus, dass Sport und Bewegung nicht direkt zu einem differenzierten (physischen) Selbstkonzept führen. Im Sinne eines bottom-up-Prozesses tragen Sport- und Bewegungsaktivitäten zu bereichsspezifischen physischen Selbstwirksamkeits- oder Kompetenzerfahrungen bei. Diese führen ihrerseits zu spezifischen physischen Selbstwirksamkeitserwartungen (z. B. sportbezogenes Fähigkeitsselbstkonzept), welche das physische Selbstkonzept zu einem wesentlichen Teil speisen.

Bewegungs- und Sportaktivitäten im Schulsport bieten zusätzlich zu physischen auch vielfältige *soziale* Selbstwirksamkeitserfahrungen: Im 80 m Sprint gegen die Mitschüler, im Lösen des Konflikts nach einem Foul im Basketball oder im Erfahren von Hilfestellungen im Bodenturnen werden die sozialen Kompetenzen der Schülerin gespiegelt und tragen zu einer Ausdifferenzierung der sozialen Selbstwirksamkeitserwartungen bei. Diese sozialen Selbstwirksamkeitserwartungen, definiert als das «optimistische Vertrauen in die eigenen sozialen Kompetenzen angesichts schwieriger sozialer Konflikt- und Anforderungssituationen», kann dabei als zentrale Komponente des sozialen Selbstkonzepts betrachtet werden (Satow & Schwarzer, 2003, S. 169).

Der im Sportunterricht alltägliche Umgang mit freudvollen Erlebnissen beim Gewinnen eines Spiels einerseits und den möglicherweise frustrierenden Erfahrungen beim Scheitern an einer Bewegungsaufgabe andererseits führen bei Schülerinnen und Schülern zu *emotionalen* Selbstwirksamkeitserfahrungen. Nach Muris (2002) wird die wahrgenommene Fähigkeit in der Bewältigung von negativen Emotionen als emotionale Selbstwirksamkeitserwartung bezeichnet, welche als wichtiger Baustein des emotionalen Selbstkonzepts verstanden werden kann.

In **Abbildung 2** ist in Erweiterung des EXSEM (Sonstroem et al., 1994) der Prozessablauf dargestellt, wie Sportaktivitäten die verschiedenen Dimensionen des nicht-akademischen Selbstkonzepts beeinflussen können.

Sonstroem und Morgan (1989) entwickelten das EXSEM auf dem Hintergrund des hierarchischen Selbstkonzeptmodells von Shavelson et al. (1976) und der Selbstwirksamkeitstheorie von Bandura (1977). Die Verwendung des Begriffs Selbstwertgefühl (self-esteem) anstelle des generellen Selbstkonzepts (general self-concept) bei Shavelson et al. (1976) verdeutlicht die maßgebliche Beeinflussung der Autoren durch die humanistische Psychologie und ihrer Idee der Selbstverwirklichung. Entsprechend fokussiert das EXSEM den Wirkmechanismus, wie Sport- und Bewegungsprogramme das Selbstwert-

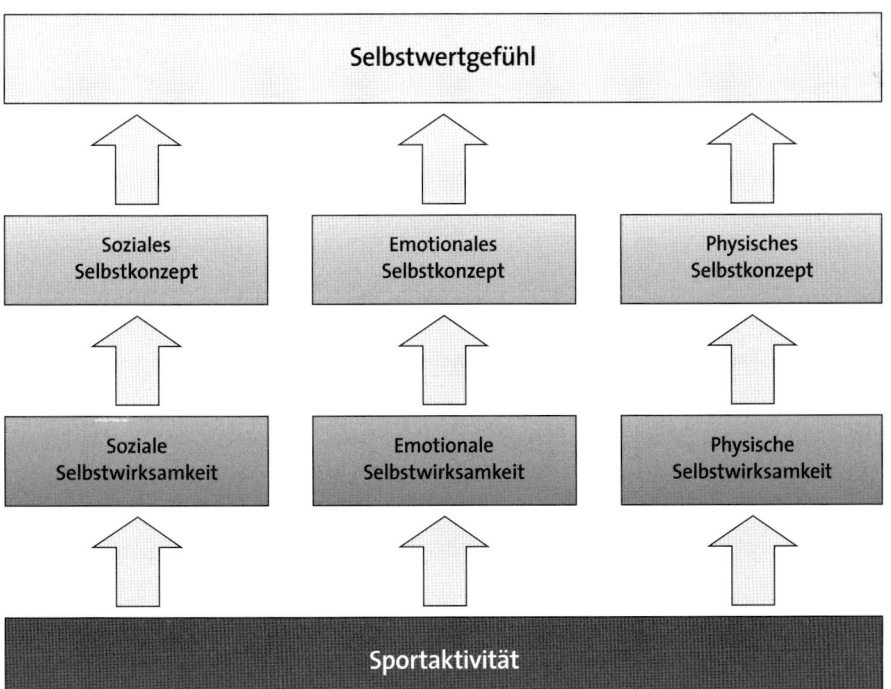

Abbildung 2: Prozess der Selbstkonzept-entwicklung durch Sport-aktivitäten

gefühl positiv beeinflussen können. Nachfolgende Validierungsstudien zum EXSEM bestätigen die vorgeschlagene Struktur für den Bereich des physischen Selbstkonzepts (z. B. Baldwin & Courneya, 1997). Bereits Sonstroem und Morgan (1989, S. 336) betonten, dass es wichtig sei, weitere beeinflussende Aspekte wie Zielerreichung, Selbstbewusstheit, das Ausmaß an sozialem Vergleich und den Einfluss von Feedback in das Modell mit einzubeziehen.

Didaktische Umsetzung

Es stellt sich nun die Frage, wie die Lehrperson ihre Sportlektionen gestalten soll, um das Selbstkonzept ihrer Schülerinnen und Schüler positiv zu beeinflussen. Dazu gehört einerseits die Wahl einer angemessenen Aufgabenschwierigkeit, die eine Aufgabenlösung mit den aktuell vorhandenen Ressourcen erlaubt und so Erfolgserlebnisse ermöglicht. Dabei ist zu beachten, dass zu einfache wie auch zu schwierige Aufgaben zu vermeiden sind, da diese Langeweile bzw. Versagensängste nach sich ziehen, was (positive) Selbstwirksamkeitserfahrungen hemmt (Csikszentmihalyi, 1985). Andererseits sind Rückmeldungen zu den gezeigten Sporthandlungen seitens der Lehrperson und der Mitschüler wichtig. Häufige und möglichst genaue Rückmeldungen führen dazu, dass die Güte der Handlung genauer eingeschätzt werden kann und spezifische Selbstwirksamkeitserwartungen realistischer werden. Es bieten sich einfache Feedbackregeln an, die in erster Linie darauf abzielen, ein offenes Gesprächsklima zu schaffen. Wie **Box 3** zeigt, ist gemäß Fengler (2009a) darauf zu achten, die beobachtete Handlung konkret und wertfrei zu beschreiben sowie die (Selbst-)Beobachtungen der Schülerinnen und Schüler abzufragen.

Mit der Weiterentwicklung des EXSEM auf den gesamten Bereich des nicht-akademischen Selbstkonzepts liegt ein Modell vor, das die Bedeutung der Kompetenzerfahrung im Sportunterricht für eine differenzierte Selbstwahrnehmung nahelegt: Durch entsprechendes Feedback von Sportlehrpersonen oder Gleichaltrigen kann ein differenzierter Aufbau des Selbstkonzepts unterstützt werden. Dabei wird das exemplarische Herausstreichen von Erfahrungen der eigenen Wirksamkeit (ein guter Sportler zu sein) hinsichtlich der sozialen, emotionalen oder physischen Qualität wertvoll sein: Falls das kreativ anspruchsvolle Passspiel im Fußball gelingt, kann die verbale Anerkennung der Aktion durch die Lehrperson die Kompetenzerfahrung der Schülerin als mannschaftsdienliche Fußballerin und gute Sportlerin beflügeln: «Petra, dieser Pass auf Marco war exzellent. Du bist eine tolle Fußballerin!»

Box 3: Selbstwertförderliches Feedback

Mit einer optimierten Feedbackkultur wird das Ziel verfolgt, Rückmeldungen im Sportunterricht selbstwertförderlich zu kommunizieren. Voraussetzungen dafür sind ein konstruktives Unterrichtsklima sowie Selbstverantwortung der Lernenden. Die folgenden Kriterien für Feedback können der Lehrperson in der Umsetzung von Rückmeldungen helfen. Dabei fungieren Lehrpersonen oder Mitschüler als Feedbackgeber.

Kriterien für selbstwertförderliches Feedback (vgl. Fengler, 2009a, S. 22):
- sofort und situativ
- konkret, klar und pointiert
- verhaltensbezogen bzw. aufgabenbezogen
- beschreibend, nicht interpretierend
- regelmäßig
- ehrlich, aber fair

Feedback bei erfolgreich gelösten Aufgaben:
- erfolgreiche Leistungen auf **Begabung und Anstrengung** zurückführen (z. B. «Du hast diese Übung ohne Probleme gemeistert, weil du ausgesprochen mutig bist und die Übung mit deinen Mitschülern sehr gut vorbereitet hast.»)

Feedback bei Misserfolg:
- nicht erfolgreiche Leistungen auf **mangelnde Anstrengung oder äußere Umstände** und nicht auf unveränderbare Merkmale wie Bewegungsbegabung, Körpergröße usw. zurückführen (z. B. «Wenn die Tonne nicht so glitschig wäre, würdest du es sicher wagen, darauf zu balancieren.»)

3.2.2 Reflexive Sportvermittlung

Betrachtet man den Menschen als informationsverarbeitendes System, das Wissen aktiv aufnimmt, verarbeitet und speichert, so kann das Selbstkonzept als Produkt verstanden werden, das aus dem Prozess selbstbezogener Informationsverarbeitung entsteht. Wie in Kapitel 2.3 (Quellen des Selbstkonzepts) dargestellt, werden *Erfahrungen* der eigenen Fähigkeiten, Einstellungen sowie Wünsche und das *Nachdenken* über diese Erfahrungen als wichtige Quellen für den Aufbau und die Entwicklung des Selbstkonzepts bezeichnet. Filipp (1979) gewichtet die genannten fünf Quellen nicht nach deren Bedeutung für den Aufbau des Selbstkonzepts, obwohl sie an anderer Stelle mit Schütz und Sellin (2003) übereinstimmend festhält, dass die reflexive Prädikaten-Selbstzuweisung als wichtigste Quelle für das Selbstkonzept zu bezeichnen ist (Schütz, 2003).

Von der Selbstbeobachtung zur Selbsterkenntnis

Nach Herzog (2006) ist die *Selbstwahrnehmung* – im Sinne des Bewusstseins eigener Empfindungen – hochgradig subjektiv und für andere Menschen nicht stellvertretend erfahrbar. Man hat sie einfach: Falls ein Schüler Angst hat, von der höchsten Sprosse der Sprossenwand runter auf die dicke Matte zu springen, kann sich dieser Schüler darin nicht irren. Er alleine nimmt unkorrigierbar wahr, was in ihm vorgeht. Diese Selbstwahrnehmungsprozesse sind wichtig für höhere kognitive Prozesse wie den Aufbau des Selbstkonzepts, allerdings nicht hinreichend für Erkenntnisse über das Selbst. Diese eigentliche *Selbsterkenntnis* beruht notwendigerweise auf Reflexion, «das heißt auf der nachträglichen Analyse eigenen Verhaltens und Erlebens» (Herzog, 2006, S. 258). Gemäß Herzog (2006) sind hinsichtlich ihrer Handlungsspezifik zwei Formen der reflexiven Beziehung zu sich selbst zu differenzieren: (1) Die *punktuelle Reflexivität* betrifft Handlungen, die vom Individuum ausgehen und als abgeschlossen zu betrachten sind. Wenn eine Schülerin über die Leistung im eben absolvierten Hochsprungtraining nachdenkt, rückt sie dieses Ereignis (mit Verspätung) ins Bewusstsein. Sie wird allerdings nur darüber nachdenken, wenn sie Irritation in Form einer unerwarteten Handlungskonsequenz erfährt, weil sie beispielsweise die Hochsprunglatte überraschend tief gerissen hat oder der Aufforderung der Lehrperson nachkommt, sich Gedanken über die Ausführungsqualität ihres Scherensprungs zu machen. (2) Individuen können nicht nur situativ, sondern auch generell über die eigene Person als Subjekt nachdenken. Diese zweite Form der reflexiven Beziehung zu sich selbst, die Herzog als *Selbstbewusstsein* bezeichnet, sucht Antworten auf die Frage «*was* für ein Mensch bin ich?» (Herzog, 2006, S. 263).

Im Rahmen von Sportunterricht mit dem Ziel der Selbstkonzeptförderung soll es in erster Linie darum gehen, zum Nachdenken über Erfahrungen im sportlichen Handeln anzuregen und so zur Selbsterkenntnis beizutragen. Um Irritationen zu verspüren und daraus reflexive Prozesse anzuregen, wird die Wichtigkeit der Verarbeitung von Rückmeldungen seitens der Lehrperson oder der Mitschüler deutlich. In Anlehnung an Herzog (1995) wird Reflexion als Beschreibung eines kognitiven Prozesses verstanden, «der in der Regel handlungsentlastet stattfindet, jedoch auf Handlungen bezogen ist, auch wenn damit umfassendere personale Bezüge nicht ausgeschossen werden» (S. 254). Dies bedeutet konkret, dass bei einer entsprechenden Inszenierung von Reflexionsprozessen ein Schüler in erster Linie über eine Handlung oder eine Leistung im Sportunterricht nachdenkt (reflexive Prädikaten-Selbstzuweisung) und erst in zweiter Linie über sich selbst als sporttreibendes *Subjekt* reflektieren soll.[8] Reflexion bezieht sich dabei meistens auf vergangene Handlungen und Selbstrepräsentationen, kann aber auch in der Vorwegnahme zukünftiger Selbsterfahrungen als Quelle selbstbezogener Informationen bedeutsam werden. Für diese Form der ideationalen Prädikaten-Selbstzuweisung setzen sich Schülerinnen und Schüler Ziele und entwerfen aktiv Visionen eines zukünftigen Modells der eigenen Person.

Didaktische Umsetzung

Wie können Schülerinnen und Schüler befähigt werden, über ihre (Selbst-) Erfahrungen im Sport und Sportunterricht nachzudenken? Die *Selbstbeobachtung* kann in Anlehnung an Bem (1972) als Grundlage für eine reflexive Prädikaten-Selbstzuweisung verstanden werden und wird als bedeutend für die Ausdifferenzierung des Selbstkonzepts betrachtet (Filipp, 1979). Lehrpersonen können durch Unterbrechungen des Unterrichts (Time-out) ihre Schüler auffordern, über ihre Bewegungshandlungen nachzudenken und die Erfahrungen zu verbalisieren. Dabei werden im Sinne von Irritationen Fragen formuliert, um die soeben durchgeführten Handlungen zu überdenken. Fragen wie: «Hast du den Mitspieler hinter dir gesehen?», «Weshalb hast du den Pass nicht gespielt?» oder «Bist du zufrieden mit deinem Spielverhalten?» ermöglichen es Schülerinnen und Schülern einerseits, die Qualität des eigenen Spiels zu verbessern und andererseits, sich in der Rolle des Selbstbeobachters präziser zu beschreiben. Die Antworten auf die Aufforderung zu diesem inneren Dialog können sich selbst, einem Klassenkameraden oder der Lehrperson mitgeteilt oder schriftlich festgehalten werden. Auf Grundlage dieser Überlegungen wird es den Schülerinnen und Schülern eher möglich sein, realistische Zielsetzungen für zukünftige Handlungen zu erkennen. Eine weitere Möglichkeit, sich selbst reflexiv kennen zu lernen, beinhaltet die Verwendung von Schülersportheften (Baumberger & Müller, 2004) oder Lernjournalen. Die Schülerinnen und Schüler führen ein Lernjournal, das die Aufzeichnung von sportlichen Leistungsparametern, von individuellen Zielen und die Bewertung von Erreichtem erlaubt. Zudem sind Lernjournale ein Mittel, um in Kommunikation mit der Lehrperson und Mitschülern zu treten, indem sie Raum für externes Feedback ermöglichen. Durch die regelmäßige Verwendung eines Lernjournals wird es für die Schülerin oder den

---

8 Zur Optimierung von Bewegungsabläufen wird Reflexion in der Sportvermittlung – auch in der Schule – verbreitet eingesetzt. Dabei geht es um das (angeleitete) Nachdenken über die Qualität der Bewegungsausführung oder um die Begründung von wirksamen Bewegungstechniken, beispielsweise mit biomechanischen Prinzipien (z. B. Roth & Willimczik, 1999). Diese Form von Reflexion wird an dieser Stelle nicht weiter besprochen.

Schüler möglich, die eigene Leistungsentwicklung und deren Bewertung sichtbar zu machen.

3.2.3 Individualisierte Lernbegleitung

Die (Leistungs-)Heterogenität im Sportunterricht auf Primarschulstufe erschwert die Förderung der sportlichen Kompetenzentwicklung und erhöht damit die Aufwendungen für einen selbstkonzeptfördernden Sportunterricht in der Schule. Als zentrale Maßnahme für die dazu notwendige individualisierte Lernbegleitung wird nachfolgend auf die Bedeutung der individuellen Bezugsnormorientierung und auf Möglichkeiten der Veränderung von pessimistischen Mustern der Ursachenzuschreibungen von Schülerinnen und Schülern nach Sporthandlungen verwiesen.

Je nachdem, welchen Zweck eine Beurteilung verfolgt, eignen sich gewisse Bezugsnormen besser als andere. Während die Anwendung der sozialen Bezugsnorm beispielsweise zu Selektionszwecken innerhalb einer Klasse berücksichtigt werden kann, sagt sie nichts darüber aus, ob sich die Schülerin oder der Schüler innerhalb einer zeitlichen Periode verbessert oder verschlechtert hat (individuelle Bezugsnorm) oder wie weit sie oder er noch vom erforderlichen Kriterium entfernt ist (sachliche Bezugsnorm; vgl. auch **Box 4**). Lehrpersonen wenden unterschiedliche Bezugsnormen an, weisen jedoch eine Tendenz auf, gewisse Bezugsnormen häufiger als andere zu benutzen. Gemäß Rheinberg (2008) wird mit Bezugsnormorientierung «die Tendenz bezeichnet, eine bestimmte Bezugsnorm zu bevorzugen, wenn man dazu den Bewertungsspielraum hat» (S. 182). Bezugsnormen werden nicht nur für die Beurteilung eines Resultats herangezogen, sondern beeinflussen verschiedene Bereiche des Denkens und Handelns der Lehrperson und damit deren Unterrichtsstil. Wie Studien zeigen, wird die Bezugsnorm von Schülerinnen und Schülern von der Bezugsnorm der Lehrperson beeinflusst (Anderman & Anderman, 1999). Aus motivationspsychologischer Perspektive proklamiert Heckhausen (1974) die Orientierung an der individuellen Leistungsentwicklung («Primat der individuellen Bezugsnormorientierung»). Im Hinblick auf die Lern- und Leistungsmotivation von Schülerinnen und Schülern ermöglicht eine individuelle Bezugsnorm, dass der individuelle Lernzuwachs gut sichtbar wird, was eine positive Wirkung auf das eigene Lernpotenzial und die Selbstwirksamkeitserwartungen hat. Daher wird sie als methodischer Ansatz zur Umsetzung eines selbstkonzeptfördernden Sportunterrichts gewählt.

Das Konstrukt der *individuellen Bezugsnorm* ist überwiegend im deutschen Sprachraum untersucht worden, während im angelsächsischen Raum inner-

Box 4: Bezugsnormorientierung – Definition

Resultate an sich genügen nicht, um eine Bewegungshandlung als Leistung beurteilen zu können. Dazu braucht es gewisse Standards, mit denen das Resultat verglichen werden kann (Rheinberg, 2008). Eine der Hauptaufgaben von Lehrpersonen ist es, die Leistung ihrer Schülerinnen und Schüler zu bewerten und zu beurteilen. Dabei lassen sich drei häufig angewandte Bezugsnormen zur Leistungsbeurteilung unterscheiden. Innerhalb der sozialen Bezugsnorm wird zu einem gewissen Zeitpunkt das Resultat eines Individuums mit den Resultaten einer sozialen Bezugsgruppe verglichen (z. B. Schüler einer Schulklasse). Die individuelle Bezugsnorm erfordert den Vergleich mit einem von diesem Individuum bereits vorher erbrachten Wert. Unter einer sachlichen Bezugsnorm wird eine Leistung in Hinblick auf ein zu erreichendes Sachkriterium beurteilt (Rheinberg, 2008).

halb dieser Thematik jenes der «task and ego orientation» erforscht wird (Nicholls, 1984). Der Begriff der individuellen Bezugsnormorientierung findet sich im Bereich der normativen Pädagogik schon im 19. Jahrhundert, wurde aber damals anders akzentuiert: «Der Erzieher vergleicht seinen Zögling nicht mit anderen, er vergleicht ihn mit sich selbst» (Herbart, 1831, S. 210). In diesem Sinne findet sich die individuelle Bezugsnorm als Empfehlung für die Erziehung bei diversen Pädagogen dieser Zeit. Aktuell gilt er als wichtiger Aspekt der Unterrichtsforschung und Instruktionspsychologie (Lüdtke & Köller, 2002, S. 157–158), wobei hauptsächlich zwei Perspektiven untersucht werden: (1) Es werden Einflüsse der individuellen Bezugsnormorientierung auf die Motivation von Schülerinnen und Schüler untersucht (z. B. Rheinberg & Krug, 2005). Gemäß diesen Befunden lässt sich feststellen, dass ein häufiges Anwenden einer individuellen Bezugsnorm der Lehrperson die Motivation von Schülerinnen und Schülern steigern kann (Rheinberg, 2008, S. 184). (2) In jüngerer Zeit wird vermehrt der Einfluss einer individuellen Bezugsnormorientierung der Lehrperson auf das Selbstkonzept der Schülerinnen und Schüler untersucht. Dabei zeigen sich beispielsweise für das Fähigkeitsselbstkonzept positive Veränderungen durch eine Unterrichtsgestaltung mit individueller Bezugsnormorientierung. Dies geschieht meistens durch eine primäre Veränderung der sogenannten Lernkognitionen wie Hoffnung auf Erfolg und weiterer Zielorientierungen, welche einer Veränderung des Selbstkonzepts vorauslaufen (Rheinberg, Vollmeyer & Lehnik, 2000, S. 82). Dabei gilt als empirisch belegt, dass eine individuelle Bezugsnormorientierung zu einem Anstieg in der Selbsteinschätzung eigener Fähigkeiten führt (z. B. Krug & Kuhlmann, 2005). Lehrpersonen sollen den Schülerinnen und Schülern mit der individualisierten Lernbegleitung also nicht nur zu einer präzisen Rückmeldung über ihre Leistungsentwicklung verhelfen.

Zusätzlich ist es angezeigt, mit den Schülerinnen und Schülern angemessene und selbstkonzeptfördernde Ursachen zur Erklärung von Ereignissen, sogenannte Kausalattributionen, in Leistungssituationen zu thematisieren.

Kausalattributionen sind Meinungen oder Überzeugungen über mögliche Ursachen von Ereignissen oder Sachverhalten (Möller, 2006). Sie treten auf, wenn Personen in Situationen, in denen ein Handlungsergebnis besonders *wichtig, unerwartet* oder *negativ* ist, nach Gründen für ein erfolgreiches oder gescheitertes Unterfangen suchen (Weiner, 1986). Im schulischen Kontext gehören beispielsweise ein schlechtes Prüfungsresultat oder eine erfolgreich absolvierte Turnübung im Sportunterricht zu solchen Situationen. Im Anschluss an diese Handlungsergebnisse wird typischerweise nach den Ursachen für den Erfolg oder Misserfolg gesucht und in Form von Kausalattributionen gefunden. Bei der Erklärung von Ergebnissen in Leistungssituationen können unterschiedliche Ursachen genannt werden. Heider (1958) formulierte vier mögliche Ursachen: Fähigkeit, Anstrengung, Aufgabenschwierigkeit und Zufall. Diese vier möglichen Ursachen eines Scheiterns oder Erfolges wurden später von Weiner (1986) anhand zweier Dimensionen geordnet und zueinander in Beziehung gesetzt. So kann zwischen einer Lokationsdimension und einer Stabilitätsdimension unterschieden werden (vgl. **Abb. 3**). Während «Fähigkeit» und «Anstrengung» zu den Ursachen gehören, die innerhalb einer Person zu verorten sind, können «Aufgabenschwierigkeit» und «Zufall» als außerhalb der Person liegende Gründe bezeichnet werden. Zudem werden Fähigkeit und Aufgabenschwierigkeit als stabile, Anstrengung und Zufall als variable Ursachen angesehen.

In empirischen Studien konnte festgestellt werden, dass Personen ihre Ursachenzuschreibungen nicht ausschließlich nach situativ angemessenen Kriterien vornehmen, sondern durch langjährige Erfahrungen bestimmte Attributionsstile ausbilden (Möller & Jerusalem, 1997). Man unterscheidet gemeinhin zwei Extrempole, nämlich den optimistischen vom pessimistischen Attributionsstil (Friedman & Schustack, 2004): Der optimistische Attributionsstil schreibt Misserfolg eher external-variablen (Zufall/Pech) und Erfolg eher

Abbildung 3:
4-Felder-Schema der Ursachenzuschreibung nach Weiner (1986)

		Lokation	
		Internal	External
Stabilität	Stabil	Fähigkeit	Aufgabenschwierigkeit
	Variabel	Anstrengung	Zufall

internal-stabilen Ursachen (eigene Fähigkeiten) zu. Der pessimistische Attributionsstil findet hingegen die Erklärung eines Erfolges eher in externalen Ursachen (leichte Aufgabe/Zufall), während eingetretener Misserfolg eher internal-stabilen Ursachen (eigene Unfähigkeit) zugeschrieben wird. Diese Attributionsstile, die sich im Laufe der Entwicklung einer Person stabilisieren, haben direkten Einfluss auf die Selbstbewertung nach einer erbrachten Leistung. Während die Selbstbewertung einer Person mit pessimistischem Attributionsstil nach einem Misserfolg eher negativ ausfällt, erfährt die Selbstbewertung einer Person mit optimistischem Attributionsstil durch ihre «Externalisierung» bei einem Misserfolg kaum eine Veränderung. Der optimistische Attributionsstil wirkt sich folglich positiv, der pessimistische negativ auf das Selbstkonzept einer Person aus. An dieser Stelle lässt sich die Frage stellen, wie der pessimistische Attributionsstil verändert werden kann. Dazu werden in der Literatur drei unterschiedliche Ansätze diskutiert: Das direkte Reattributionstraining, das Training zur individuellen Bezugsnormorientierung und das Training zur Wahl von mittelschweren Aufgaben (Ziegler & Schober, 2001). Im Folgenden werden die beiden ersten Ansätze diskutiert, da diese in der Berner Interventionsstudie zum Tragen kamen.

Reattributionstraining. Um Veränderungen von Attributionsmustern zu erreichen, finden sowohl Kommentierungstechniken als auch Modellierungstechniken Verwendung. Bei Kommentierungstechniken werden mündliche und/oder schriftliche Feedbacks gezielt nach Leistungssituation eingesetzt, um den Schülerinnen und Schülern einen optimistischen Attributionsstil nahezulegen (Ziegler & Finsterwald, 2008). Modellierungstechniken basieren dagegen meist auf der Theorie des Lernens am Modell (Bandura, 1977). Dabei werden erwünschte Attributionen entweder direkt genannt oder indirekt nahegelegt. Grundsätzlich kann jede Person als Modell fungieren – Lehrpersonen, Peers oder Eltern – und in Gesprächen, Diskussionen oder Rollenspielen auf mögliche Attributionen und deren Konsequenzen eingehen.

Training zur individuellen Bezugsnormorientierung. Durch dieses Training soll die individuelle Bezugsnormorientierung die Leitfunktion bei der Selbstbewertung von Leistungen übernehmen, ohne zu ignorieren, dass Mitschüler auf demselben Gebiet möglicherweise besser oder schlechter lernen (soziale Bezugsnorm) und dass vielleicht noch viele Kompetenzen zu optimieren sind, um erwünschte Zielzustände (sachliche Bezugsnorm) zu erreichen (Rheinberg, 2008). An dieser Stelle interessiert der Zusammenhang zwischen der individuellen Bezugsnormorientierung der Lehrperson und den Kausalattributionen sowie dem Selbstkonzept der Schülerinnen und Schüler. Rheinberg (2001) hebt hervor, dass eine starke soziale Bezugsnormorientierung zeitstabile Kausalfaktoren zur Interpretation der Handlungsergebnisse nahelegt, da sie ein relativ stabiles Leistungsbild einer Person suggeriert. Diese stabilen Kausalattributionen reduzieren die Kontrollüberzeugung und somit die Anstrengungsbereitschaft (Preiser, 2001). Dabei wirken sie sich vor allem bei Kindern und Jugendlichen mit objektiv schlechten Leistungen negativ auf das Selbstkonzept aus (Rheinberg, 2001). Mischo und Rheinberg (1995) konnten nachweisen, dass im Vergleich dazu die individuelle Bezugsnormorientierung eher variable Kausalfaktoren fördert. Erfolg wird somit eher der eigenen Anstrengung zugeschrieben, was in einer erhöhten Bereitschaft zur Aufgabenbewältigung resultiert. Wenn durch mehr Leistungsbereitschaft die Erfolgswahrscheinlichkeit steigt und sich dadurch mehr Erfolge einstellen, wirkt sich das wiederum positiv auf das Selbstkonzept aus.

Didaktische Umsetzung

Mit Blick auf die Umsetzung im Sportunterricht stellt sich die Frage, wie selbstkonzeptfördernder Sportunterricht im Wissen um die *unterschiedlichen Bedürfnisse* der Schülerinnen und Schüler zu gestalten ist: Wie lässt sich eine individuelle Bezugsnorm im Rahmen des Lehrpersonenhandelns im Sportunterricht umsetzen? Wie kann eine positive Veränderung pessimistischer Attributionsstile erreicht werden?

Zu einer individualisierten Lernbegleitung gehört die Verwendung einer *individuellen Bezugsnorm* beim Erteilen von Feedback. Wenn eine Lehrperson die von der Schülerin im Hochsprung gesprungenen 130 cm beurteilen will, müssen die früheren Hochsprungleistungen der Schülerin als Vergleichswerte hinzugezogen werden. So wird den Schülerinnen und Schülern eine individuelle Bezugsnorm nahegelegt, die als Standard zur Leistungsbewertung übernommen werden kann. Die Förderung einer individuellen Bezugsnorm der Lehrperson führt schließlich zu einer individuellen Bezugsnormorientierung der Schülerinnen und Schüler (Rheinberg, Krug, Lübbermann & Landscheidt, 1980). Diese Methode der individuellen Bewertung von Schülerinnen und Schülern durch die Lehrperson soll möglichst angemessene Aufgabenstellungen beinhalten und kann zu einem Unterricht führen, in dem den Schülerinnen und Schülern individuell abgestimmte Lernziele mit entsprechenden Aufträgen und Lernarrangements übertragen werden (Rheinberg & Vollmeyer, 2008). Durch Feedbacks, welche die intraindividuelle Leistungsentwicklung fokussieren, erreicht man ein integriertes Selbstbewertungssystem, das sich zwar auf verschiedene Bezugsgruppen stützt, bei dem die Leitfunktion der Selbstbewertung aber bei der individuellen Bezugsnorm liegt. Damit können Schülerinnen und Schüler bei der Entwicklung eines positiven Selbstkonzepts unterstützt werden (Rheinberg, 1980).

Um pessimistische in optimistische Attributionsstile zu verändern, bieten sich im Unterricht sowohl Kommentierungs- als auch Modellierungstechniken an. So kann eine Lehrperson versuchen, ihre Rückmeldungen nach erbrachten Leistungen bewusst auf die Anstrengung eines Schülers zu attribuieren oder eine Schülerin mit optimistischem Attributionsstil vor der Klasse darstellen lassen, wie sie sich einen von ihr erzielten Erfolg erklärt.

3.3 Fazit

Ausgehend von verschiedenen Quellen selbstbezogener Informationen nach Filipp (1979) konnten Kriterien für die Vermittlung von selbstkonzept-förderndem Sportunterricht in der späten Kindheit entwickelt werden. Mit Kompetenzerfahrung, reflexiver Sportvermittlung und individualisierter Lernbegleitung werden Prinzipien bezeichnet, die für die Ausgestaltung eines selbstkonzeptfördernden Sportunterrichts in der Schule bedeutsam sind. In den bisherigen Ausführungen wurde deutlich, dass die einzelnen Prinzipien je für sich betrachtet gewisse methodische Werkzeuge in der praktischen Umsetzung nahelegen. Auf der anderen Seite sind die drei Prinzipien eng ver-woben und bedingen sich gegenseitig: Um die sportlichen Kompetenzen opti-mal entwickeln zu können, sind die Berücksichtigung von Attributionsstilen und individueller Bezugsnormorientierung wesentliche Förderinstrumente. Um diese Kompetenzentwicklung selbstkonzeptfördernd zu gestalten, sind Reflexionen der Schülerin oder des Schülers über die Einschätzung der eige-

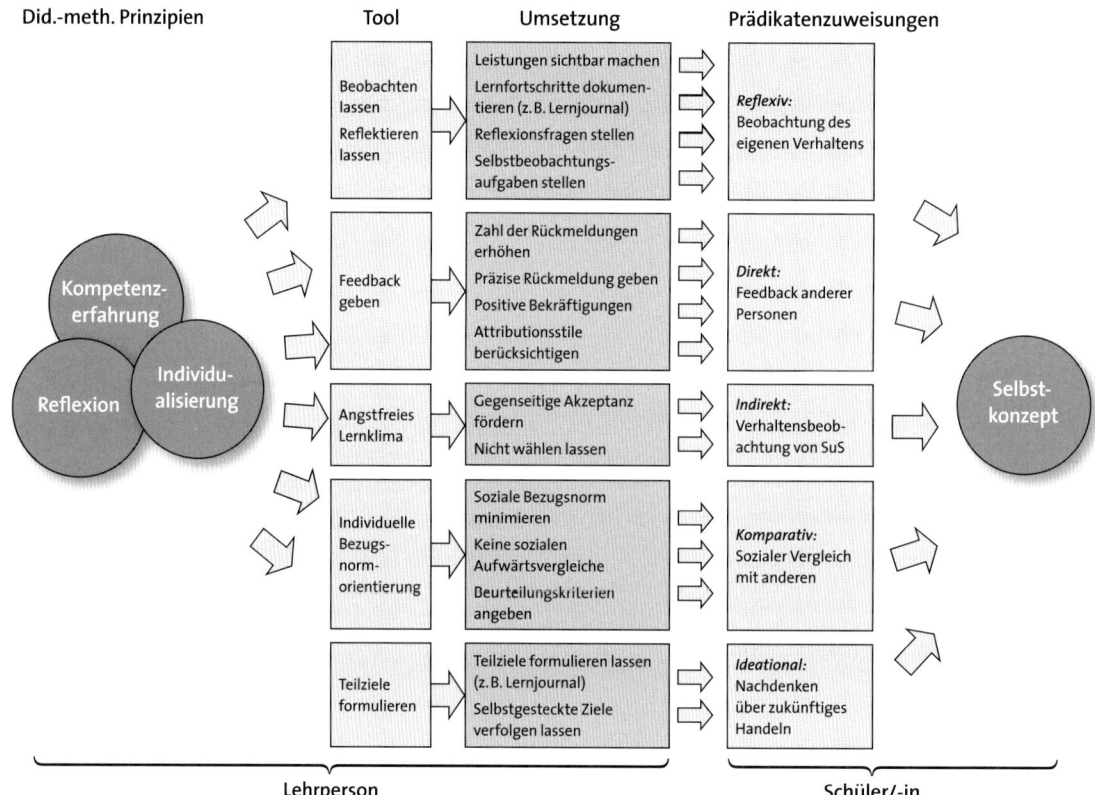

Abbildung 4: Didaktisch-methodische Elemente eines selbstkonzeptfördernden Sportunterrichts

nen Effektivität ein angemessenes Instrument. Daher sind direkte Zuschreibungen der verschiedenen Vermittlungsprinzipien zu einzelnen Tools nur teilweise sinnvoll. In der **Abbildung 4** wird die enge Verknüpfung zwischen didaktisch-methodischem Prinzip und der Form der Umsetzung deutlich gemacht.

Im Sinne einer weiteren Konkretisierung geht es im Folgenden darum, für spezifische Zielsetzungen der Selbstkonzeptförderung konkrete Umsetzungsmaßnahmen abzuleiten.

Von der sportpädagogischen Zielsetzung zur konkreten Unterrichtssituation in der Sporthalle

4

Das Fach Sport zeichnet sich durch zwei Charakteristika aus. (1) Sportunterricht ist das Bewegungsfach schlechthin. In keinem anderen Fach spielen körperliche und sportmotorische Aspekte eine vergleichbar wichtige Rolle. (2) Der Sportunterricht weist eine von anderen Fächern abweichende Organisationsstruktur auf, die sich durch eine hohe situative Variabilität und vielfältige Erlebnisqualitäten auszeichnet. Um Ziele der Selbstkonzeptförderung zu verfolgen, ist es sinnvoll, diese *beiden* besonderen Eigenschaften des Sportunterrichts zu nutzen, wobei – wie in Kapitel 2.6 herausgearbeitet wurde – eine Ausrichtung auf das nicht-akademische Selbstkonzept naheliegt. Selbstkonzeptförderung im Sportunterricht schließt eine motorische Förderung nicht aus: im Gegenteil! Bewegungsaktivitäten sind ein tragendes Element selbstkonzeptfördernden Sportunterrichts, da sie – bedingt durch die Unmittelbarkeit des Sports – in besonderem Maße Selbstwirksamkeits- und Kompetenzerfahrungen ermöglichen.

Wenn also in den folgenden drei Modulen Unterrichtsbausteine präsentiert werden, so verfolgen diese immer zwei Ziele: die Förderung des Selbstkonzepts *und* die Verbesserung der sportlichen Kompetenz. Bei der Selbstkonzeptförderung wird der Fokus in den drei Modulen jeweils spezifisch auf eine Dimension des nichtakademischen Selbstkonzepts gelegt. Im Modul Spiel geht es um die Förderung des sozialen Selbstkonzepts, im Modul Wagnis um das emotionale und im Modul Leistung um das physische Selbstkonzept.

Prinzipiell erscheint es unabhängig von der jeweiligen Sportaktivität möglich, einzelne Dimensionen des nicht-akademischen Selbstkonzepts anzusprechen. Gleichwohl bieten sich bestimmte Inhalte besonders an. Im Einzelnen wurden folgende Zuordnungen gewählt (vgl. **Tab. 4**).

Obwohl sich die Inhalte der drei Module erheblich unterscheiden, ist ihnen die Orientierung an den didaktisch-methodischen Prinzipien des selbstkonzeptfördernden Sportunterrichts gemeinsam (vgl. Kap. 3.2). So finden sich in allen Unterrichtsbausteinen die drei Prinzipien der Kompetenz-

Tabelle 4:
Übersicht
über die drei
Interventions-
module

	Modul Spiel	Modul Wagnis	Modul Leistung
Ziel	Soziales Selbstkonzept	Emotionales Selbstkonzept	Physisches Selbstkonzept
Inhalte	• Kleine Spiele, Kooperationsspiele • Stafetten & Gruppenwettkämpfe • Spielentwicklungs-reihen	• Geräte- und Boden-turnen • Erfahrungen in speziellen Körper-lagen • Besondere «Mutposten»	• Ausdauer- und Krafttraining • Springen in die Höhe • Überlaufen von Hinder-nissen

erfahrung, der reflexiven Sportvermittlung und der individualisierten Lernbegleitung wieder. Die drei Module werden im Folgenden in je zehn Unterrichtsbausteinen dargestellt. Modulspezifische Überlegungen sind den jeweiligen Einleitungen der Kapitel 4.1, 4.2 und 4.3 zu entnehmen.

Allgemeine Anmerkungen zu den Unterrichtsbausteinen

Der Name «Unterrichtsbaustein» ist Programm: Ausgehend von der An-nahme, dass Lehrpersonen aus professioneller Sicht gewohnt sind, Unterricht zu planen und diesen den individuellen Voraussetzungen der Schülerinnen und Schüler anzupassen, werden keine «pfannenfertigen» Lektionspräpara-tionen dargeboten. Der flexible Umgang und die Adaptation des Inhaltes auf die Bedürfnisse und die Lerngeschwindigkeit der Klasse stellen, wie beim Erwerb motorischer Fertigkeiten, auch bei der Selbstkonzeptförderung zent-rale Gelingensbedingungen dar. Die aufeinander aufbauenden Bausteine können sowohl als zusammenhängende Unterrichtseinheit als auch als ein-zelne Bausteine in den regulären Unterricht eingebaut werden. Dabei ist zu beachten, dass sich – wie bei motorischen Zielen – der Erfolg nur dann einstellt, wenn festgelegte Ziele kontinuierlich und gewissenhaft verfolgt werden.

Der Trias «Ziel – Inhalt – Methode» folgend, gliedert sich jeder Unterrichts-baustein in die drei Teile «Wozu», «Was» und «Wie». Auf der jeweils ersten Doppelseite jedes Unterrichtsbausteins sind das Ziel und die Inhalte beschrie-ben. Die jeweils zweite Doppelseite widmet sich der didaktisch-methodischen Umsetzung, die als zentrale Wirkgröße einer selbstkonzeptfördernden Intervention zu verstehen ist (vgl. Kap. 2.6). Die grau hinterlegten Felder in den Modulen machen sichtbar, welche Quellen des Selbstkonzepts angesprochen werden sollen.

Inhalte

Ziel der Interventionen war nicht, neue Inhalte für den Sportunterricht zu entwickeln, sondern curriculare Vorgaben und deren Inhalte umzusetzen und letztere durch gezielte Inszenierungen für die Selbstkonzeptförderung fruchtbar zu machen. Die Inhalte entstammen deshalb (wenn nicht explizit erwähnt) alle dem schweizerischen Lehrmittel Sporterziehung Band 4 (Eidgenössische Sportkommission; ESK, 1997) und können auf der gesamten Mittelstufe lehrplankonform umgesetzt werden.[9]

Instrumente

Ein Instrument, das in allen drei Modulen vorkommt, ist das Lernjournal. Dieses wurde konzipiert, um die individuellen Lernfortschritte der Schülerinnen und Schüler zu dokumentieren und diese Fortschritte für sie sichtbar zu machen. Exemplarisch sind in einzelnen Unterrichtsbausteinen Auszüge aus Lernjournalen ersichtlich. Es versteht sich von selbst, dass das Dokumentieren der Leistungsfortschritte prinzipiell auch in denjenigen Unterrichtsbausteinen erfolgen kann, bei denen diese Auszüge fehlen. Das Dokumentieren von Übungen und Erfolgen erleben Schülerinnen und Schüler bedingt durch die damit einhergehenden Kompetenzerlebnisse als motivierend und selbstwertfördernd. Es empfiehlt sich daher, die einzelnen Einträge der Schülerinnen und Schüler zu sammeln und diese am Ende des Schuljahres zu einem persönlichen Sportheft zu binden.

---

9   Alle Unterrichtsbausteine entsprechen den Zielvorgaben des Sportunterrichts auf der Mittelstufe, wie sie in Schweizer Lehrplänen ausgewiesen werden (Fries et al., 2008). Die ausgeprägte Orientierung am schweizerischen Lehrmittel Sporterziehung und seinem mehrperspektivischen Ansatz erlaubt es den Lehrpersonen, sich in Bezug auf Inhalte und Vermittlungsweisen auf vertraute Übungsformen und Fachbegriffe zu stützen: Mit den Unterrichtsbausteinen der drei Module können den Schülerinnen und Schülern in unterschiedlichen Gewichtungen verschiedene Sinnangebote unterbreitet werden. So stehen im Modul «Spiel» vor allem das Herausfordern und Wetteifern sowie das Dabeisein und Dazugehören im Vordergrund. Im Modul «Wagnis» werden vor allem Wagniserfahrungen und das Entdecken neuer Bewegungsformen thematisiert. Im Leistungsmodul stehen Aspekte des Wohlbefindens, des Übens und des Leistens im Zentrum der Vermittlung (ESK, 1997).

Aus Gründen der besseren Lesbarkeit sind in den Unterrichtsbausteinen folgende Abkürzungen und Piktogramme zu finden:

Abkürzungen:
Lp = Lehrperson
S   = Schülerin resp. Schüler
SuS = Schülerinnen und Schüler

Piktogramme:

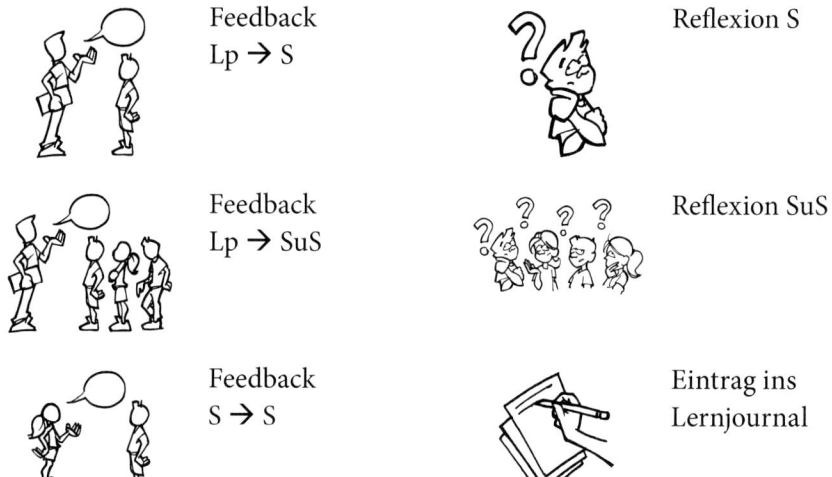

Feedback Lp → S	Reflexion S
Feedback Lp → SuS	Reflexion SuS
Feedback S → S	Eintrag ins Lernjournal

Alle Kopiervorlagen finden sich unter:
www.ispw.unibe.ch/biss

4.1 Das Modul Spiel

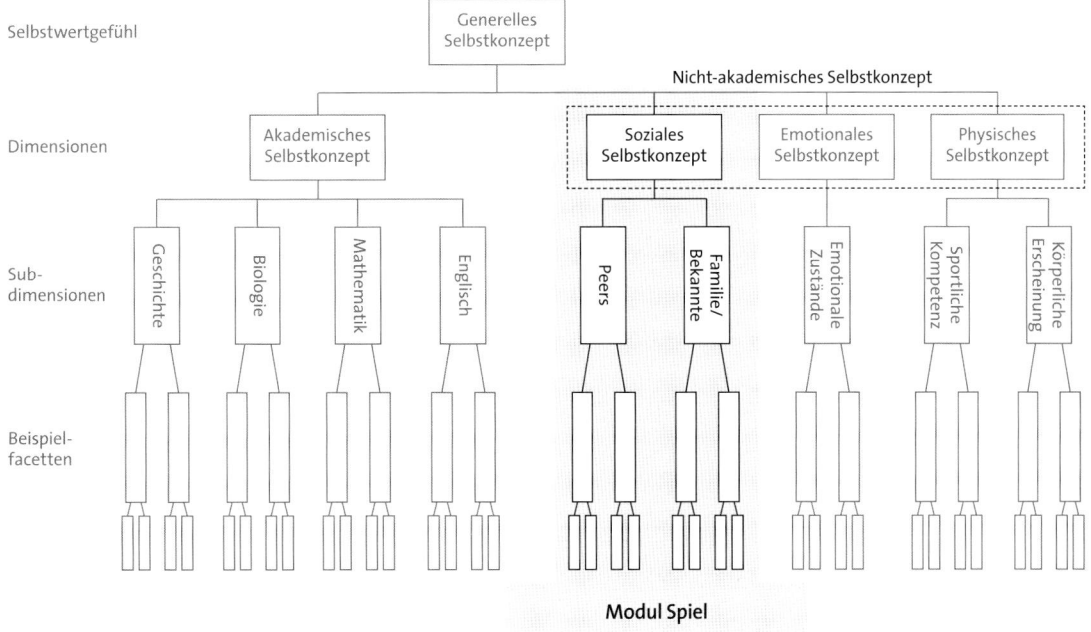

Abbildung 5: Fokus des Moduls Spiel auf das soziale Selbstkonzept

Ziel

Das Modul Spiel hat zum Ziel, das *soziale Selbstkonzept* positiv zu beeinflussen. Schülerinnen und Schüler erfahren das soziale Funktionieren der
Gruppe als zentrale Bedingung für das Gelingen von Spielen. In ganzheitlichen Lernsituationen werden durch Feedback- und Reflexionsprozesse gut
funktionierende Klassenspiele entwickelt. Aufgrund spezifischer Unterrichtsinszenierungen werden wertvolle Sozialerfahrungen (beispielsweise ein
unterstützendes, respektvolles und angstfreies Klassenklima oder gelingende
Spiele durch Kooperation) ermöglicht und damit soziales Lernen (beispielsweise eine Veränderung der Perspektivenübernahmefähigkeit) initiiert.
Dadurch sollte das soziale Selbstkonzept – verstanden als die Summe aller
selbstbezogenen Informationen in sozialen Situationen – und dessen Facetten
positiv beeinflusst werden. Facetten des sozialen Selbstkonzepts sind u. a. die
soziale Selbstwirksamkeitserwartung, die Selbstwirksamkeitserwartung der
Teamfähigkeit und das Selbstkonzept der sozialen Akzeptanz. Unter dem
Konstrukt «soziale Selbstwirksamkeitserwartung» wird die Überzeugung
verstanden, soziale Anforderungen auch unter schwierigen Bedingungen
durch eigenes Handeln bewältigen zu können (Connolly, 1989). Im Gegensatz

dazu führen Zweifel an der eigenen sozialen Selbstwirksamkeit nicht zu kompetentem Sozialverhalten, sondern zur Vermeidung sozialer Situationen oder zu sozial unsicherem Verhalten. Diese Zweifel können im Unterricht durch reflexive Spielinszenierungsformen, beispielsweise während des Spielentwicklungsprozesses, durch mitbestimmte Teambildungen oder während des kooperativen Lösens von Konflikten vermindert werden. Die soziale Selbstwirksamkeitserwartung kann durch ein günstiges Klassenklima zusätzlich gefördert werden (Satow & Schwarzer, 2003). Ein gutes Klassenklima zeichnet sich z. B. dadurch aus, dass Schülerinnen und Schüler hohe Hilfsbereitschaft bei Problemen anderer Kinder zeigen und diese trotz Defiziten in ihrer Eigenheit akzeptieren. Da sich Leistungsunterschiede einzelner Schülerinnen und Schüler in ganzheitlichen Spielsituationen deutlich zeigen, eignen sich diese in besonderer Weise, um die Unterschiedlichkeit einzelner Individuen zu thematisieren. Die gegenseitige Akzeptanz und die Fähigkeit zur Perspektivenübernahme sind wesentliche Merkmale gut funktionierender sozialer Prozesse. Durch das Modul Spiel sollte sich demnach auch der Grad der wahrgenommenen Anerkennung und sozialen Integration in einer Schulklasse erhöhen (Selbstkonzept der sozialen Akzeptanz; Fend, Helmke & Richter, 1984).

Inhalt

Spielen stellt ein ideales Lernfeld zur Förderung des sozialen Selbstkonzepts dar, weil Spielen emotionale Betroffenheit schafft und vielfältige, spielübergreifende Kompetenzen fördert. Spielen im Sportunterricht eröffnet in diesem Sinne spezielle Lernfelder, welche nach Balz (1998) wie folgt beschrieben werden können:

- Regeln verstehen und handhaben
- Perspektivenübernahme resp. mit Unterschieden umgehen
- Rollen übernehmen und gestalten
- Gefühle ausleben und meistern
- Kooperieren resp. gemeinsam Probleme lösen
- Konkurrieren resp. Konflikte bewältigen

Sind diese Lernfelder für Unterrichtsinszenierungen handlungsleitend, empfehlen sich beispielsweise die im folgenden Modul dargebotenen Unterrichtsinhalte Bewegungs- und Ballspiele, Kooperationsspiele, Stafetten, Gruppenwettkämpfe oder Spielentwicklungsreihen (z. B. anhand der Sportarten Streetball oder Volleyball). Diese Inhalte werden auch im Schweizerischen Lehrmittel Sporterziehung vorgeschlagen (vgl. ESK, 1997, Broschüre 5). Dabei liegt der Akzent auf dem Spiel an sich. Es soll vor allem gespielt und nicht primär geübt werden, was mit dem Begriff des ganzheitlichen Spiels betont wird («Spielen vor Üben!»; vgl. Memmert & König, 2007).

Methode

Ausgehend von sozialen Reizen, die bestimmte Anforderungen implizieren und vom Spielenden richtig wahrgenommen und interpretiert werden müssen, werden Handlungsmöglichkeiten generiert und auf ihre Angemessenheit hin überprüft. Aufgrund dieser Abwägungen erfolgt die Ausführung der gewählten Handlung (Dodge, Pettit, McClaskey, Brown & Gottmann, 1986). Eine wichtige Voraussetzung für einen erfolgreichen Verlauf dieses Prozesses sind Übungsgelegenheiten zum sozialen Umgang und zur Auseinandersetzung mit anderen (Drössler, Jerusalem & Mittag, 2007). Diese werden durch spielerische Unterrichtsbausteine ermöglicht, wobei Schülerinnen und Schüler anhand eigener *und* fremder Erfahrungen lernen. Durch Reflexionsfragen und eine formative Feedbackkultur werden diese Erfahrungen für die Selbstkonzeptförderung fruchtbar gemacht. Während Time-outs wird über vergangene Spielsituationen nachgedacht. (Lern-)Zielbesprechungen und Auswertungsgespräche zwischen den Schülerinnen und Schülern und mit der Lehrperson erweitern den reflexiven Teil innerhalb einer Spiellektion. Zudem führen die Schülerinnen und Schüler ein Lernjournal, in welchem sie über soziale Prozesse nachdenken oder zur Verschriftlichung von Gedanken angeregt werden. Von der Lehrperson erhalten sie jeweils direkte mündliche und schriftliche Rückmeldungen (direkte Prädikatenzuweisungen). Es empfiehlt sich auch im Spiel, sowohl Veränderungen des sozialen Selbstkonzepts als auch die Entwicklung der Spielkompetenz durch eine individuelle Bezugsnormorientierung für die einzelnen Schülerinnen und Schüler in Lernjournalen «sichtbar zu machen» (vgl. Kap. 3.2). Die Regulation der Spiele durch die Gruppe selbst stellt einen idealen Ausgangspunkt dar, um sich mit sozialen Situationen auseinanderzusetzen. Wichtige Aspekte sind das Spielen ohne Schiedsrichter und der Prozess der Teambildung. Bei Ersterem soll die Lehrperson eher die Rolle der Erziehenden und des Coaches als die des Schiedsrichters übernehmen. Ziel ist es, dass Schülerinnen und Schüler selbstständig und ohne Schiedsrichter spielen können. Eine Mitbestimmung der Schülerinnen und Schüler bei der Bildung von Spielteams erhöht zudem die Möglichkeit, dass positive Emotionen und leistungsfördernde Spielsituationen entstehen. Für komplexere Parteispiele macht es dabei oft Sinn, in leistungshomogenen Gruppen zu spielen (vgl. Fußballspielform für die Halle, S. 106). Aufgrund der beschriebenen Formen der kooperativen Auseinandersetzung unter Gleichaltrigen werden Erfahrungen der eigenen Sozialkompetenz ermöglicht.

Das Modul Spiel, das sich durch spezifische Reflexionsprozesse und eine formative Feedbackkultur innerhalb der Lernfelder nach Balz (1998) auszeichnet, sollte sich folglich positiv auf das soziale Selbstkonzept der Schülerinnen und Schüler auswirken.

Modul Spiel: Adler, Murmeltier, Steinbock

Wozu?	## Spielkompetenz fördern Die SuS lernen, unter Zeitdruck richtige Entscheidungen zu treffen. ## Selbstkonzept fördern Alle SuS sind, unabhängig von ihren individuellen Spielleistungen, in die Spielgruppe integriert (→ *soziale Akzeptanz*). Sie erleben sich als mitverantwortlich für die Gestaltung einer spannenden, lustvollen Spielzeit (→ *soziale Selbstwirksamkeit*).
Was?	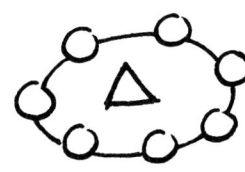  ## Die Spielform Ein Kreisspiel, bei dem das Gruppengefühl im Vordergrund steht. Spielverlauf: Die jeweiligen «Spielleiter» stehen im Zentrum des Geschehens. Sie zeigen plötzlich auf jemanden im Kreis und rufen z.B. «Murmeltier». Der angesprochene S und die SuS, die links und rechts von ihm stehen, müssen sofort zu dritt gemeinsam das richtige Bewegungsmuster ausführen (siehe Skizze). Wer zu spät reagiert oder eine falsche Bewegung ausführt, geht in die Kreismitte und wird neuer «Spielleiter». Durch Spannungsaufbau z.B. mittels rascher Drehungen, durch die Beurteilung der Bewegungsantworten der SuS im Kreis und die selbstverantwortete Auslegung der Regeln stellen die Spielleiter ihre Rolle in den Dienst der Spielfreude ihrer Gruppe. Folgende drei Alpentiere müssen zu dritt reaktionsschnell mit festgelegten Bewegungsmustern dargestellt werden: **Adler:** Der S, auf den mit gleichzeitigem Ausruf des Wortes «Adler» gezeigt wird, hält eine Hand schirmend über die Augen und «sucht» nach Murmeltieren. Die SuS die links und rechts von ihm stehen, führen mit dem jeweils näheren Arm Flügelschläge aus. **Murmeltier:** Der S in der Mitte pfeift, weil Gefahr droht. Die SuS links und rechts «lauschen» und führen die Hand rasch ans nähere Ohr (siehe Skizze). **Steinbock:** Der S in der Mitte streckt mit beiden Zeigefingern «seine Hörner» nach vorne. Die SuS links und rechts scharren mit dem näheren Fuß.

	Wie?
• Spielhandlungen lösen spontane emotionale Reaktionen der Gruppe aus (→ *indirekte Prädikatenzuweisung*) • Beurteilung der Qualität der Spielhandlungen durch den Spielleiter (→ *direkte Prädikatenzuweisung*)	

Kleine Spiele werden, falls gut inszeniert, von Kindern, Jugendlichen und Erwachsenen gleichermaßen geschätzt. Sie bieten einmalige Lernfelder zum Erwerb übergreifender Spielkompetenzen und dank der hohen emotionalen Betroffenheit auch Chancen zur Förderung des sozialen Selbstkonzepts.

Beschreibung der Inszenierung

Die Lp stellt sich als erste Spielleiterin in die Kreismitte, erklärt und demonstriert exemplarisch die Aufgaben, die bei den Stichworten «Adler», «Murmeltier» und «Steinbock» zu lösen sind. Erst wenn alle Rollen geklärt sind, wird die Klasse in 2–3 Gruppen (7–9 SuS) aufgeteilt, die je einen Spielkreis bilden. In jeder Kreismitte übernimmt ein/e S die Spielleitung.

Spielerzieherischer Wert «Kleiner Bewegungsspiele»

«Kleine Bewegungsspiele» sind immer ganzheitlich und bieten viele implizite und explizite Lerngelegenheiten. Auch weniger gute SuS haben Erfolgserlebnisse und machen wertvolle Sozialerfahrungen. «Adler, Murmeltier, Steinbock» ist trotz der nicht unerheblichen Spannung ein «Komfortzonen-Spiel», das alle als freudvolle und kooperative Tätigkeit erleben können. Dieses kooperative Spielen in der Gruppe ist ein soziales Basislernfeld, das die Lp erzieherisch nutzen kann. Dies geschieht durch gemeinsames Nachdenken über gute und schlechte Gefühle, über den Sinn und die Handhabung von Regeln, über den Umgang miteinander und damit über die sozialen Voraussetzungen für eine gute, gemeinsame Spielzeit in der Klasse.

Mögliche Reflexionsfragen während und/oder nach dem Spiel

Macht das Spiel Freude? Weshalb? Wer war gerne in der Kreismitte? Weshalb?
Was müssen wir können, um gut zu spielen? Hat das, was wir in dem Spiel lernen, auch etwas mit Fußball oder Basketball zu tun (z.B. wahrnehmen, entscheiden, reagieren)?

Modul Spiel: Drei kleine Bewegungsspiele

Wozu?	## Spielkompetenz fördern Die SuS können unter Zeitdruck auf dem Spielfeld Mit- und Gegenspielerpositionen und -bewegungen erkennen und ihr Verhalten ergebnisorientiert anpassen. ## Selbstkonzept fördern Die SuS kommunizieren und kooperieren im Spiel so, dass sie die Spielaufgaben erfolgreich lösen können und erleben dabei ihre soziale Selbstwirksamkeit.
Was?	 ### Erlöserfangis 2–4 Fänger. Wer gefangen wird, bleibt stehen und winkt um Hilfe, um «erlöst» zu werden. Befreiungsmöglichkeiten: a) Um die «verzauberte» Person müssen zwei Spielende mit Armen und Händen einen Kreis bilden. b) Die zu erlösende Person liegt auf dem Rücken und muss von zwei SuS an Armen und Beinen für einen Moment und vorsichtig vom Boden abgehoben werden. c) Die Klasse erfindet eigene Formen. Die Fänger nach ca. 1 Minute wechseln. Mehrere Durchgänge spielen. ### 2 zu 3 Fangis Alle außer 2 Fängerpaaren halten sich zu dritt an den Händen. Diese versuchen jemanden aus einer 3er-Gruppe zu berühren um ihre Rolle als Fänger los zu werden. Die neue 2er-Gruppe wird zum Fängerpaar und versucht ihrerseits einer anderen 3er-Gruppe eine Person abzujagen. ### Monsterkette 2–3 Fänger beginnen zu jagen. Alle, die berührt werden, schließen sich händehaltend ihrem Fänger an. Welche Monsterkette wird am größten? Lustige Fortsetzung: Die gebildeten Ketten versuchen auf ein Startzeichen hin möglichst viele in der Halle verstreute Gegenstände (Bierdeckel, Spielbänder etc.) in einem Depot zu sammeln. Regel: Es dürfen nur die beiden freien Hände an den Kettenenden sammeln und sie dürfen immer nur einen Gegenstand auf einmal ins Depot legen. Welche Kette arbeitet am besten zusammen?

- Implizites Feedback durch den sichtbaren Erfolg oder Misserfolg des eigenen Handelns (→ *indirekte Prädikatenzuweisung*)
- Explizite individuelle Feedbacks der Lp während des Spiels (→ *direkte Prädikatenzuweisung*)
- Fragen der Lp in Spielpausen. Einträge ins Lernjournal (→ *reflexive Prädikaten-Selbstzuweisung*)

Wie?

Während des Spiels

Die Lp lobt gutes Verhalten von Fängern/Fängerpaaren/Gruppen. Sie spricht die SuS mit Namen an: «Gut gemacht Emmi und Robi!»

In Spielpausen

Die Lp stellt Fragen: Wem hat das Spiel gefallen? Weshalb? Weshalb nicht? Was muss man individuell, als 2er-Team oder als Gruppe tun, um erfolgreich zu spielen? Lernen wir bei diesem Spiel etwas? Wenn ja, was?

Anregung Lernjournal

Lernjournale sind eine ideale Form, um zu überprüfen, ob soziale Lernziele erreicht wurden. Sie geben der Lp Hinweise, wie es um die soziale Akzeptanz und die soziale Selbstwirksamkeitserwartung der einzelnen SuS steht. Die Journaleinträge bieten weiter eine ideale Grundlage für Gespräche und helfen, aktuelle Probleme in der Klasse zu erkennen und zu thematisieren und den künftigen Spielunterricht gemeinsam mit den SuS zu planen.
Die SuS realisieren, dass individuelle spielerische Erfolgserlebnisse hohe kooperative Anteile haben. Sie denken differenziert über ihre soziale Selbstwirksamkeit nach und können ihr soziales Selbstkonzept positiv weiterentwickeln.

Ich kann mich in einem Spiel, in dem alle sich kreuz und quer bewegen, gut orientieren und die Übersicht behalten.				Spiele, in denen man eine Aufgabe nicht alleine, sondern gemeinsam mit anderen zusammen lösen muss, sind für mich ...				Beim «Erlöserfangis» konnte ich mich mit anderen Schülerinnen und Schülern rasch einigen, um eine «Befreiung» zu versuchen.			
○	○	○	○	○	○	○	○	○	○	○	○
				Alles was zutrifft ankreuzen							
Trifft genau zu	Trifft oft zu	Trifft selten zu	Trifft nicht zu	schwieriger	spannender	langweiliger	lustiger	Trifft genau zu	Trifft oft zu	Trifft selten zu	Trifft nicht zu

Modul Spiel: Taktischer Gruppenwettkampf

Wozu?

Sportkompetenz fördern

Die SuS können für ihr Team im Wettkampf unterschiedliche und individuell angepasste Aufgaben optimal lösen.

Selbstkonzept fördern

Die Spielteams können Leistungsunterschiede respektvoll besprechen, die verschiedenen Aufgaben ergebnisorientiert und individuell angemessen verteilen und nach dem Wettkampf ihre Leistungen kritisch reflektieren (→ *soziale Akzeptanz und Selbstwirksamkeit*).

Was?

Alle erledigen einen Teil der Aufgabe

Jedes Team (3–6) muss alle Einzel- und Partneraufgaben, die auf einem A4-Protokollblatt beschrieben und quantifiziert sind, möglichst rasch erledigen. Dabei muss für *alle* Aufgaben *gemeinsam* pro S ein individueller Beitrag ausgehandelt und in das Protokollblatt eingetragen werden. Alle müssen zu allen Aufgaben einen Beitrag leisten. Die Menge der Aufgaben und die zu leistende Zahl der Wiederholungen muss der Teamgröße angepasst werden.

Mögliche Aufgaben für ein 3er- oder 4er-Team	Wer?	Wie viel?	✓
50 x mit dem Häcki-Sack jonglieren			
Zu zweit: 150 Badminton-Zuspiele über 4–5m Distanz			
500 x Seilspringen			
Zu zweit: 16 x «Frisbee in den Korb» über eine festgelegte Distanz			
30 Basketball-Korbleger. Nach jedem Treffer Korb wechseln			

Nach der Aufgabenzuteilung erfolgt der Start: Gewonnen hat die Gruppe, die zuerst alles erledigt hat und um ihr ausgefülltes Protokollblatt sitzt!

<table>
<tr><td>

- Offenes und respektvolles Sprechen über Stärken, Schwächen und Wünsche der Teammitglieder (→ *direkte Prädikatenzuweisung*)

- Reflexion der Teamleistung, der gewählten Taktik, aber auch des eigenen Umgangs mit Leistungsunterschieden (→ *reflexive Prädikaten-Selbstzuweisung*)

</td><td>

Wie?

</td></tr>
</table>

Perspektivenübernahme und Umgang mit Unterschieden

Die Gruppen haben 10 Minuten Zeit, um abzusprechen, wer wie viel von welcher Aufgabe erledigen soll. Die Lp coacht die Gruppen: *Wie kommt ihr als Team zum Erfolg? Überlegt euch, wer was besonders gerne tut und gut kann? Welche Aufgaben machen wem Schwierigkeiten? Wer kann die Partneraufgaben (z.B. Badminton) zusammen gut lösen?* Aufkeimende Konflikte müssen bewältigt und Probleme kooperativ gelöst werden. Der Prozess der Aufgabenzuteilung ist entscheidend und den Zeitaufwand wert! Vor dem Start klärt die Lp, ob in den Teams über den Wettkampfplan ein Konsens besteht.

Wichtige Reflexion am Ende der Lektion

Wenn das Ziel, wertvolle Sozialerfahrungen zu machen, ernst genommen wird, muss für die Besprechung nach dem Wettkampf genügend Zeit eingeplant werden. Durch das Akzeptieren von (Leistungs-)Unterschieden, durch das kooperative Lösen einer gemeinsamen Aufgabe, kann die soziale Selbstwirksamkeit und die soziale Akzeptanz der SuS gestärkt werden. Das wiederum kann sich in Form von störungsärmerem und intensiverem Sportunterricht sehr positiv auswirken.

Beispiel Lernjournal

Taktischer Gruppenwettkampf

1. Was hat die Verteilung der Aufgaben im Team mit der Wettkampfleistung zu tun?

2. Hast du persönlich auch Aufgaben übernommen, die du nicht besonders magst? Weshalb? Weshalb nicht?

→ Kopiervorlage auf Seite 110

Modul Spiel: Alaskaball

Wozu?

Spielkompetenz fördern

Laufteam: Die SuS verbessern ihre individuelle Ballkontrolle unter Zeitdruck.
Feldteam: Die SuS können sich rasch orientieren, organisieren und die Aufgaben schnell und ergebnisorientiert ausführen.

Selbstkonzept fördern

Alle SuS können verschiedene Rollen und damit Verantwortung übernehmen (→ *soziale Selbstwirksamkeit*). Die Gruppen können Konflikte bewältigen und entwickeln ihre Team- und Kommunikationsfähigkeit.

Was?

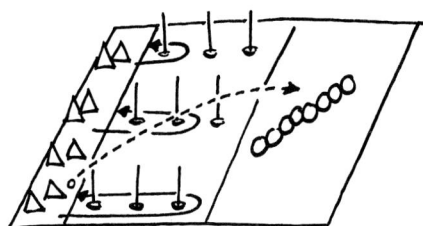 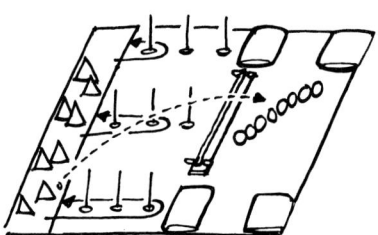

Spielvariante 1

Alaskaball ist eine komplexe und intensive Brennballform. Die Klasse wird in zwei Hälften geteilt. Laufteam und Feldteam haben völlig unterschiedliche Aufgaben in zwei voneinander getrennten Spielfeldern. Wechsel nach jeweils 4–6 Runden.
Laufteam: Start mit einem Wurf des Balles vom Laufteam zum Feldteam. Alle laufen sofort prellend um die Malstäbe, um Punkte zu sammeln. Pro Spielphase können individuell 0, 1, 2, 3 oder auch mehr Punkte gesammelt werden (Anzahl umrundeter Malstäbe).
Variation: Rennen zu zweit mit Handfassung (prellen der Bälle mit der freien Hand).
Die Laufpunkte werden mittels einer aufgehängten Strichliste selbstständig festgehalten. Fairplay!
Feldteam: Das Feldteam bestimmt die Dauer einer Spielphase. Wer den Spielball aufnimmt/fängt, bleibt sofort stehen. Alle anderen SuS schließen hinter der Fängerin an und bilden eine Reihe. Die Fängerin rollt den Ball durch die gegrätschten Beine bis zum hintersten Spieler. Der Pfiff, der das Spiel sofort unterbricht, erfolgt, wenn der hinterste Spieler den Ball in die Höhe hält und «Alaska» ruft. Wer im Laufteam zu viel riskiert und beim Pfiff nicht «zu Hause»(= hinter der Startlinie) ist, verliert alle Punkte dieser Spielphase.

Spielvariante 2

Laufteam: Wie oben, Variationen: Unihockeyschläger und Ball, Fußball.
Feldteam: 1. Reihenstafette wie oben 2. Brennen der 4 Matten durch rasche Zuspiele. Tragen des Balles nicht erlaubt. 3. Wenn *alle* auf der Schmalseite der Langbank stehen: «Pfiff» → Laufstopp, wie bei Variante 1.

- Die Laufpunkte werden individuell gezählt. Die Lp zeigt Vertrauen und überträgt den SuS Verantwortung (→ *indirekte Prädikatenzuweisung*)

- Die Laufteams besprechen und optimieren ihre Spieltaktik (→ *reflexive Prädikaten-Selbstzuweisung*)

- Die Lp lobt gute Aktionen einzelner Spielerinnen (→ *direkte Prädikatenzuweisung*)

Wie?

Durch die Trennung von Lauf- und Feldteam ergeben sich erleichterte Lernbedingungen. Im *Läuferteam* geht es v.a. darum, spezifische Techniken (Ballkontrolle) unter Zeitdruck individuell zu üben, den Blick für das Feldteam, das die Spielzeit bestimmt, nicht zu verlieren und die Laufpunkte fair zu protokollieren. Gleichzeitig erhält jede/r SuS ein unmittelbares Feedback darüber, ob genug, zu viel oder zu wenig riskiert wurde.

Teambildung und sozialer Lernprozess

In diesem Spiel sind ausgeglichene, leistungsheterogene Teams sinnvoll. Lernen, mit Leistungsunterschieden umzugehen, ist ein wichtiges Ziel des Spielunterrichts. Dadurch, dass zwingend auch schwächere SuS wichtige Rollen übernehmen müssen, kann ihre soziale Akzeptanz und ihre soziale Selbstwirksamkeitserwartung gestärkt werden. So zum Beispiel, wenn die Lp einen schwächeren S lobt, weil er als Zweiter in der Reihenstafette steht und – gut reagierend – frühzeitig für das Brennen zu einer Matte rennt. Leistungsunterschiede werden nicht kaschiert. Aber der Grundsatz, dass in einem Team alle wichtig sind, wird im Spiel sichtbar und bietet so die Möglichkeit, das Spiel auch als kooperative Leistung zu reflektieren und zu verstehen.

Feedback-Fragen für die Time-outs und die Schlussbesprechung

Was üben/lernen wir im Lauf- respektive im Feldteam? Was zeichnet eine kooperative Taktik im Feldteam aus? Wie sind wir im Feldteam mit Fangfehlern oder schlechtem Zusammenspiel umgegangen? Was genau zeichnet eine gute und faire Spielerin aus?

Modul Spiel: Zonenball

Wozu?	

Spielkompetenz fördern

Offensiv: Die SuS verstehen, wie ihr Team den Spielraum öffnen und eine Überzahl herausspielen kann. Defensiv: Die SuS lernen, einen Spielraum zu schließen, um Punkte des Gegners zu verhindern.

Selbstkonzept fördern

Die SuS entwickeln gemeinsam Regeln für das Spiel und können diese ohne Schiedsrichter handhaben (→ *soziale Selbstwirksamkeit*).

Was?

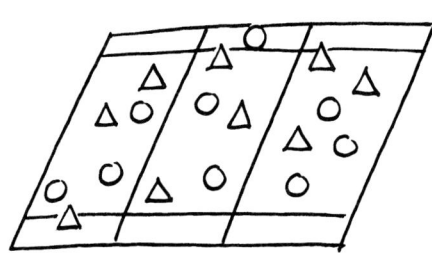 

Die Spielidee

Zwei Teams spielen gegeneinander und versuchen, den Ball in eine Zone zu legen. Mit diesem einfachen Spiel lassen sich alle wichtigen sensomotorischen Bausteine und Handlungsmuster der Sportspiele entwickeln. Beispiele: Mit- und Gegenspielerpositionen und -bewegungen erkennen, Räume öffnen und schließen, angreifen, verteidigen und schließlich Punkte erzielen.

Das Spielfeld

Je nach Gruppengröße wird die Sporthalle in 2, 3 oder gar 4 Spielfelder eingeteilt. Oft helfen bestehende Linien (Mittellinie, Badmintonfelder) für die Einteilung der Felder. Wichtig ist, dass auf beiden Seiten eines Spielfelds eine ca. 3 Meter tiefe Zone markiert wird. Diese Zone darf nicht zu klein sein, da sonst das Erzielen von Punkten zu schwierig wird. In dieser Raumeinteilung lassen sich spannende Turnierformen spielen.

Die Teams

Teams von 3–4 SuS sind ideal. Zu zweit bieten sich zu wenige Abspieloptionen und zu fünft wird das Spiel rasch zu komplex, der Spielraum zu eng und die einzelnen SuS haben zu wenig Ballkontakt. Auf drei Feldern können also 18–24 SuS miteinander bzw. gegeneinander spielen.

• Regeln gemeinsam entwickeln, ausprobieren, optimieren und festlegen (→ *indirekte und direkte Prädikatenzuweisung, reflexive Prädikaten-Selbstzuweisung*) • Prozessanalyse durch ein Feedbackgespräch (→ *reflexive Prädikaten-Selbstzuweisung*)	**Wie?**

Je zwei Teams à 4 SuS stehen sich auf 3 Spielfeldern gegenüber und sind spielbereit. Die Lp erklärt die grundlegende Spielidee, ohne irgendwelche Regeln und taktische Hinweise vorzugeben. Sie fragt, wozu im Spiel überhaupt Regeln notwendig sind, und sammelt die Beiträge der SuS (an der Tafel). In einer Übungsphase von 10 Minuten sollen nun gemeinsame Regeln so entwickelt werden, dass anschließend ein tolles Spielturnier durchgeführt werden kann.

Möglicher Verlauf: Die SuS beginnen das Spiel «regellos», sollen aber mit Handheben und dem Ruf «*Neue Regel!*» laufend Vorschläge einbringen, die unmittelbar erprobt, optimiert, verworfen oder definitiv festgelegt werden.
Wie Rugbyspieler laufen einige mit dem Ball in die Zone und legen ihn ab. Die ersten Regeln werden gefordert. Die Lp unterbricht das Spiel, die Vorschläge werden angehört, geklärt und im Spiel überprüft. Die Lp soll bei der Klärung durch Nachfragen den Prozess durchaus unterstützen (z.B. in Richtung der «Berührungsregel», falls die Teams nicht selbst auf diese zentrale Regel stoßen).

Selbst entwickelte Regeln

In kurzer Zeit stehen häufig folgende Regeln an der Tafel: «*Mit dem Ball in der Hand darf nur prellend gelaufen werden*», «*Körperkontakt ist nicht erlaubt*», «*Wer den Ball besitzt und berührt wird, muss stehenbleiben und abspielen*», «*Wer in der Zone mit dem Ball in den Händen berührt wird, darf nicht punkten, sondern muss den Ball aus der Zone zurückspielen*», «*Wird der Ball in der Zone trotz Berührung abgelegt, gibt es Abspiel für das verteidigende Team*».

Thema der Reflexion am Ende des Spielturniers

Das faire, spannende Spielturnier mit eigenen Regeln und ohne Schiedsrichter. Auf diese kollektive Leistung, kann die Klasse und jede/r einzelne SuS zu Recht stolz sein!

Modul Spiel: Erlöserball

Wozu?

Spielkompetenz fördern

Die SuS kennen den Begriff und die Funktion des «Give and Go» und können Mit- und Gegenspielerpositionen und -bewegungen immer besser erkennen.

Selbstkonzept fördern

Die SuS können ihren Spiellernprozess analysieren, besprechen Konflikte, übernehmen die Perspektiven der Mitspielenden und erfahren, wie dadurch eine kooperative Leistung verbessert wird (→ *Selbstwirksamkeitserwartung Teamfähigkeit*).

Was?

Die Spielidee – eine Herausforderung

Auf drei Spielplätzen versucht je ein Fänger einen Mitspieler zu berühren, der keinen Ball in der Hand hält. Jede Gruppe hat, je nach Können, 2–4 weiche (Volley-)Bälle zur Verfügung, die einem Verfolgten zur «Rettung» zugespielt werden können. Aber: Kein Ball darf dabei auf den Boden fallen, sonst gilt der Versuch des Fängers als erfolgreich! Ziel: Jedes Team versucht mit den «Erlöserbällen» einen Fänger möglichst lange laufen zu lassen. Ein neuer Fänger startet immer in der Feldmitte und wird nach 2–4 erfolgreichen Versuchen ausgewechselt.

Probleme, die bei der Inszenierung im Zentrum stehen

- Die schlecht interpretierte Rolle: SuS wollen zu sehr helfen und spielen dem Verfolgten mehrere Bälle gleichzeitig zu.
- Die unklare Kommunikation wegen fehlender Blickkontakte und Zurufe.
- Die Handlungskette «Give and Go», d.h. die Notwendigkeit, nach dem Zuspiel sofort in die Nähe eines Ballbesitzers zu laufen.
- Der Umgang mit Misserfolgen/schlechten Gefühlen, weil das Spiel zu Beginn schlecht läuft.

• Unmittelbarer Einfluss positiver und negativer Emotionen auf die SuS und den Spielentwicklungsprozess (→ *indirekte Prädikatenzuweisung*) • Häufige gegenseitige Feedbacks zu misslungenen und v.a. auch zu gelungenen Spielhandlungen (→ *direkte Prädikatenzuweisung*) • Mündliche oder schriftliche Auswertung: Sichtbar machen der kooperativen Leistungen des Spielentwicklungsprozesses (→ *reflexive Prädikaten-Selbstzuweisung*)	**Wie?**

Skizze einer geleiteten, reflexiven Spielentwicklung

Dem flüchtenden S fliegen gleichzeitig drei Bälle entgegen. Time-out! Lp: «Was ist passiert?» Einige SuS sind sauer, diskutieren kontrovers und schieben einander «den Fehler» zu. Lp: «Was ist für den Zuspieler zentral?»
S: «Ich muss sicher sein, dass er meinen Ball will». Lp: «Einverstanden?»
SuS nicken. S: «Ich kann ihm zurufen, ihm entgegenlaufen.» Lp: «Sehr gut! Abmachung: Wir spielen nur mit Blickkontakt zu.» Das Spiel läuft weiter. Die Lp lobt deutlich hörbar gute Aktionen! Die SuS besprechen bei Fängerwechsel engagiert die Situation, geben sich gegenseitig Feedback. Dem Fänger wird das Fangen nach und nach schwieriger gemacht. Die Lp wendet sich einer anderen Gruppe zu. Karl wird wiederholt als Passgeber nach seinem Zuspiel berührt. Time-out! Lp: «Was kannst du besser machen.» S: «Ball nicht spielen.»
Lp: «Ist das o.k.?» S: «Nein, weil F verfolgt wird und diesen Ball braucht.»
S: «K muss nach dem Zuspiel sofort verschwinden.» Lp: «Gute Idee!
Dieses Spielprinzip nennt man ‹Give and Go›. Wohin soll er denn rennen?»
S: «Zu einem Ball.» S: «Ein Ballträger soll K den Pass anbieten.» Lp:
«Sehr gute Vorschläge.» Die Lp demonstriert mit einer Gruppe, wie das im Idealfall aussieht. Das Spiel läuft weiter und gelingt immer besser.

Fragen für Klassengespräch oder Lernjournaleintrag

Ist es gelungen, den Verfolgten die Bälle immer besser zuzuspielen? Weshalb? Wem sind rettende Zuspiele gelungen? Was bedeutet das Handlungsmuster des «Give and Go»? Was war schwierig oder gar ärgerlich? Wie haben wir in der Gruppe Probleme gelöst? Was hat Freude gemacht? Was alles haben wir spielerisch und als Team gelernt?

Wichtig ist, dass sowohl die kooperativen Leistungen der Gruppen, als auch die individuellen Erfahrungen, Gefühle und Lernprozesse formuliert und gewürdigt werden. Dies kann sehr gut durch ein Klassengespräch oder ein einfaches individuelles Lernjournal erreicht werden.

Modul Spiel: Mattenfliegerball

Wozu?	## Spielkompetenz fördern

Die SuS erleben, reflektieren und verstehen drei spielübergreifende Bausteine:
a) Erkennen von Mit- und Gegenspielerpositionen und -bewegungen. b) Erkennen des Abspielpunktes und der Flugbahn des Balles. c) Bestimmen des Laufwegs zum Spielgerät.

Selbstkonzept fördern

Die Teams sind in der Lage, Rollen zu klären, Probleme zu besprechen und Lösungen zu entwickeln (→ *Perspektivenübernahme*).

Was?

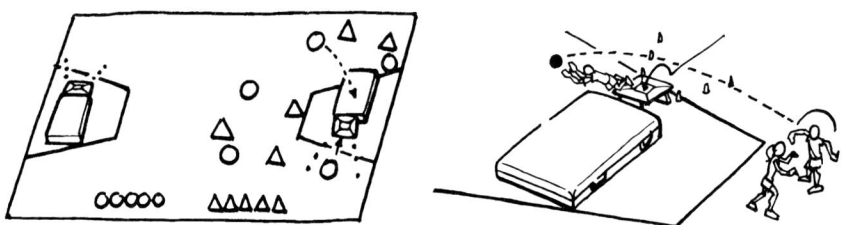

Zwei Teams spielen in der ganzen Halle 5:5 (4:4/6:6) gegeneinander. Ein Tor ist erzielt, wenn ein S vom Minitrampolin abspringt, den zugespielten Ball *in der Luft* fangen und auf die Matte legen kann. Rund um die Anlage ist aus Sicherheitsgründen eine «Tabu-Zone» markiert, die niemand betreten darf (ideal ist das Basketballtrapez). Der freie Anlauf der «Fliegerin» zum Trampolin wird nicht behindert. Wichtig: Die »Fliegerin» wartet in der «Gasse» vor dem Trampolin. Sie darf nicht federn und muss mit kurzem Anlauf vom Minitrampolin abspringen. Fällt ein Ball auf die Matte, oder liegt er in der «Tabu-Zone», ergibt das ein freies Abspiel für die Verteidigung. Anspiele zur «Fliegerin» sind erst nach der Mittellinie erlaubt. Die Zuspiele können, abgesehen von der «Tabu-Zone», von überall her erfolgen.

Vorbereitende Spielform zum Timing beim Torwurf

A startet ohne Ball (geeignet sind kleine, weiche Handbälle) in der markierten «Start-gasse» zum Sprung auf das Minitrampolin. B wirft den Ball aus 4–5m zu, A versucht zu fangen und schließt mit dem Ball hinter der Gruppe an. B steht ohne Ball sofort in der «Startgasse» bereit, C wirft usw.
Wettkampf: Welchem Team gelingen in 5 Minuten mehr Fangbälle?
Variationen: Verschiedene Zuwurfstandorte ausprobieren.

- Verbale und nonverbale Kommunikation in den Teams während des Spiels (→ *indirekte und direkte Prädikatenzuweisung*)

- Aktives Coaching der Lp (→ *direkte Prädikatenzuweisung*)

- Spielanalyse und Würdigung der kooperativen Leistungen (→ *reflexive Prädikaten-Selbstzuweisung*)

Wie?

Lernjournal zu Beginn des Spiels

Drei spielübergreifende Bausteine für das Gelingen offensiver Spielaktionen werden besprochen und ins persönliche Lernjournal eingetragen:

1. Mit- und Gegenspielerpositionen und -bewegungen erkennen
2. Erkennen des Abspielpunktes und der Flugbahn des Balles
3. Laufweg zum Spielgerät bestimmen

Die Lp klärt mit der Klasse die hohen kooperativen Anforderungen, die bei diesem Spiel gefordert werden und äußert somit ihr Vertrauen, das sie in die soziale Kompetenz der SuS hat.

Im Spielprozess

Durch Fragen wird laufend der Bezug zu den drei Spielbausteinen gesucht.
In Time-outs reflektieren die SuS und die Lp lösungsorientiert exemplarisches Spielverhalten und versuchen dabei, optimales kooperatives Verhalten zu beschreiben.

Mögliche Fragen und Themen in den Time-outs

Macht Körperkontakt Sinn? Wie werden wir als Team besser? Was führt oft zu frustrierenden Spielsituationen?
Wichtige Statements an der Tafel aufschreiben, vertiefen und sichtbar machen.

Möglicher Ausklang am Ende des Spiels

Alle liegen auf dem Rücken und schließen die Augen. Durch kommentarloses Handheben beantworten die SuS folgende Fragen: *Wer kennt noch mindestens zwei der Spielbausteine, die wir besprochen haben? Habe ich im Team beim Lösen von Konflikten konstruktiv mitgewirkt? War ich gut ins Spiel integriert? Habe ich auch die Rolle des «Fliegers» übernommen? Hat das Spiel schließlich Freude bereitet und wollen wir es nochmals spielen?*

Modul Spiel: Streetball

Wozu?	## Spielkompetenz fördern

Wozu?

Spielkompetenz fördern

Die SuS kennen drei Qualitätsmerkmale eines guten Passes: Gerade, kurz und scharf. Sie wissen, wozu sie passen: a) Um eine Wurfmöglichkeit für einen Mitspieler zu kreieren b) um das Spiel zu verlagern und c) um die Verteidigung zu bewegen.

Selbstkonzept fördern

Spiel ohne Schiedsrichter. Wer foult und/oder gefoult wird, zeigt dies durch das Heben der Hand an. Konflikte werden besprochen, Gefühle ausgelebt und gemeistert, Probleme selbstständig gelöst (→ *soziale Akzeptanz und soziale Selbstwirksamkeit*).

Was?

Kleingruppen spielen gegeneinander auf einen Korb und versuchen Treffer zu erzielen bzw. Treffer zu verhindern. Meistens haben Sporthallen mehr als zwei Körbe, so dass es möglich ist, gleichzeitig mit 8 Teams à 2–3 SuS unter 4–6 Körben zu spielen. Wenn nur 2 Körbe vorhanden sind: 3–4 Teams pro Korb, die in einem festgelegten Turnus abwechselnd gegeneinander spielen. Die «wartenden» Teams spielen im mittleren Hallendrittel z.B. Schnappball, Zonenball oder Reifenball oder sie üben Techniken, z.B. Basketballwürfe auf ein Ziel an der Hallenwand.

Straßenspielkultur: Spielen vor Üben

Es wird vorwiegend durch das ganzheitliche Spielen gelernt und indem über das Spielgeschehen in Time-outs miteinander gesprochen wird. Dabei sollen nur wenige Techniken geübt werden, diese aber mit vielen Wiederholungen: Passen, Dribbling und v.a. Korbwurf.

Teambildung

Empfehlung: Leistungsgruppen (z.B. 4 stärkere und 4 schwächere Teams), damit alle auf ihrem Niveau (Tempo, Technik, Rollenübernahme) spielen können. Die Teambildung sollte unbedingt mit Einbezug der SuS erfolgen (vgl. Fußballspielform).

- Aktives Coaching der Lp: Verstärken von erwünschtem Verhalten
  (→ *direkte Prädikatenzuweisung*)
- Zielbezogene Feedbackfragen in Time-outs (→ *reflexive Prädikaten-Selbstzuweisung*)

Wie?

Transparenz

Die Ziele, das Vorgehen und die Mitbestimmungsmöglichkeiten für die Unterrichtseinheit Streetball mit der Klasse besprechen.

Diskussion in den Teams

Diskutiert, wer lieber mit und wer lieber ohne Schiedsrichter spielt. Weshalb? Ist das, was der Schiedsrichter nicht sieht, grundsätzlich erlaubt? Was heißt Fairplay? Können wir auch ohne Schiedsrichter fair spielen? Wie handhaben wir Regeln, wenn wir auf zwei und mehreren Feldern spielen?

Einstimmung

Rituelle Einstimmung zu Hip-Hop-Musik: Frei mit dem Basketball kreuz und quer durch die Halle prellen. Bei jedem Korb einen Wurf ausführen und zum nächsten Korb weiterprellen. Bei Musikstopp: Prellend auf den Boden liegen und wieder aufstehen, Prell- und Balltricks, Sprungstopp-Sternschritt.
Passen: Drei Qualitätsmerkmale und drei Gründe zum Passen klären/demonstrieren und anschließend üben.

Die Lp entwickelt die Spiele durch aktives Coaching

Die Coaching-Rolle der Lp klären. Das Streetballspiel ohne Vorgaben starten. Nach 3–5 Minuten: Time-out! *Was läuft gut, was schlecht? Brauchen wir Regeln? Vorschläge? Wie können wir einen «Spielerknäuel» unter dem Korb vermeiden? Sind alle Regeln klar? Wer hat Fouls selbst angezeigt? Vermisst jemand den Schiedsrichter? Falls ja, weshalb? Wie sieht es mit der Passqualität aus? Macht das Spiel Freude? Weshalb?*

Vorschläge der SuS aufnehmen, ausprobieren, optimieren. Zielbezug: Speziell gutes Passspiel immer wieder loben!

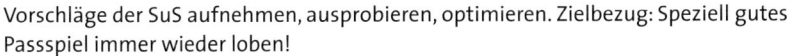

Modul Spiel: Eine Fußballspielform für die Halle

Wozu?	## Spielkompetenz fördern

Spielkompetenz fördern

Die SuS verstehen, dass in dieser Spielform die Qualität des Zusammenspiels den Torerfolg ermöglicht. Sie spielen bewusst auch hinter den Mattentoren und schaffen dadurch (Spiel-)Raum. Sie verstehen den Sinn der «Mittellinienregel».

Selbstkonzept fördern

Die SuS reflektieren die Problematik einer sinnvollen Teambildung. Sie erleben ihre soziale Selbstwirksamkeit während des mitbestimmten Teambildungsprozesses.

Was?

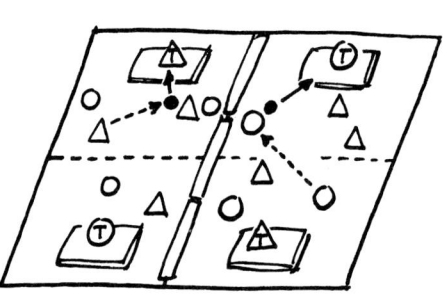 

Die Halle ist durch 3–4 Langbänke geteilt. Als «Tore» liegen pro Spielfeld 2 Matten ca. 3 m von der Wand entfernt auf dem Boden. 2 Teams, bestehend aus je 3 Feldspielern und einem Torhüter, spielen pro Hallenhälfte gegeneinander. Ein Tor ist erzielt, wenn der eigene Torhüter (kniet auf der Matte in der Hallenhälfte der Gegner) so angespielt wird, dass er den Ball sicher in den Händen hält. Der Torhüter muss den Ball auf der Matte und im «Luftraum» über der Matte fangen können, ohne aufzustehen. Er darf keinen Ball vom Hallenboden aufnehmen. Für die Verteidiger ist das berühren/betreten der Matte verboten. Nach einem Tor zieht sich das erfolgreiche Team hinter die Mittellinie zurück. Ihr Torhüter legt dann den Ball hinter seine Matte auf den Boden. Diese Form des «Tore Erzielens» verhindert eine «Knallerei» und fördert das Zusammenspiel. Die Möglichkeit, hinter dem Tor durchzuspielen, schafft sowohl in der Defensive als auch in der Offensive spezielle Möglichkeiten und «vergrößert» den Spielraum. «Tore» dürfen erst nach dem Überqueren der Mittellinie erzielt werden. Eine Anzahl von 16 Spielern hat sich als sinnvoll erwiesen.

- Bildung leistungshomogener Teams durch die Mitbestimmung der SuS (→ *komparative Prädikaten-Selbstzuweisung*)

- Aktives Coaching der Lp. Verstärken von erwünschtem Verhalten (→ *direkte Prädikatenzuweisung*)

- Besprechen von Time-out-Fragen, Eintrag ins Lernjournal (→ *reflexive Prädikaten-Selbstzuweisung*)

Wie?

Kooperative und transparente Teambildung

In den meisten Fällen macht es in den Sportspielen Sinn, in leistungshomogenen Teams auf zwei Feldern zu spielen. Gründe wie «dem Können angemessene (Lern-)Tempo», «mehr Verantwortung und Ballbesitz für alle Spieler» müssen mit den SuS eingehend geklärt werden.

Die SuS sollen in die Teambildung miteinbezogen werden. Möglichkeit: Zwei Schülergruppen bringen je einen Vorschlag für zwei starke und zwei weniger starke Teams mit. Die Vorschläge werden ausprobiert, besprochen, evtl. angepasst und in den Spielen verwendet (evtl. als Quartalteams). Wichtige Regeln, wie die beschriebene «Mittellinienregel», können mit den SuS gemeinsam entwickelt werden. Wichtig ist, dass der Sinn der Regel (Zusammenspiel fördern) verstanden und akzeptiert wird.

Leistungsfortschritte sichtbar machen

Im Spiel sind Leistungsfortschritte kurzfristig schlecht sichtbar. Umso wichtiger ist ein aktives Coaching und eine Feedbackkultur, die den SuS ermöglicht, ihre Spielleistungen und ihr Verhalten in Teams anhand klarer Kriterien und sozialer Lernfelder (Balz, 1998) zu reflektieren.

Beispiel Lernjournal

Fußballspielform für die Halle

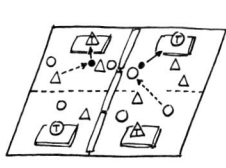 

1. Welche Möglichkeiten zum Bilden von fairen Spielteams kennst du?

2. Ist uns das Aufteilen in zwei Leistungsgruppen aus deiner Sicht gut gelungen? Weshalb ja?

→ Kopiervorlage auf Seite 111

Modul Spiel: Miteinander Minivolleyball spielen

Wozu?	

Spielkompetenz fördern

Die SuS kennen folgende Knotenpunkte des oberen Zuspiels: Rasches Verschieben unter den Ball (Flugbahn erkennen und Spielpunkt bestimmen), tiefe Kniestellung, Orientierung in gewünschte Zuspielrichtung, Körbchenhaltung der Hände über der Stirn.

Selbstkonzept fördern

Die SuS lernen das Übernehmen fremder Perspektiven, den Umgang mit eigenen und fremden Gefühlen und das gemeinsame Lösen von Problemen/Spielanforderungen, indem sie sich gegenseitig beraten, korrigieren und beurteilen (→ *Perspektivenübernahme*).

Was?

Die Miteinander-Spielformen

Sie sind einfach zu verstehen und können dem Lernjournal entnommen werden. Organisationsform und methodische Hinweise: Das Netz wird in der Halle in Längsrichtung gespannt, damit vier bis sechs kleine Spielfelder für 4er-Gruppen entstehen können. Die Netzhöhe sollte auf keinen Fall zu tief sein. Regel: Hohes Netz = hohe Zuspiele = mehr Zeit, die Flugbahn des Balles zu erkennen und den Spielpunkt zu bestimmen.

Das obere Zuspiel – der Schlüssel zu einem guten Spiel

In dieser Lerneinheit darf der Ball im Spiel «Zwei mit Zwei» nur mit dem oberen Zuspiel gespielt werden. Das obere Zuspiel zwingt die SuS, schnell und präzise unter den Ball zu laufen. Demonstration der Knotenpunkte! Visualisierung durch Bilder. Knotenpunkte durch die SuS beschreiben und vorzeigen lassen.

- Gegenseitige Feedbacks der SuS und Feedbacks der Lp (→ *direkte Prädikaten-zuweisung*)

- Im Team: Gemeinsamer Eintrag ins Lernjournal (→ *reflexive Prädikaten-Selbstzuweisung*)

Wie?

Bei Unterrichtsbeginn die Ziele, die Erwartungen und das Vorgehen klären. Die Gruppen spielen und besprechen anhand der vier Knotenpunkte ihren Übungs- und Spielprozess. Sie lösen drei herausfordernde, kooperative Aufgaben (→ Lernjournal). Die Resultate werden in den Teams unmittelbar nach jeder Spielform gemeinsam im Lernjournal protokolliert.

Wie beurteilen die Teams ihre individuell unterschiedlichen Leistungen, die aber bei den Miteinander-Spielen für alle das gleiche Resultat ergeben? Die Lp muss das Geschehen und die Reflexion beratend begleiten, bei Konflikten unterstützend eingreifen und gelungene Aktionen loben.

Beispiel Lernjournal

Miteinander Minivolleyball spielen

Die vier Knotenpunkte beim oberen Zuspiel heißen:

1.

2.

3.

4.

Teamprotokoll zu den «Miteinander-Spielformen»

Es gilt, bei 3 unterschiedlichen Aufgaben im Spiel 2 <u>mit</u> 2 den Ball möglichst oft ohne Fehler über das Netz hin und her zu spielen.

Eigenzuspiele erlaubt. Vor der Netzüberquerung mindestens ein Zuspiel mit dem Partner. Kommunizieren durch «Ja!»-Rufe.	Anzahl Netzüberquerungen?			
	2	4	6	8+
Dito, aber nach jeder Netzüberquerung muss ich meinen Partner mit «Give me Five» abklatschen und den Platz mit ihm tauschen.	Anzahl Netzüberquerungen?			
	2	4	6	8+
Dito, aber nach jeder Netzüberquerung muss von beiden Spielern die Grundlinie des Spielfeldes berührt werden.	Anzahl Netzüberquerungen?			
	2	4	6	8+
Ich bin mit der Leistung meiner Gruppe zufrieden.	☺	☺	☺	☹

→ Kopiervorlage auf Seite 112

Taktischer Gruppenwettkampf

1. Was hat die Verteilung der Aufgaben im Team mit der Wettkampfleistung zu tun?

2. Hast du persönlich auch Aufgaben übernommen, die du nicht besonders magst? Weshalb? Weshalb nicht?

Die folgenden Fragen zuerst individuell beantworten und anschließend im Team die Antworten vergleichen und besprechen.

	stimmt nicht	stimmt kaum	stimmt ziemlich	stimmt genau
Wir haben die unterschiedlichen Fähigkeiten im Team ehrlich und fair besprochen.	O	O	O	O
In unserem Team waren am Ende alle mit der Verteilung der Aufgaben einverstanden.	O	O	O	O
Ich selber konnte meinem Team im Wettkampf optimal helfen.	O	O	O	O
Wir sind uns im Team einig darüber, dass wir im Wettkampf eine gute Leistung gezeigt haben.	O	O	O	O

Rückmeldung der Lehrperson:

_____

_____

_____

Fußballspielform für die Halle

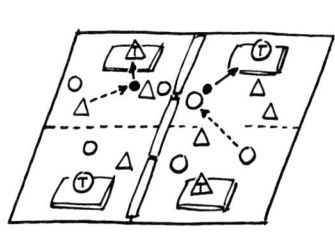 

1. Welche Möglichkeiten zum Bilden von fairen Spielteams kennst du?

2. Ist das Aufteilen in zwei Leistungsgruppen aus deiner Sicht gut gelungen? Weshalb ja?
   Weshalb nein?

3. Beurteile die 3 folgenden Aussagen:

	stimmt nicht	stimmt kaum	stimmt ziemlich	stimmt genau
Wenn ich nicht aus großer Distanz aufs Tor schießen darf, muss ich besonders gut im Team zusammenspielen, um Erfolg zu haben.	O	O	O	O
Ich spiele gerne in Leistungsgruppen, weil ich so weder unter- noch überfordert bin, gut mitspielen und viel lernen kann.	O	O	O	O
In Time-outs unterstützen wir uns im Team und besprechen, was gut war und was im Zusammenspiel besser gemacht werden muss.	O	O	O	O

Rückmeldung der Lehrperson:

Miteinander Minivolleyball spielen

Die vier Knotenpunkte beim oberen Zuspiel heißen:

1.

2.

3.

4.

Teamprotokoll zu den «Miteinander-Spielformen»

Es gilt, bei 3 unterschiedlichen Aufgaben im Spiel 2 <u>mit</u> 2 den Ball möglichst oft ohne Fehler über das Netz hin und her zu spielen.

Eigenzuspiele erlaubt. Vor der Netzüberquerung mindestens ein Zuspiel mit dem Partner. Kommunizieren durch «Ja!»-Rufe.	Anzahl Netzüberquerungen?			
	2	4	6	8+
Dito, aber nach jeder Netzüberquerung muss ich meinen Partner mit «Give me Five» abklatschen und den Platz mit ihm tauschen.	Anzahl Netzüberquerungen?			
	2	4	6	8+
Dito, aber nach jeder Netzüberquerung muss von beiden Spielern die Grundlinie des Spielfeldes berührt werden.	Anzahl Netzüberquerungen?			
	2	4	6	8+
Ich bin mit der Leistung meiner Gruppe zufrieden.	☹	😐	🙂	😊

Kommentar der Lehrperson:

_____

_____

_____

4.2 Das Modul Wagnis

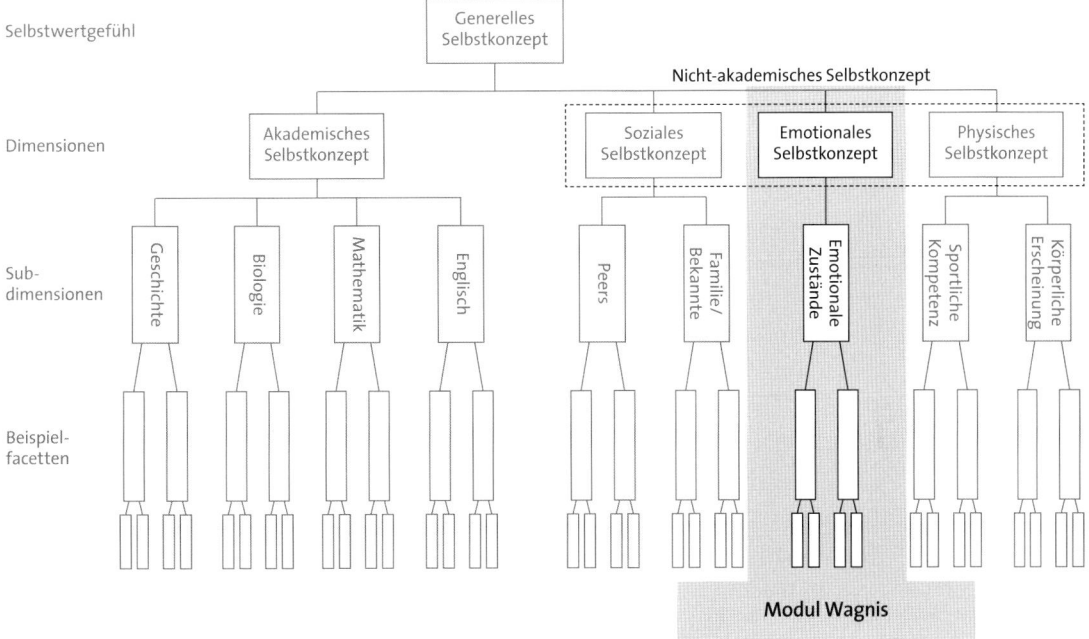

Abbildung 6: Fokus des Moduls Wagnis auf das emotionale Selbstkonzept

Ziel

Mit dem Modul «Wagnis» soll das *emotionale Selbstkonzept* positiv beeinflusst werden. Als Teilbereich des hierarchischen Selbstkonzepts nach Shavelson et al. (1976) beinhaltet das emotionale Selbstkonzept Einstellungen und Wissen über subjektive Handlungs- und Reaktionsweisen in Situationen die z. B. Furcht, Trauer oder Freude auslösen können. In der Wagniserziehung werden in erster Linie Aufgaben und Problemlösungen aufgegriffen, die Mut erfordern. Schülerinnen und Schüler werden herausgefordert, koordinativ anspruchsvolle Bewegungsabläufe zu lernen, ungewohnte Raumlagen einzunehmen und beim Klettern den sicheren Boden zu verlassen. Diese Wagnisse sollen bewusst zur Erzeugung von Spannung und Kompetenzerweiterung genutzt werden.

Das Turnen mit und an Geräten ist – insbesondere für leistungsschwächere Kinder – eine Herausforderung, die oft mit Angst verbunden ist. Diese *sportbezogene Angst*, die sich je nach Situation im sportlichen Kontext mehr oder weniger zeigt, wird gemäß Fuchs (1989) ausgeprägt von einer dispositionellen Ängstlichkeit (Trait anxiety) beeinflusst. In der sportpsychologischen Literatur lassen sich Angst vor körperlicher Verletzung, Leistungsangst und Angst vor Unbekanntem als Dimensionen der sportbezogenen Angst extrahieren (Hackfort & Nitsch, 1988). Ein übergreifendes Ziel der vorliegenden wagnis-sportlichen Intervention auf Ebene der Subdimension ist daher die Reduktion der sportbezogenen Angst der Schülerinnen und Schüler.

In der lernpsychologischen Literatur wird auf die teilweise ambivalente Bedeutung von Angst für die Leistungs- und Lernfähigkeit hingewiesen (Wild, Hofer & Pekrun, 2001). In empirischen Studien konnte gezeigt werden, dass intensive Prüfungsangst mit intrinsischer Lernmotivation negativ zusammenhängt und die Lernfreude reduziert. Zusätzlich gilt es zu berücksichtigen, dass Angst die Lernmotivation je nach individueller Disposition fördern oder hemmen kann. In Anlehnung an die Aufmerksamkeitshypothese von Wine (1971) ist davon auszugehen, dass sorgenvolle Gedanken an einen möglichen Misserfolg die eigentliche Konzentration auf die Aufgabenstellung beeinträchtigen. Leistungsfreude oder Hoffnung auf Erfolg begünstigen dagegen den flexiblen Einsatz von Lernstrategien, was kreative Formen des Denkens zu begünstigen scheint. Im Gegensatz dazu neigen Menschen, die Angst haben oder sich gelangweilt fühlen, zu oberflächlicher Informationsverarbeitung mit einem Denkstil, der auf einzelne Details fokussiert ist (Wild et al., 2001). Zentrale Ziele der Wagniserziehung sind daher (a) die regelmäßige Konfrontation mit Entscheidungen, das eigene Anspruchsniveau zu definieren und eine entsprechende Aufgabe auszuwählen und (b) diese anspruchsvolle, selbst gewählte Aufgabe positiv zu bewältigen. Daher ist zu erwarten, dass Wagniserziehung bei Schülerinnen und Schülern das emotionale Selbstkonzept auf Ebene der Subdimensionen «Angst vor Misserfolg» zu reduzieren und «Hoffnung auf Erfolg» zu erhöhen vermag.

Inhalte

Die Zielsetzungen im Modul Wagnis werden vorwiegend mit Inhalten im Bereich des Boden- und Geräteturnens umgesetzt. Die gewählten Inhalte entsprechen einerseits den stufenspezifischen Lehrplänen, die den Aufbau und das Üben von Bewegungsformen wie «balancieren, klettern, schwingen, schaukeln, fliegen, drehen» einfordern. Mit der Auswahl von klassischen Formen der Artistik ist es andererseits möglich, den Schülerinnen und Schülern Inhalte vorzulegen, die Überwindung bedürfen und damit emotional herausfordernd sind. Zugleich ist im Boden- und Geräteturnen bei systematischem Übungsaufbau die individuelle Leistungsentwicklung gut zu erkennen. Zudem werden in jeder Lektion Mutproben oder Übungen aufgegriffen, in denen herausfordernde bzw. ungewohnte Körper- und Raumlageerfahrungen gesammelt werden können (sog. Mutposten).

Als Grundlage für die *artistischen Unterrichtsinhalte* im Modul Wagnis werden die Schülerinnen und Schüler vorerst in die korrekte Anwendung des Klammergriffs eingeführt (z. B. jemanden tragen können), bevor verschiedene Übungen zur Körperspannung geturnt werden (z. B. sich in den Handstand anheben lassen) und schließlich gerollt wird (z. B. im Handstand abrollen). Als notwendige Voraussetzung zum Erlernen von neuen Bewegungsabfolgen oder gruppenakrobatischen Formen ist die Bedeutung des gegenseitigen Helfens und Vertrauens für die individuelle Leistungsentwicklung ein Thema (z. B. dank der unterstützenden Hilfe von Mitschülern den Handstand stehen können). Im weiteren Verlauf des Moduls Wagnis werden Themen wie Klettern und Höhe aushalten (z. B. Bankklettern an der Sprossenwand) sowie Fliegen und Drehen (z. B. Strecksprung auf dem Minitramp mit Drehung um die Längsachse) aufgegriffen.

Mit den *Mutposten* kann der Umgang mit Angst- und Spannungssituationen thematisiert werden. Dabei stehen Übungen zur Auswahl, die durch unmittelbare Handlungsaufforderung und -rückmeldung charakterisiert sind (z. B. sich mit der Matte fallen lassen oder Mattensandwich).

Die Unterrichtsinhalte für die Umsetzung im Modul Wagnis entstammen dem Stufenband des Lehrmittels Sporterziehung (ESK, 1997, Band 4) oder weiteren gebräuchlichen Sportlehrmitteln, die Aspekte des Herausforderns, Erlebens und Entdeckens thematisieren (Baumann, 2009; Frommann, 2006; Halbig & Luther, 2007; Scholz, 2006).

Methode

Gemäß Luckner und Nadler (1997) bilden *selbstbestimmte* Grenzerfahrungen Möglichkeiten für Selbstwirksamkeits*erfahrungen*, welche emotionale und physische Selbstwirksamkeits*erwartungen* erhöhen können. Die eigenen Grenzen lernen Schülerinnen und Schüler am besten kennen, wenn sie vor Aufgaben gestellt werden, die sie physisch und emotional auf herausforderndem Niveau bewältigen können. Dies kann durch exploratives Bewegungsverhalten erfolgen, durch Reflexionen über die eigene Leistungsgrenze (reflexive Prädikaten-Selbstzuweisungen) oder durch das Setzen von Wagniszielen (ideationale Prädikaten-Selbstzuweisungen). Die Verwendung eines Lernjournals ermöglicht, dieses Erkennen und Überwinden von existentiell herausfordernden Situationen explizit zum Thema zu machen: Die Schülerinnen und Schüler erhalten auf diese Weise ein Instrument, die persönliche Leistungsentwicklung im Sportunterricht zu dokumentieren. Dabei soll die emotionale Belastung in der Ausübung der verschiedenen Bewegungsaufgaben regelmäßig aufgegriffen werden, um die zu erwartende emotionale Stabilisierung aufzuzeigen. Die Arbeit mit dem Lernjournal kann als wirksam bezeichnet werden, wenn sie regelmäßig erfolgt und zur (Selbst-)Reflexion über Lernprozesse einlädt (inkl. Feedback seitens der Lehrperson).

Neben dem selbsttätigen Erkunden von Grenzen sind Rückmeldungen von Schülerinnen und Schülern, die beispielsweise Hilfestellungen bieten, sowie die beratend zur Seite stehende Lehrperson, wesentliche Einflussgrößen für die angemessene Wahl der Aufgabenschwierigkeit. Dabei ist es angezeigt, auf die unterschiedlichen Persönlichkeitseigenschaften der Schülerinnen und Schüler einzugehen: Wird beispielsweise der ängstliche Junge auf seine Bewegungsqualitäten hingewiesen, die es ihm erlauben, ohne Hilfestellung den Oberarmstand auf dem Kasten zu turnen, können direkte Prädikatenzuweisungen zu einer exakteren Auslotung der persönlichen Leistungsgrenze führen.

Für die Unterrichtsorganisation bedingt dies – insbesondere bei den Mutposten – ein offenes Vermittlungskonzept mit unterschiedlich schwierigen Aufgaben. Bei den artistischen Übungsformen variiert dagegen das Ausmaß der eingeforderten Hilfestellungen der Schülerinnen und Schüler gegenüber ihrer Lehrperson und den Mitschülerinnen und Mitschülern. All diese Unterrichtsarrangements werden in Kleingruppen unter Berücksichtigung der individuellen Leistungsfähigkeit (individuelle Bezugsnormorientierung) durchgeführt. Dabei soll der soziale Vergleich möglichst gering gehalten werden (komparative Prädikaten-Selbstzuweisung).

Wagnisse werden eingegangen, wenn Schülerinnen und Schüler Vertrauen in sich und die anderen der Klasse haben. Deshalb wird bei den Praxisbeispielen das Hilfe-Stehen als Erstes thematisiert (vgl. Lektionsbaustein «Der Klammergriff»). Dabei geht es neben dem Vertrauen in die Mitschüler auch um die Herausforderung, andere Körper beim Helfen und Sichern zu berühren. Nicht zuletzt aus sicherheitstechnischen Gründen kommt dem Aufbau eines Klimas von gegenseitigem Vertrauen eine zentrale Bedeutung zu. Wer seine Ängste gegenüber Mitschülerinnen und Mitschülern äußern kann und emotionalen Rückhalt spürt, traut sich auch eher, persönliche Grenzen zu erkunden. Durch die Anwendung der in Kapitel 3 vorgestellten didaktisch-methodischen Prinzipien können mittels Wagnissport Bewegungs- und emotionale Kompetenzen erweitert werden. Durch die Verschiebung der individuellen Comfort Zone (Sicherheitszone) in Richtung New Territory (Gefahrenzone) können Schülerinnen und Schüler das Angsterleben sowie Verletzungsrisiken reduzieren (Luckner & Nadler, 1997).

Eine wagnisorientierte Schulsportinszenierung, in der den Schülerinnen und Schülern individuell angemessene Aufgaben gestellt und deren Problemlösungen und Problemlösungsstrategien regelmäßig thematisiert werden, sollte sich demnach positiv auf Aspekte des emotionalen Selbstkonzepts auswirken.

Modul Wagnis: Der Klammergriff

Wozu?

Sportmotorik fördern

Die SuS lernen die 4 Kriterien des Klammergriffs kennen und können diese umsetzen. Beim Tragen lernen sie, die richtige Körperhaltung einzunehmen und üben den Handstand.

Selbstkonzept fördern

Die SuS lernen, ihre sportbezogenen Ängste zu äußern, sich gegenseitig zu vertrauen und zu helfen.

Was?

Mit dem Klammergriff vielseitig Hilfe stehen lernen

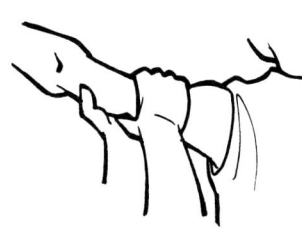  

Die 4 Kriterien für den Klammergriff

An Oberschenkeln oder Oberarmen halten, keine Gelenke umfassen, nahe am Partner stehen, mit geradem Rücken tragen

Klammergriff und Sänftetest (www.gymfacts.ch)

Arbeit in 3er-Gruppen. Zwei SuS sind «Sänftenträger», die jederzeit mit dem Klammergriff den «König» tragen und unterstützen können. In einem ersten Schritt werden der Griff und die Körperhaltung beim Tragen «trocken» geübt. In einem zweiten Schritt laufen die SuS in den Gruppen zu Laufmusik kreuz und quer durch die Halle. Auf Musikstopp nimmt der König die «Sänfte» und übergibt sein Gewicht den Tragenden. Ertönt die Musik wieder, gibt es einen neuen König und neue Träger.

Klammergriff an den Oberschenkeln, Handstandheben

Der Klammergriff wird beim Abheben des gespannten Körpers in der Liegestütz eingesetzt. Schritt 1: Abheben und halten. Schritt 2: In den Handstand heben.

• Über Ängste und Unsicherheiten offen sprechen. Durch gegenseitiges Vertrauen etwas wagen (→ *indirekte Prädikatenzuweisung*) • Hörbare verbale Unterstützung der Lp, Aufforderung sich gegenseitig Mut zu machen, Gelungenes positiv bekräftigen (→ *direkte Prädikatenzuweisung*) • Über das Erlebte der Unterrichtssequenz nachdenken, die Kriterien des Klammergriffs abfragen (→ *reflexive Prädikaten-Selbstzuweisung*)	**Wie?**

Die Lp stellt das Hilfestehen ins Zentrum der Inszenierung. Durch den gezielten Abbau von Ängsten soll innerhalb der Gruppen ein konstruktives und vertrauensvolles Klima hergestellt werden. Das Umsetzen des Klammergriffs wird von der Lp geprüft und beurteilt. Die SuS halten zu Beginn der Stunde ihre Ängste und Bedenken auf einem Zettel/ Plakat fest. Im gemeinsamen Gespräch werden Schwierigkeiten und Vorteile des Hilfestehens und mögliche, damit verbundene Ängste ausgetauscht. Während des Übens wiederholt die Lp die einzelnen Beobachtungspunkte des Klammergriffs und worauf beim Tragen besonders geachtet werden muss (an Oberschenkeln respektive -armen halten, keine Gelenke umfassen, gerader Rücken, nahe am Partner tragen). Am Ende tragen die SuS in Gruppen die 4 Kriterien des Klammergriffs zusammen und tauschen dabei ihre Erfahrungen aus.

Beispiel Lernjournal

Spannen und Vertrauen – Klammergriff und Handstände

Nun weiß ich, wie der Klammergriff richtig umgesetzt wird:

Die 4 Kriterien des Klammergriffs sind	1.
	2.
	3.
	4.
Bei folgenden zwei Elementen traue ich mir zu, **mit dem Klammergriff** Hilfe zu stehen:	

Wie gut kann ich meinen Körper spannen?

Spannen gelingt beim ...	☺	☺	☹	☺

→ Kopiervorlage auf Seite 138

Modul Wagnis: Handstand vielseitig üben

Wozu?

Sportmotorik fördern

Die SuS lernen, ihren Körper zu spannen und können – dank guter Körperspannung – verschiedene Formen des Handstands umsetzen.

Selbstkonzept fördern

Die SuS nehmen ungewohnte Raumlagen ein, entwickeln Vertrauen in die eigenen Fähigkeiten und vertrauen jenen, die ihnen Hilfe stehen.

Was?

Spannen – was ist wichtig?

Wichtige Kriterien der Körperspannung (z.B.: Körper wie ein Stab; Po, Bauch, Beine spannen; Arme durchstrecken usw.) werden vermittelt und in der Übung «*Steif wie ein Brett*» geübt: Zu zweit jemanden stehend hin und her pendeln lassen, dass der/die S immer steif wie ein Brett bleiben kann. Die Füße bleiben fixiert. Die Helfenden stützen an den Schultern.

Handstandheben, Oberarmstand, Handstand abrollen dank Klammergriff und Körperspannung

Der Klammergriff wurde bereits in den vorangegangenen Lektionen geübt und gefestigt und soll nun an den Oberschenkeln als Hilfe eingesetzt werden. Eine gute Körperspannung erleichtert das Hilfestehen beim Heben des sich in der Liegestütz befindenden gespannten Körpers. Schritt 1: S gespannt aus Liegestütz heben und halten. Schritt 2: S gespannt aus Liegestütz in den Handstand heben. Schritt 3: S schwingt aus Stand in den Handstand. Klammergriff zur Sicherung im Stand einsetzen. Variation 1: Oberarmstand auf dem Kasten. Variation 2: Abrollen über den Bock, Handstandabrollen mit Hilfe evtl. ohne Bock.

Wie?

- Selbstverantwortung übernehmen und sich gegenseitig ermutigen (→ *indirekte Prädikatenzuweisung*)

- Positive Bekräftigungen und präzise Rückmeldungen durch die Lp, Aufforderung zum gegenseitigen Helfen und Unterstützen (→ *direkte Prädikatenzuweisung*)

- Leistungsfortschritte durch Dokumentation im Lernjournal sichtbar machen (→ *reflexive Prädikaten-Selbstzuweisung*)

Wie?

Im vorangegangenen Unterrichtsbaustein «Klammergriff» (S. 118) lernten die SuS wichtige Voraussetzungen für das Hilfestehen kennen. Nun lernen die SuS am Beispiel des Handstands wichtige Punkte zur Körperspannung. Diese sollen nun in verschiedenen Handstandformen vielseitig geübt werden. Dank der Fähigkeit, gegenseitig sicher Hilfe zu stehen, sollten auch ängstliche SuS einzelne Formen des Handstands wagen können. Die Lp kommuniziert immer wieder laut die wichtigsten Beobachtungspunkte des Klammergriffs, des Spannens und worauf beim Tragen besonders geachtet werden muss (gerader Rücken, nahe am Partner tragen). Da das gegenseitige Anfassen beim Hilfe stehen Mut erfordert und für viele eine emotionale Herausforderung darstellt, ist ein angstfreies Klima eine wichtige Voraussetzung, um sich dieser Herausforderung anzunehmen. Die SuS machen den Stand ihrer persönlichen Leistungen und Fortschritte mittels mehrmaliger Lernjournaleinträge sichtbar (Datum eintragen).

Anregung Lernjournal

Spannen gelingt beim ...	☺ gelingt alleine	☺ gelingt mit Hilfe	☹ gelingt noch nicht	☺ Ich kann Hilfe stehen
Handstand				
Handstandabrollen über Bock				
Handstandabrollen aus Stand				
Oberarmstand				

Modul Wagnis: Spannen und Vertrauen

Wozu?	

Sportmotorik fördern

Die SuS können die 4 Kernkriterien der Körperspannung umsetzen (vgl. S. 120). Es gelingt ihnen sowohl als Tragende als auch als Turnende, verschiedene Akrobatikelemente in einer Bewegungsfolge zu verbinden und Handstandformen einzubauen. Sie wenden dabei den Klammergriff als Hilfestellung an.

Selbstkonzept fördern

Die SuS erleben sich selbst kompetent im Ausführen neuer Akrobatikelemente und trauen sich, Hilfe zu stehen und Hilfe anzunehmen.

Was?	

In der Gruppe Akrobatikelemente turnen und verbinden

Akrobatik – was ist wichtig?

Die Lp vermittelt die Kernpunkte der Akrobatik: Tragende: Arme und Beine im rechten Winkel zur Wirbelsäule. Arme durchgestreckt (Knochen tragen mehr als Muskeln), Körper leicht gespannt. Turnende: Sanft aufsteigen, Druck aufbauen, keine ruckartigen Bewegungen, kein Abspringen, keine Knie in die WS. Ohne Schuhe turnen. Hilfe stehen.

Kunststücke in der Gruppe ausprobieren, üben und festlegen

Jede Gruppe wählt Kunststücke (siehe Skizze) aus und übt diese. Möglichst alle sollen als Tragende, als Helfende und als Turnende tätig sein. Die Kunststücke werden innerhalb der Gruppe – zusammen mit Handstandformen – zu einer kleinen Präsentation zusammengestellt.

- Positive Bekräftigungen und Lob durch die Lp, Aufforderung zum gegenseitigen Helfen und Unterstützen (→ *direkte Prädikatenzuweisung*)

- Leistungsfortschritte durch Dokumentation im Lernjournal sichtbar machen, Reflexion über die Qualität der Ausführungen (→ *reflexive Prädikaten-Selbstzuweisung*)

Wie?

Sich den anderen SuS anzuvertrauen und deren Hilfe anzunehmen ist für den Erwerb neuer Akrobatikelemente von zentraler Bedeutung. Die Lp betont deshalb die Wichtigkeit, bei Schwierigkeiten Hilfe einzufordern.

Beispiel Lernjournal

Spannen und Vertrauen können – am Beispiel Akrobatik

Bei welchem Kunststück hast du besonders Fortschritte gemacht?

Übung Nummer:	Diese Übung gelingt mir …
	… am Anfang: ⊟ ⊟ ⊞ ⊞
	… am Schluss: ⊟ ⊟ ⊞ ⊞

Wie gut kann ich folgende Kunststücke umsetzen?

	☺ gelingt ohne Hilfe	😐 gelingt mit Hilfe	☹ gelingt gar nicht
1. Rückenpaar			
2. Unterschenkelbalance			
3. Doppelbank			
4. Stand auf der Bank			
5. Stuhl			
6. Galionsfigur			

→ Kopiervorlage auf Seite 139

Modul Wagnis: Handstandüberschlag in Zeitlupe

Wozu?	## Sportmotorik fördern

Sportmotorik fördern

Die SuS können ihren Körper spannen. Sie können mit Hilfe den Handstandüberschlag in Zeitlupe ausführen und die 4 Knotenpunkte benennen.

Selbstkonzept fördern

Die SuS erleben den erhöhten Spannungsreiz des Körpers in ungewohnter Raumlage und halten den damit einhergehenden Kontrollverlust aus. Sie vertrauen sich den Helfenden an und trauen sich Hilfe zu stehen.

Was?

Mutprobe 1: Mattentransport und Menschenrüttelbank
(Frommann, 2006)

Welche Gruppe kann ihre Königin auf einer Matte auf dem Rücken transportieren? Welche Königin traut sich dabei, liegend die Augen zu schließen? Variation: Die Königin wird mal sanft, mal kräftig durchgeschüttelt.

Mutprobe 2: Handstandüberschlag in Zeitlupe

Schritt 1: Körperspannung testen. S1 liegt gespannt auf dem Rücken. S2 und S3 heben die Beine von S1 vom Boden leicht ab. Gelingt es S1, den Körper dabei gespannt zu halten? Die Knotenpunkte der Körperspannung werden vermittelt und geübt. Schritt 2: S1 wird aus der Liegestütz in den Handstand gehoben und versucht dabei, die Körperspannung zu halten. Schritt 3: S1 wird mit gespannter Körperhaltung aus dem Handstand über die Schultern von S2 und S3 umgetragen.

Wichtig: 1. Tragende knien *eng* nebeneinander. 2. Die *innere Hand* trägt den Rücken. Die *äußere Hand* greift und hebt die Schulter. 3. Die/der Turnende *stützt sich nahe* an den Knien der Tragenden ab. 4. Die Körperspannung wird während der ganzen Übung beibehalten.

	Wie?
• Positive Bekräftigungen und Lob durch die Lp, Aufforderung zum gegenseitigen Helfen und Unterstützen, besondere Unterstützung der ängstlichen SuS (→ *direkte Prädikatenzuweisung*) • Dokumentation der Gefühle und Gedanken vor und nach der Übungssequenz im Lernjournal, Fortschritte im Umgang mit Ängsten werden dokumentiert (→ *reflexive Prädikaten-Selbstzuweisung*)	

In den vorangegangenen Lektionen wurde mittels Klammergriff, Handständen und Akrobatikformen die Grundlage für «gefährlichere» Elemente geschaffen. Die SuS sind mit Gruppenarbeiten und dem Hilfestehen vertraut und können eine gespannte Körperhaltung einnehmen. In dieser Sequenz geht es darum, sich abschließend «mutig» in eine neue, ungewohnte Raumlage zu begeben. Niemand wird gezwungen! Die Griffe werden zuerst «trocken» geübt und gegenseitig kontrolliert. Die Lp thematisiert das Thema Mut. Im Gespräch werden verschiedene Aspekte zusammengetragen: «*Was genau ist Mut? Warum braucht es hier Mut? Was hilft einem dabei, mutig zu sein?*» Am Ende der Unterrichtseinheit sollen die SuS ihre Gedanken zum subjektiven Erleben dieser Sequenz und die Diskussion über das Thema Mut in ihrem Lernjournal festhalten. Erkenntnisse werden im Gespräch ausgetauscht.

Sicherheit: Während des Unterrichts stellt die Lp immer wieder Reflexionsfragen zu den Kernpunkten: «*Steht ihr beim Hilfestehen wirklich eng? Wird die richtige Hand zum Tragen eingesetzt? Gebt ihr euch gegenseitig Feedbacks?*»

Anregung Lernjournal

Ich fühl(t)e mich ...	Begründung:
... am Anfang ☺ ☺ 😐 ☹	_____ _____
... am Schluss ☺ ☺ 😐 ☹	_____ _____

Ich bin besonders stolz auf:

Für mich war besonders schwierig:

Mir hat zum gelungenen Ausführen der Übung besonders geholfen:

Modul Wagnis: Sicher klettern

Wozu?	## Sportmotorik fördern

Sportmotorik fördern

Die SuS können unterschiedliche Kletterposten sicher bewältigen. Sie lernen verschiedene Klettertechniken kennen und verlassen dabei den sicheren Boden.

Selbstkonzept fördern

Die SuS erkunden die eigenen Grenzen und schätzen sich richtig ein. Sie trauen sich, Hilfe einzufordern und unterstützen andere.

Was?

Langbankklettern an der Sprossenwand
(Baumann, 2009)

Mehrere Langbänke sind auf verschiedene Arten und in unterschiedlichen Neigungswinkeln befestigt. Verschiedene Klettertechniken ausprobieren: Vorwärts, rückwärts und evtl. blind klettern. Vielfalt fördern: Gegenseitig Ideen austauschen. Sicherheit geht vor: Gemeinsam über Gefahren sprechen.

Wackelsteg (Baumann, 2009)

Wie oben; Befestigung an Schauckelringen.

Abschluss: Gipfelbucheintrag (Scholz, 2006)

Die Lp bringt an verschiedenen Langbankenden ein Blatt als «Gipfelbuch» an. Nun wird mit Bleistift geklettert. Alle SuS sollen sich in einem selbst gewählten Gipfelbuch «verewigen». Jede/r S überlegt sich, welcher Winkel und welche Kletterbank erfolgreich und sicher gemeistert werden kann und teilt dies im Voraus einer Partnerin mit (Selbsteinschätzung).

- Offenes Gespräch über Ängste und Unsicherheiten (→ *indirekte und direkte Prädikatenzuweisung*)

- Aufforderung zum gegenseitigen Helfen und Unterstützen, positive Bekräftigung derjenigen, die sich realistisch einschätzen und über ihre Ängste sprechen, ängstliche Kinder eher aufmuntern, übermütige eher «bremsen» (→ *direkte Prädikatenzuweisung*)

- Reflexion der Leistungsfortschritte und Selbsteinschätzung (→ *reflexive Prädikaten-Selbstzuweisung*)

Wie?

In einer ersten Lektion sollen sich die SuS in Gruppen mit den unterschiedlichen Kletterposten und deren Anforderungen auseinandersetzen. Es geht nicht darum, alle Posten möglichst schnell meistern zu können, sondern darum, kletternd die unterschiedlichen Bewältigungsmöglichkeiten (Klettertechniken) und damit auch die eigenen Grenzen an den Posten zu erfahren. Das Lernziel ist, sich richtig einzuschätzen. Die Lp weist immer wieder für alle hörbar darauf hin, dass Vielfalt erwünscht ist, dass verschiedene Formen der Bewältigung möglich sind, dass es auch Ängstliche gibt und dass helfen erwünscht ist. Die Lp ermuntert die SuS immer wieder, ihre persönlichen Grenzen und Ängste zu äußern. Am Anfang und am Schluss der Sequenz wird die Einschätzung der eigenen Leistungsfähigkeit festgehalten. Dadurch kann ermittelt werden, wie gut das Einschätzen der eigenen Leistungsfähigkeit und der eigenen Leistungsgrenze gelingt. Besonders leistungsschwache und ängstliche Kinder sollen in ihren Teilerfolgen von der Lp für alle hörbar vor der ganzen Klasse gelobt werden.

Die SuS teilen im Voraus einer Partnerin mit, an welchem Gerät sie wie hoch klettern können. Die Partnerin beurteilt die Qualität der Umsetzung und der Selbsteinschätzung. Wie gut hat sich die Kletterkompetenz im Laufe des Übens verbessert? Welche Posten brauchen viel respektive wenig Mut? Gewonnene Erkenntnisse und Erfahrungen werden ausgetauscht und im Lernjournal festgehalten.

Modul Wagnis: Vielseitig klettern

Wozu?	

Wozu?

Sportmotorik fördern

Die SuS schulen ihr Gleichgewicht an Kletterposten, lernen den Umgang mit der Höhe und setzen mindestens drei verschiedene Formen des Kletterns um.

Selbstkonzept fördern

Die SuS erleben das Klettern in die Höhe als Wagnis, stehen zu ihren Ängsten und trauen sich, diese zu äußern. Sie trauen sich, Hilfe einzufordern und können andere unterstützen.

Was?

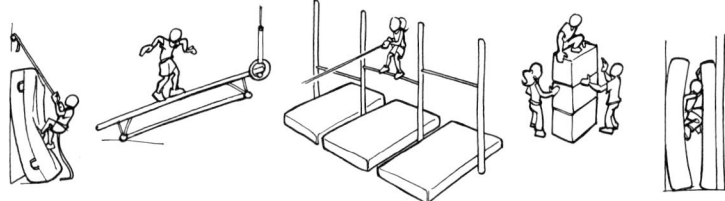

Posten 1: Sprossenwand mit Tau erklimmen (Baumann, 2009)

Matte hochgestellt an der Sprossenwand fixiert. Das Tau kann als Kletterhilfe verwendet werden.

Posten 2: Wackelsteg (Baumann, 2009)

Bänke in unterschiedlichen Höhen an den Ringen befestigt. Verschiedene Kletter-techniken ausprobieren und austauschen.

Posten 3: Treppenreck (Baumann, 2009)

Balancieren mithilfe eines an der Wand befestigten Seils über unterschiedliche Höhen.

Posten 4: Harassenturm (Baumann, 2009)

Wichtig: Hinauf *und* hinab klettern. Kletternd die Elemente zusammenbauen. Zwei SuS sichern. Höhe und Anzahl selbst bestimmen (Empfehlung: maximal 4 Elemente).

Posten 5: Kaminklettern (Halbig & Luther, 2007)

Zwei Matten hochgestellt hinter Gitterleiter (o. ä.). Verschiedene Formen finden, wie durch den Kamin geklettert werden kann. Lösungen gegenseitig austauschen.

Hinweis: Je nach Klassengröße und Material reicht es für mehr oder weniger Posten. Ein Teil der Klasse könnte mit einer Jonglieraufgabe beschäftigt werden.

- Dokumentation der persönlichen Kletterleistungen im Lernjournal, Reflexion über die Qualität der Ausführungen (→ *reflexive Prädikaten-Selbstzuweisung*)

- Offenes Gespräch über Ängste und Unsicherheiten (→ *indirekte und direkte Prädikatenzuweisung*)

Wie?

Die Lp legt großen Wert auf die individuelle Klettervielfalt. Durch gezielte Fragen regt die Lp die SuS während der Lektion zur Reflexion der eigenen Handlungen an: «*Welche Höhe traust du dir zu? Gibt es verschiedene Klettertechniken? Wie gelingt es dir, durch den Kamin hoch zu klettern? Braucht das Mut? Was hilft dir?*»

Die SuS sollen sich über das Bewältigen unterschiedlicher Posten Gedanken machen. Sie sollen ihre individuellen Leistungen beurteilen und im Lernjournal festhalten: *An welchen Posten gelingen wie viele Klettervarianten? An welchen «nur» eine?* Bei mehrmaligen Einträgen kann der individuelle Fortschritt sichtbar gemacht werden.

Beispiel Lernjournal

Vielseitig und sicher in die Höhe klettern

Wie gut kann ich die verschiedenen Kletterposten bewältigen?

	😊 gelingt ohne Hilfe	😐 gelingt mit Hilfe	🙁 gelingt gar nicht

Wie viel Mut brauche ich zum Klettern?

Welche Übung hat mir am meisten Spaß gemacht? Warum?	
Bei welcher Übung musste ich mir selber Mut machen?	

→ Kopiervorlage auf Seite 140

Modul Wagnis: In die Höhe klettern

Wozu?	## Sportmotorik fördern Die SuS können an einer Langbank sicher in eine selbst bestimmte Höhe klettern. ## Selbstkonzept fördern Realistische Selbsteinschätzung: Die SuS nehmen ihre Grenzen wahr und bestimmen selbst den für sie zumutbaren Neigungswinkel und die Kletterhöhe. Sie vertrauen sich der Gruppe an.
Was?	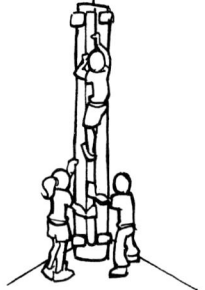 ### Stufe 1: Langbankklettern an der Sprossenwand (Baumann, 2009) Die Langbank ist an der Sprossenwand fixiert. Die Kletternden bestimmen selbst, in welchem Neigungswinkel die Langbank befestigt werden soll. ### Stufe 2: Langbank in Ecke an Wand gestellt (vgl. Skizze; Scholz, 2006) Die Langbank wird in einer Ecke an die Wand angelehnt und von der Gruppe gehalten. Die Kletternden bestimmen selbst, wie weit sie hoch und runter klettern wollen. *«Wie steil traust du dich sicher zu klettern?»* ### Stufe 3: Langbank senkrecht und freistehend Die Langbank wird im unteren Drittel von einer Gruppe von (mind. 6) SuS gehalten und steht frei in der Senkrechten. *«Wer traut sich zu, an der Langbank hoch und runter zu klettern?»* Nur soweit klettern, wie auch sicher runter geklettert werden kann! Die Langbank ggf. an den Ringen in die Senkrechte ziehen und halten. Klettern an der freistehenden Langbank nur mit Hilfe und unter Aufsicht der Lp! Achtung: Sobald die Langbank aus der Senkrechten kommt, wird es schwieriger, sie zu stabilisieren. Hinweis: Niemanden drängen. Vertrauen in die Gruppe wird vorausgesetzt. Sicherheit Schritt für Schritt aufbauen.

	Wie?
• Offenes Gespräch über Ängste und Unsicherheiten, gegenseitiges Helfen und Bekräftigen (→ *indirekte und direkte Prädikatenzuweisung*)	
• Positive Bekräftigungen und Lob der Lp bei gelungenen und sicheren Aktionen (→ *direkte Prädikatenzuweisung*)	
• Reflexion und Dokumentation der Gefühle und Gedanken während des Wagnisses mithilfe von Selbstbeobachtungsaufgaben und Gruppengesprächen (→ *reflexive Prädikaten-Selbstzuweisung*)	

Während dieser Sequenz geht es um eine *echte* Mutprobe: Die SuS sollen sich mit der Herausforderung auseinandersetzen, dass sie auf einer Langbank ungesichert klettern sollen. Sowohl Höhe, Neigungswinkel als auch Grad der (subjektiven) Sicherheit und Stabilität können sie selbst bestimmen. Als Extremform kann die frei stehende Langbank gewählt werden, die von der Gruppe gehalten wird. «*Wie steil traust du dich, hoch und runter zu klettern?*» «*Wer traut sich zu, die Langbank hoch und runter zu klettern?*» Wichtig dabei ist, dass die Lp zusammen mit den Kletternden von Anfang an laut über Ängste und mögliche Gefahren spricht. Niemand wird zu etwas gezwungen und alle Leistungen werden gewürdigt. Das Gefühlserleben im Moment des Wagnisses, das Erkunden der Grenzen und die Erfahrung von Angst stehen im Zentrum und sollen reflektiert werden. Dies kann einzeln schriftlich oder im Gespräch in der Gruppe stattfinden.

Anregung Lernjournal

Ich habe mir selbst Mut gemacht.	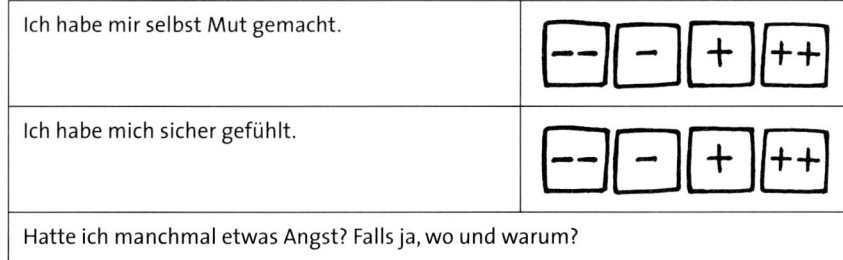
Ich habe mich sicher gefühlt.	

Hatte ich manchmal etwas Angst? Falls ja, wo und warum?
Wie konnte ich meine Angst überwinden? Was hat mir dabei geholfen?
Was an der Übung hat mir ganz besonders Spaß / Mühe gemacht?

Modul Wagnis: Fliegen und Fallen

Wozu?	## Sportmotorik fördern

Wozu?

Sportmotorik fördern

Durch vielfältiges Fallen und Fliegen machen die SuS verschiedene Raum- und Fall-erfahrungen. Dadurch gewinnen sie Sicherheit im Umgang mit instabilen Bewegungs-momenten und ähnlichen Situationen.

Selbstkonzept fördern

Die SuS erleben das Lösen der dem Fallen vorausgehenden Anspannung als belebend und lustvoll.

Was?

1. Mattenrutschen (Baumann, 2009)

Alleine oder zu zweit aus dem Laufen auf die verkehrt liegende dicke Matte springen und diese zum Gleiten bringen. Wichtig: Möglichst weit nach vorne auf die Matte springen (Unfallgefahr!). Lösungen im Team besprechen.

2. Fallen mit der Matte (Baumann, 2009)

Alleine, zu zweit oder die ganze Gruppe: Sich mit der hochgestellten Matte auf unter-schiedliche Arten zu Boden fallen lassen. a) Vorwärts b) rückwärts c) blind d) mit Anlauf. Für jedes Mattenteam ist ein S verantwortlich und gibt das okay zum Fallen. Wichtig: Während des Fallens den Körper spannen.

3. Hindernis überqueren (Halbig & Luther, 2007)

Pro Team sind zwei Matten nötig. Matte 1 ist hochgestellt und Matte 2 dahinter liegend. Jedes Team sucht Lösungen, wie diese «Mattenwand» von allen *sicher* überquert werden kann. Regel: Die «Mattenwand» darf nicht kippen.

4. Die Matte fällt (Scholz, 2006)

Abschließend geht es darum, sich liegend der *fallenden* Matte auszusetzen. Wichtig: Auf dem Rücken liegen. Der Kopf ist außerhalb. Die Arme auf der Brust gekreuzt. Beine ausgedreht. Jemand gibt das Kommando und die SuS der tragenden Gruppe lassen die Matte zeitgleich fallen. Variation: Aus unterschiedlichen Höhen fallen lassen. Zusätzlich liegt ein S auf der oberen Matte.

• Offenes Gespräch über Ängste und Unsicherheiten, gegenseitiges Helfen und Bekräftigen (→ *indirekte und direkte Prädikatenzuweisung*) • «Gute Strategien» und Ideen werden häufig für alle hörbar positiv bekräftigt. (→ *direkte Prädikatenzuweisung*) • Bewusstes Erleben des Fallens und Fliegens mithilfe von Selbstbeobachtungsfragen, Reflexion und Austausch über Gefühle und Gedanken beim Fallen und Fliegen (→ *reflexive Prädikaten-Selbstzuweisung*)	**Wie?**

Das «*Fallen*» als Beschleunigung des Körpers, als instabilen Zustand in Raum und Zeit soll in dieser Sequenz bewusst und vielseitig erlebt werden können. Die SuS erleben gefahrenfreies und sicheres Fallen in der Regel als sehr lustvoll und belebend. In diesem Sinne sollen die verschiedenen Posten auch spielerisch eingeführt und evtl. sogar als kleine Wettkampfformen inszeniert werden. Neben dem lustvollen und sinnesstarken Fallen soll immer wieder auf die Bedeutung der guten Zusammenarbeit zum Gelingen der Lösungen hingewiesen werden. Gemeinsam kann viel gelacht werden. Die Lp hält die SuS zum Finden von Lösungen innerhalb der Gruppe an und erwähnt jene SuS für alle hörbar mit Namen, denen etwas gelingt oder die gute Ideen entwickeln. Am Schluss der Lektion tauschen sich die SuS in Gruppen über das subjektive Erleben der verschiedenen «Mutproben» aus.

Mögliche Reflexionsfragen

Welche Übung hat mir am meisten Spaß gemacht? Warum? Bei welcher Übung musste ich mich überwinden? Wo habe ich mich sicher gefühlt? Hatte ich manchmal etwas Angst? Falls ja, wo und warum? Wie konnte ich meine Angst überwinden? Was hat mir dabei geholfen? Wie würde ich nun das Fallgefühl beschreiben?

Beispiel Lernjournal

Fallen können

Diese Übung hat mir besonders Spaß gemacht: _____

Ich habe mir selber Mut gemacht.   [--][-][+][++]

Ich habe mich sicher gefühlt.   [--][-][+][++]

Hatte ich manchmal etwas Angst? Falls ja, wo und warum?

Wie konnte ich meine Angst überwinden? Was hat mir dabei geholfen?

→ Kopiervorlage auf Seite 142

Modul Wagnis: Kontrolliert fliegen

Wozu?	

Wozu?

Sportmotorik fördern

Die SuS können 3 Grundsprünge auf dem Minitrampolin kontrolliert ausführen und weich und sicher landen. Sie kennen die Kriterien eines effektiven Absprungs und der korrekten Landung.

Selbstkonzept fördern

Die SuS sollen beim Springen und Fliegen Ängste bewusst überwinden und die Beschleunigungen des Körpers lustvoll erleben.

Was?

Korrekt springen und landen, den Bewegungsablauf rhythmisieren

Die SuS üben den korrekten Grundsprung: Anlauf und Absprung mit aktivem Armeinsatz. Flugphase mit gespannter Körperhaltung, Blick gerade aus. Landung weich abfedern. Sprünge einzeln und synchron mit Partnerin ausführen. Fantasiesprünge kreieren (evtl. zu Musik).

Grundsprünge Hock-, Grätsch- und Drehsprung üben

Verschiedene Grundsprünge ausprobieren. Ziel ist es, die Flugphase kontrolliert und sicher gestalten zu können. Gemeinsam werden die wichtigsten Kriterien (Armeinsatz, Körperspannung, Landung, Haltung, Blick) erarbeitet. Auch Fantasiesprünge sind erlaubt. Saltoformen sind (noch) verboten.

Mattenfliegerball (vgl. S. 102)

Wem gelingt es, in der Luft einen Ball zu werfen, zu fangen oder zu kicken?
Variation: Als Gruppe während zwei Minuten Fangbälle zählen.

- Positive Bekräftigung und Lob der Lp bei Teilerfolgen und korrekten Ausführungen (→ *direkte Prädikatenzuweisung*)

- Reflexion und Dokumentation der Leistungsfortschritte mithilfe von Selbstbeobachtungsaufgaben und mehrmaligen Einträgen ins Lernjournal (→ *reflexive Prädikaten-Selbstzuweisung*)

Wie?

Die SuS sollen mehrmals ihre individuellen Leistungen im Lernjournal festhalten. Sie machen sich auch über die Qualität in der Bewegungsausführung Gedanken und gewinnen dadurch ein differenziertes Bewegungsverständnis. Die Sprünge werden einander vorgezeigt. Als Bestätigung erhalten die SuS ein Feedback der Lp und der anderen SuS.

Anregung Lernjournal

Ich kann die Übung schön ausführen.

| -- | - | + | ++ |

Ich kann so anlaufen und abspringen, dass mir die Übung gelingt.

| -- | - | + | ++ |

Ich kann beim Absprung die Wand oder meine/meinen Partner/in anschauen.

| -- | - | + | ++ |

Ich kann sicher landen und weiß, worauf es ankommt.

| -- | - | + | ++ |

	☺ gelingt sehr gut	☺ gelingt teilweise	☹ gelingt gar nicht
1. Strecksprung			
2. Hocksprung			
3. Grätschsprung			
4. Strecksprung mit ½-Drehung			
5. Mattenfliegerball			

Modul Wagnis: Fliegen und Drehen

Wozu?

Sportmotorik fördern

Die SuS lernen verschiedene Formen des Fliegens und Drehens kennen und können diese sicher und kontrolliert ausführen. Während den Drehbewegungen verbessern sie ihre Raumorientierung.

Selbstkonzept fördern

Die SuS erleben den erhöhten Spannungsreiz des Fliegens und Drehens und erfahren dies als lustvoll. Indem sie ungewohnte Raumlagen einnehmen, gehen sie «Wagnisse» ein.

Was?

Sprungrollen auf dicke Matten – ein Gefühl für die Drehbewegung entwickeln

Die dicken Matten liegen in der Halle verteilt. Die SuS laufen und springen mit einer Sprungrolle auf die Matten. Die Lp thematisiert verschiedene Beobachtungsaspekte, die für die Drehbewegung und Raumorientierung wichtig sind: Matte beim Aufstützen anschauen. Während der Abrollbewegung greifen die Arme aktiv zu den Schienbeinen. Beine breit anziehen.

Auf Mattentisch aufrollen – aktiver Armeinsatz und Raumwahrnehmung üben

In drei Schritten sicher auf den Mattentisch aufrollen: 1. Die Hände stützen auf die Matte, der Kopf rollt auf die Matte auf. 2. Aufrollen mit flüchtigem Stützen. 3. Flugphase vor dem Stützen kontinuierlich erhöhen. Die Lp stellt Wahrnehmungsaufgaben: Blickkontakt vor und nach dem Aufrollen mit Partner usw.

Fliegende Sprungrollen und Saltoformen auf schiefe Ebene springen

Saltoformen sind freiwillig. Alle Stufen sind möglich. Die SuS bestimmen selbst, welche Form sie ausführen wollen.

Wichtig: Es darf nur unter Aufsicht der Lp gesprungen werden.

- Offenes Gespräch über Ängste und Unsicherheiten (→ *indirekte Prädikaten-zuweisung*)
- Quantität der Rückmeldungen erhöhen, möglichst präzise Rückmeldungen geben, leistungsschwache und ängstliche Kinder eher aufmuntern, übermütige Kinder eher «bremsen» (→ *direkte Prädikatenzuweisung*)
- Reflexion und Dokumentation der Leistungsfortschritte mithilfe von Selbstbeobachtungsaufgaben und Einträgen ins Lernjournal (→ *reflexive Prädikaten-Selbstzuweisung*)

Wie?

In den vorangegangenen Lektionen lernten die SuS, den Impuls des Minitrampolins zum kontrollierten Fliegen und Springen einzusetzen. Beim Springen in die Drehung kommt es erneut zu einem kurzen Moment des Kontrollverlusts. Gerade dieser Moment kann auch sehr reizvoll sein. Ziel dieser Sequenz ist es, «Fliegen und Drehen» sicher, lustvoll und gefahrenfrei meistern zu können. Die Lp macht die SuS darauf aufmerksam, dass gerade bei den Saltoformen die Körperkontrolle schnell verloren gehen kann und eine realistische Selbsteinschätzung für Sicherheit sorgt. Immer wieder lenkt die Lp mittels Anregungen zum Nachdenken über bestimmte Aspekte der Körperwahrnehmung und Raumorientierung hin. So lernen SuS auch während der Handlung bewusst auf bestimmte Bewegungsaspekte zu achten. *«Seht ihr eure Hände beim Aufstützen?»* *«Könnt ihr beim Absprung die Wand anschauen?»* *«Rollt ihr bewusst aktiv und breitbeinig ein?»* *«Gelingt es euch, einen kurzen Moment zu fliegen?»* *«Wie fühlt sich Fliegen an?».* Am Ende der Sequenz wird mithilfe des Lernjournals über die Umsetzung der Saltobewegung reflektiert.

Anregung Lernjournal

Kannst du dich im Raum während des Sprungs orientieren?	🙂 gelingt sehr gut	🙂 gelingt teilweise	🙁 gelingt gar nicht	Bemerkung
Ich kann auf den Mattentisch aufstützen und aufrollen.				
Es gelingt mir, beim Absprung auf die schräge Ebene jemanden vis-à-vis anzusehen.				
Es gelingt mir, beim Absprung auf die schräge Ebene die Arme hoch zu halten und dann erst ins Stützen zu führen.				

Spannen und Vertrauen – Klammergriff und Handstände

Nun weiß ich, wie der Klammergriff richtig umgesetzt wird:

Die 4 Kriterien des Klammergriffs sind	1.
	2.
	3.
	4.
Bei folgenden zwei Elementen traue ich mir zu, **mit dem Klammergriff** Hilfe zu stehen:	

Wie gut kann ich meinen Körper spannen?

Spannen gelingt beim ...	🙂 gelingt ohne Hilfe	🙂 gelingt mit Hilfe	🙁 gelingt nicht	🙂 Ich kann Hilfe stehen
Handstand				
Handstandabrollen über Bock				

Rückmeldung der Lehrperson:

_____

_____

_____

Spannen und Vertrauen können – am Beispiel Akrobatik

Bei welchem Kunststück hast du besonders Fortschritte gemacht?

Übung Nummer:	Diese Übung gelingt mir …
	... am Anfang: 〔--〕〔-〕〔+〕〔++〕 ... am Schluss: 〔--〕〔-〕〔+〕〔++〕

Wie gut kann ich folgende Kunststücke umsetzen?

	🙂 gelingt ohne Hilfe	😐 gelingt mit Hilfe	🙁 gelingt gar nicht
1. Rückenpaar			
2. Unterschenkelbalance			
3. Doppelbank			
4. Stand auf der Bank			
5. Stuhl			
6. Galionsfigur			

Vielseitig und sicher in die Höhe klettern

Wie gut kann ich die verschiedenen Kletterposten bewältigen?

	☺ gelingt ohne Hilfe	☺ gelingt mit Hilfe	☹ gelingt gar nicht

Wie viel Mut brauche ich zum Klettern?

Welche Übung hat mir am meisten Spaß gemacht? Warum?	
Bei welcher Übung musste ich mir selber Mut machen?	
Wo habe ich mich sicher gefühlt?	
Hatte ich manchmal etwas Angst? Falls ja, wo und warum?	
Wie konnte ich meine Angst überwinden? Was hat mir dabei geholfen?	

→ Tausche deine Erfahrungen mit einer Partnerin/einem Partner aus.

Quick-Back Selbsteinschätzung

Wie gut ist es dir gelungen, dich an den verschiedenen Posten richtig einzuschätzen?

Auftrag: Steilheit, Höhe und Schwierigkeitsgrad selber wählen! Teile bei jedem Posten jemandem vorher mit, wie steil und wie schwierig du den Posten absolvieren willst. Dein Partner prüft, ob dir dies auch gelingt und gibt dir ein Feedback.

Alle SuS tragen sich am Schluss der Stunde bei der für sie zutreffenden Aussage mit einem Strich ein.

Es ist mir gelungen, mich richtig einzuschätzen ...	🙂	😐	🙁

Fallen können

Diese Übung hat mir besonders Spaß gemacht: _____

Ich habe mir selber Mut gemacht.

| -- | - | + | ++ |

Ich habe mich sicher gefühlt.

| -- | - | + | ++ |

Hatte ich manchmal etwas Angst? Falls ja, wo und warum?

Wie konnte ich meine Angst überwinden? Was hat mir dabei geholfen?

Wie leicht fiel es mir, mich bei folgenden Posten zu überwinden?

«Fallposten»	😃 sehr leicht	🙂 ziemlich leicht	😐 ziemlich schwer	🙁 sehr schwer

→ Tausche deine Erfahrungen mit einer Partnerin/einem Partner aus.

4.3 Das Modul Leistung

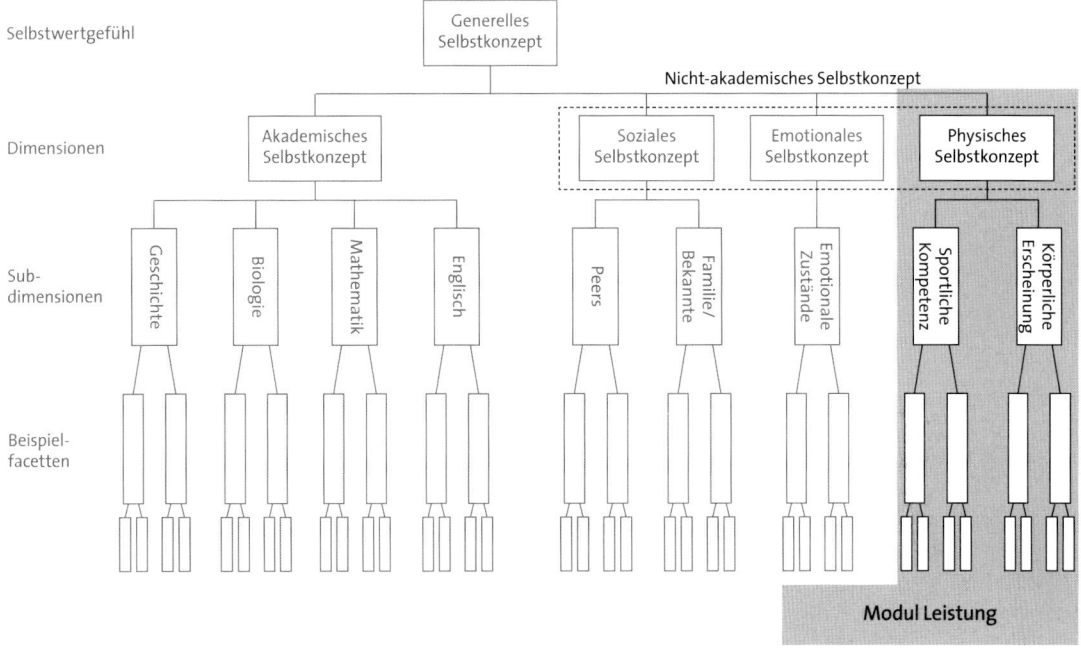

Abbildung 7: Fokus des Moduls Leistung auf das physische Selbstkonzept

Ziel

Mit dem Modul Leistung wird das Ziel verfolgt, das *physische Selbstkonzept* der Schülerinnen und Schüler positiv zu beeinflussen. Bei der Formulierung der konkreten Zielsetzung und der anschließenden Konzeption des Moduls stellt sich aber zum einen die Frage, was genau unter einer *positiven* Beeinflussung verstanden werden sollte und zum anderen, welche Facetten des physischen Selbstkonzepts verändert werden sollen. Wie in Kapitel 2.6 gezeigt wurde, muss bei Selbstkonzeptinterventionen neben der Erhöhung des Selbstkonzepts auch die Veridikalität – die Realitätsangemessenheit der Selbstwahrnehmung – berücksichtigt werden. Dies ist besonders dann der Fall, wenn es sich um Selbstkonzepte handelt, die sich auf den sportmotorischen Bereich beziehen. So ist evident, dass eine Überschätzung der eigenen Schwimmfähigkeiten schwerwiegendere Konsequenzen mit sich ziehen kann als die Überschätzung beispielsweise der eigenen mathematischen Fähigkeiten. Das Leistungsmodul hat deshalb nicht nur eine reine Erhöhung des Selbstkonzepts, sondern zusätzlich eine Erhöhung der *Veridikalität* einzelner physischer Selbstkonzeptfacetten zum Ziel.

In der Sportwissenschaft wird das sportbezogene Fähigkeitsselbstkonzept oft in Anlehnung an die breit akzeptierte Unterteilung der motorischen Grundfähigkeiten (Bös & Mechling, 1983) operationalisiert. Die Erfassung dieser Komponenten erfolgt dabei über eine Differenzierung in Selbstkonzepte der Kraft, Ausdauer, Schnelligkeit, Beweglichkeit und Koordination und geht ursprünglich auf den Physical Self-Description Questionnaire (PSDQ) von Marsh und Redmayne (1994) zurück, der für den deutschsprachigen Raum von der Leipziger Arbeitsgruppe übersetzt und validiert wurde (PSK-Skalen; Stiller, Würth & Alfermann, 2004). Diese bereichsspezifische Unterteilung der wahrgenommenen motorischen Fähigkeiten auf Ebene der Selbstkonzeptfacetten ermöglicht die Erfassung der fluidesten und somit beeinflussbarsten Selbstkonzepte des physischen Selbstkonzepts (Shavelson et al., 1976), was für die Überprüfung von Treatments kürzerer Dauer von besonderer Bedeutung ist. Da vereinzelte Studien zeigen konnten, dass sich der konditionelle Leistungszustand von Schülerinnen und Schülern besonders in den Bereichen Ausdauer und Kraft schon bei zwei Trainingseinheiten pro Woche nachweislich verbessern lässt (für einen Überblick siehe Conzelmann & Blank, 2009; Schmidtbleicher, 2009), wird der Fokus auf eben diese beiden Fähigkeitsbereiche gelegt.

Inhalt

Dies geschieht anhand eines systematischen Ausdauer- und Krafttrainings (vgl. ESK, 1997, Broschüre 2). Diese Auswahl begründet sich einerseits durch die zugrunde liegenden curricularen Vorgaben, andererseits aber auch durch Studien, die belegen, dass beim Training der konditionellen Fähigkeiten die größten Effekte auf spezifische physische Selbstkonzeptfacetten zu verzeichnen sind (z. B. Biddle, Fox & Boutcher, 2000; Spence, McGannon & Poon, 2005). Das Krafttraining fokussiert vorwiegend die oberen Extremitäten, beinhaltet aber auch eine Stärkung der globalen Rumpfmuskulatur. Das Ausdauertraining hat eine Verbesserung der Laufleistung zum Ziel. Dazu wird, um stufengerechten Unterricht zu ermöglichen, auch hier mit spielerischen Übungen zu Musik eine Leistungsverbesserung angesteuert. Neben der Förderung konditioneller Fähigkeiten hat das Modul Leistung auch den Erwerb neuer sportmotorischer Fertigkeiten zum Ziel. Hierbei werden die beiden stufenspezifischen Unterrichtsinhalte «Überlaufen von Hindernissen» und «Springen in die Höhe» (vgl. ESK, 1997, Broschüre 4) ausgewählt, in denen persönliche Fortschritte besonders gut auf die eigene Person attribuiert werden können.

Methode

Im Zentrum der Umsetzung steht dabei der persönliche Leistungsfortschritt und nicht der Vergleich mit den anderen Kindern in der Klasse. Wie Kapitel 3 entnommen werden kann, werden durch eine individuelle Bezugsnormorientierung soziale Vergleiche minimiert, die sich besonders bei leistungsschwächeren Schülerinnen und Schülern negativ auf das Selbstkonzept auswirken. Durch eine konsequente Lern- und Leistungsdokumentation mithilfe eines Lernjournals wird den Schülerinnen und Schülern der Lernprozess sichtbar gemacht und die individuellen Fortschritte im Bereich der Ausdauer und Kraft sowie der Lauf- und Sprungtechnik oder -leistung aufgezeigt. Fitnessübungen und Individualsportarten eignen sich dazu besonders gut, weil einerseits die eigene Leistung ohne die Einwirkung von anderen zustande kommt und andererseits durch systematisches Training die Leistung innerhalb kurzer Zeit sichtbar verbessert werden kann. Die beiden Vorformen respektive Techniken leichtathletischer Disziplinen «Überlaufen von Hindernissen» und «Springen in die Höhe» zeichnen sich durch einfach überprüfbare Kriterien aus, welche es ermöglichen, Mitschülerinnen und Mitschüler als zusätzliche Feedbackquellen im Unterricht einzusetzen. So ist die Quantität der Rückmeldungen erheblich höher, als wenn Rückmeldungen ausschließlich von der Lehrperson erteilt werden. Dadurch sollten besonders reflexive Prädikaten-Selbstzuweisungen angeregt und komparative minimiert werden. Zudem lernen Schülerinnen und Schüler, sich aufgrund ihrer individuellen Möglichkeiten realistische (Teil-)Ziele zu setzen (ideationale Prädikaten-Selbstzuweisungen) und diese unter Anstrengung und mit konsequentem Training zu erreichen. Werden individualisierte Lernziele formuliert, steigt die Wahrscheinlichkeit, dass diese von den Schülerinnen und Schülern erreicht werden. Vermehrt stellen sich so Erfolgserlebnisse ein, die als Kompetenzerfahrungen in Erinnerung bleiben und sich dadurch positiv auf das physische Selbstkonzept auswirken (vgl. Kap. 3.2). Die Lehrperson wird angehalten, bei schriftlichen und mündlichen Rückmeldungen (direkte Prädikatenzuweisungen) die Attributionsstile der Schülerinnen und Schüler zu beachten und Erfolg oder Misserfolg vorwiegend variablen Ursachen zuzuschreiben.

Das Leistungsmodul, das den Schülerinnen und Schülern mithilfe einer individuellen Bezugsnormorientierung und einer konsequenten Lern- und Leistungsdokumentation die individuellen Lernfortschritte aufzeigt, sollte sich folglich positiv sowohl auf die Höhe als auch auf die Veridikalität des physischen Selbstkonzepts auswirken.

Modul Leistung: Laufe dein Alter

Wozu?	## Sportmotorik fördern

Wozu?

Sportmotorik fördern

Die SuS können ohne Unterbruch mindestens die Anzahl ihrer Lebensjahre in Minuten laufen.

Selbstkonzept fördern

Die SuS entwickeln eine realistische Selbsteinschätzung der eigenen Ausdauerleistungsfähigkeit. Sie stärken das Selbstkonzept der Ausdauer, indem sie sich individuelle Ziele setzen und erkennen, dass sie sich durch Training verbessern können.

Was?

Laufe dein Alter in Minuten

Die SuS laufen auf einer übersichtlichen Laufstrecke im Freien möglichst lange ohne Unterbruch. Das Ziel dabei ist es, mindestens sein Alter in Minuten laufen zu können. Die Laufdistanz und -geschwindigkeit spielen dabei anfänglich keine Rolle. Die Lp gibt laufend die Zeit bekannt und spornt die SuS an.

Nach dem Lauf beantworten die SuS für sich folgende Fragen:
Wie viele Minuten habe ich geschafft, ohne ins Marschieren überzugehen oder anhalten zu müssen? Habe ich es geschafft, mein Alter in Minuten zu laufen? Welche Gefühle hatte ich vor, während und nach dem Lauf?

Variante:
Die Form kann auch in der Turnhalle durchgeführt werden. Dabei ist es sinnvoll Laufmusik zur Motivierung einzusetzen (Musiktempo: 160–180 Schläge pro Minute).

- Leistungen sichtbar machen, Lernfortschritte im Lernjournal dokumentieren (→ *reflexive Prädikaten-Selbstzuweisung*)

- Teilziele formulieren (→ *ideationale Prädikaten-Selbstzuweisung*)

- Positive Bekräftigungen, Berücksichtigung der Attributionsstile (→ *direkte Prädikatenzuweisung*)

Wie?

In einer ersten Lektion zum Thema Ausdauertraining erhalten die SuS die Aufgabe, möglichst lange am Stück zu laufen, ohne ins Marschieren überzugehen oder anzuhalten. Die Lp macht den SuS deutlich, dass es dabei um eine Standortbestimmung der persönlichen Ausdauerfähigkeit und nicht um einen Vergleich mit den anderen der Klasse geht (→ individuelle Bezugsnormorientierung). Nach dem Lauf tragen die SuS ihre Resultate im Lernjournal ein und kreuzen zudem an, wie sie sich vor, während und nach dem Lauf fühlten. Dadurch können schlechte Leistungen allenfalls relativiert werden. Sie setzen sich anschließend ein individuelles, realistisches Ziel. Dieses soll so gewählt werden, dass es eine Herausforderung darstellt, aber durch Training auch erreicht werden kann. Die Lp berät und unterstützt die SuS in ihrer Selbsteinschätzung. Nach der Standortbestimmung folgen einige Sportlektionen, in welchen die Ausdauerleistungsfähigkeit regelmäßig trainiert wird (vgl. S. 148). Nach vier Wochen wird ein Zwischentest durchgeführt. Die SuS erhalten dadurch die Gelegenheit, ihre individuellen Leistungsfortschritte zu erkennen und ihre Ziele allenfalls anzupassen.

Die Lp gibt den SuS immer wieder ein Feedback zu ihren Leistungsfortschritten und motiviert sie, weiter an ihren Zielen zu arbeiten. Bei den Rückmeldungen ist darauf zu achten, dass sich Leistungsvergleiche an der individuellen Bezugsnorm orientieren und die Attributionsstile der einzelnen SuS berücksichtigt werden. Leistungsfortschritte sollen möglichst auf das Training zurückgeführt werden (internal-variable Attribution), also z. B. «Du konntest dich verbessern, weil du im Training immer alles gegeben hast.» Die Rückmeldung bei Misserfolg ist abhängig von der Anstrengung der Betroffenen. Bei SuS, die sich im Training nicht angestrengt haben, erfolgt die Ursachenzuschreibung ebenfalls auf das Training («Du hast dich im Training zu wenig angestrengt, deshalb konntest du dich auch nicht verbessern.»). Misserfolg trotz Anstrengung sollte auf externale Ursachen zurückgeführt werden, z. B. «Du warst ja letzte Woche auch krank. Beim nächsten Test läuft es dir bestimmt besser.»

Nach dem Schlusstest legen sich die SuS im Lernjournal selbst Rechenschaft darüber ab, ob sie sich verbessern und ihre Ziele erreichen konnten. Die Lp würdigt die Fortschritte durch eine kurze schriftliche Rückmeldung im Lernjournal (vgl. S. 151).

Modul Leistung: Spielerisches Ausdauertraining

Wozu?	### Sportmotorik fördern Die SuS trainieren ihre Ausdauerleistungsfähigkeit durch spielerische Formen. ### Selbstkonzept fördern Die SuS entwickeln positiv-realistische Überzeugungen der eigenen Leistungsfähigkeit und erkennen, dass einer Niederlage auch gute Leistungen und einem Sieg schwächere Leistungen zugrunde liegen können.

Was?

Dauerlauf-Würfelspiele

Die SuS absolvieren nacheinander drei verschiedene Aufgaben:

1. Zu zweit: A würfelt für B, B würfelt für A. Die gewürfelte Augenzahl der Partnerin bzw. des Partners entspricht der Anzahl Laufrunden, welche um ein vorgegebenes Feld (z.B. Volleyballfeld) gelaufen werden müssen.
2. Alleine: Jede Person nennt im Voraus die Summe, die sie mit 3x würfeln erreichen will. Die Differenz der gewürfelten Summe zur angesagten Zahl muss gelaufen werden. Beispiel: Wenn ich 12 Punkte ansage, aber nur 8 Punkte würfle, muss ich 4 Runden laufen.
3. Alleine: Nach jeder Laufrunde darf einmal gewürfelt werden. Die gewürfelten Zahlen werden fortlaufend zusammengezählt. Wer hat zuerst 30 Punkte gewürfelt?

Wer zuerst alle drei Aufgaben erfüllt hat, hat gewonnen.

- Reflexionsfragen stellen (→ *reflexive Prädikaten-Selbstzuweisung*)
- Positive Bekräftigungen bei motivationalen Herausforderungen (→ *direkte Prädikaten-zuweisung*)
- Soziale Bezugsnorm niedrig halten (→ *komparative Prädikaten-Selbstzuweisung*)

Wie?

Die SuS haben sich aufgrund der Standortbestimmung «Laufe dein Alter» (vgl. S. 146) individuelle Ziele gesetzt, die sie erreichen möchten. Sie wissen, dass man trainieren muss, um sich zu verbessern. Die Lp erinnert die Klasse daran, dass sie beim Training nicht auf die Leistungen der anderen schauen sollen, sondern jede und jeder sein eigenes Richtmaß darstellt (individuelle Bezugsnorm).

Durch spielerische Formen werden die SuS zum Leisten animiert, wobei der «Wettkampf» eine zusätzliche Herausforderung und Motivation für die Klasse darstellt. Die soziale Bezugsnorm (Rangliste innerhalb der Klasse) kann durch den Einbezug des Faktors «Glück» aber trotzdem niedrig gehalten werden, da der Erfolg nicht nur von der läuferischen Leistung, sondern auch stark von den gewürfelten Zahlen abhängt. Deshalb dürfen Sieg oder Niederlage auch nicht überbewertet werden, sondern die erbrachte Leistung *aller* sollte durch lobende Rückmeldungen in Bezug auf Anstrengung und Leistung verstärkt werden.

Am Schluss der Trainingssequenz werden die einzelnen SuS zur Reflexion angehalten, indem die Lp einige Fragen stellt:
«Wie habe ich mich heute beim Training gefühlt und wie fühle ich mich jetzt?»
«Habe ich heute mein Bestes gegeben?»
«Merke ich bereits, dass sich meine Leistungsfähigkeit verbessert hat?»
«Was nehme ich mir für das nächste Training vor?»

Modul Leistung: Stabilisation der Rumpf- und Stützmuskulatur

Wozu?	## Sportmotorik fördern

Die SuS überprüfen ihre aktuellen Fähigkeiten im Bereich der Rumpf- und Stütz-muskulatur und verbessern sie durch ein regelmäßiges Training.

Selbstkonzept fördern

Die SuS entwickeln eine realistische Selbsteinschätzung der eigenen Kraftfähigkeit. Sie stärken das Selbstkonzept der Kraft, indem sie sich individuelle Ziele setzen und erkennen, dass sie sich durch Training verbessern können.

Was?

Krafttest

Beispiel Unterarmstütz vorwärts

Die SuS gehen in den Unterarmstütz vorwärts, wobei der Körper gestreckt und der Kopf in der Verlängerung der Wirbelsäule sein soll. Es ist darauf zu achten, dass das Gesäß nicht nach oben gestreckt wird oder ins Hohlkreuz fällt. Wie lange kann die Position gehalten werden? Die Zeit wird gestoppt, wenn die gestreckte Körperhaltung nicht mehr eingehalten werden kann.
Mögliche Erschwerung: Füße abwechselnd leicht anheben.

Beispiel Knieliegestütz

Die SuS gehen in den Vierfüßlerstand, wobei sie sich schulterbreit auf den Händen abstützen und die Knie hüftbreit positionieren. Nun werden die Arme langsam gebeugt und gestreckt, ohne dabei die Bein- und Beckenstellung zu verändern.
Wie viele Wiederholungen gelingen in korrekter Ausführung, ohne im Umkehrpunkt eine Pause einzulegen?

- Leistungen sichtbar machen, Lernfortschritte im Lernjournal dokumentieren (→ *reflexive Prädikaten-Selbstzuweisung*)

- Teilziele formulieren (→ *ideationale Prädikaten-Selbstzuweisung*)

- Positive Bekräftigungen, Berücksichtigung der Attributionsstile (→ *direkte Prädikaten-zuweisung*)

Wie?

Beschreibung des Vorgehens: vgl. S. 147

Beispiel Lernjournal

Unterarmstütz vorwärts

Lege dich mit dem Bauch auf den Boden und stütze dich dabei mit den Unterarmen auf. Nun hebst du dein Becken so weit, dass dein Körper von den Füßen bis zum Kopf eine Gerade bildet. Wie lange kannst du diese Position halten, ohne dabei ins Hohlkreuz zu fallen?

Mein Resultat bei der Standortbestimmung:

Datum	Ergebnis in Sekunden	So fühlte ich mich...
		☺ ☺ 😐 ☹

Mein Ziel:
Beim nächsten Test möchte ich _____ Sekunden im Unterarmstütz bleiben können!
Mein Resultat nach der ersten Trainingsphase:

Datum	Ergebnis in Sekunden	So fühlte ich mich...
		☺ ☺ 😐 ☹

Mein Ziel:
Beim nächsten Test möchte ich _____ Sekunden im Unterarmstütz bleiben können!
Mein Resultat nach der zweiten Trainingsphase:

Datum	Ergebnis in Sekunden	So fühlte ich mich...
		☺ ☺ 😐 ☹

Mein Ziel:
Beim nächsten Test möchte ich _____ Sekunden im Unterarmstütz bleiben können!
Mein Resultat beim Schlusstest:

Datum	Ergebnis in Sekunden	So fühlte ich mich...
		☺ ☺ 😐 ☹

	stimmt nicht	stimmt kaum	stimmt ziemlich	stimmt genau
Ich konnte mich durch das Training verbessern.	○	○	○	○
Ich habe mein Ziel erreicht.	○	○	○	○
Ich bin zufrieden mit meiner Leistung.	○	○	○	○

Rückmeldung durch die Lehrperson:

→ Kopiervorlage auf Seite 166

Modul Leistung: Krafttraining an Stationen

Wozu?	## Sportmotorik fördern Die SuS verbessern ihre individuellen Kraftfähigkeiten durch eine regelmäßige Beanspruchung der wichtigsten Muskelgruppen. ## Selbstkonzept fördern Die SuS orientieren sich im Training an den eigenen Möglichkeiten und erkennen, dass sie sich durch Anstrengung verbessern können.

Was? ## Kraft-Circuit in Kombination mit intensivem Ballspiel

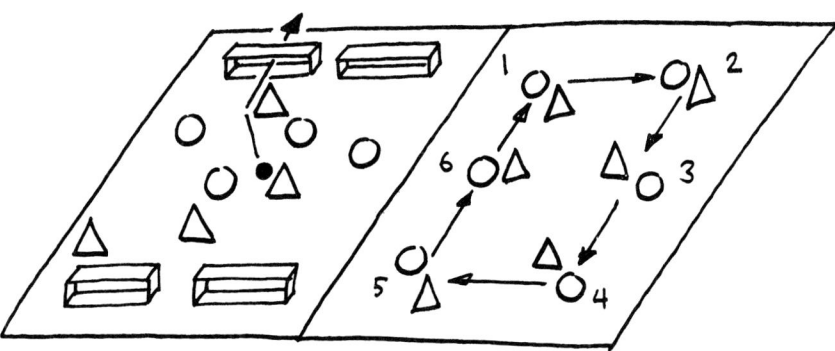

Die Klasse wird in zwei Gruppen unterteilt. Während die eine Halbklasse die Stationen eines Circuits absolviert, spielt die andere Halbklasse in der anderen Hallenhälfte ein intensives Ballspiel. Es ist wichtig, dass dabei ein Spiel gewählt wird, welches die SuS bereits gut kennen und selbstständig spielen können.

Halbklasse A startet beim Circuit. Immer ein bis zwei SuS beginnen an je einem der Posten. Als Organisationshilfe wird eine Musik eingesetzt, welche abwechslungsweise 40 Sekunden laut und 20 Sekunden leise ertönt. Ist die Musik laut, so wird an der Station gearbeitet und die vorgegebene Kraftübung korrekt ausgeführt. Anschließend wechseln die SuS zum nächsten Posten und beginnen dort mit der neuen Übung, sobald die Musik wieder laut wird. Sobald alle Posten einmal absolviert wurden, erfolgt der Wechsel der Halbklassen. Nun absolviert Halbklasse B den Kraft-Circuit, während Halbklasse A selbstständig spielt. Es werden nach Möglichkeit zwei Durchgänge durchgeführt (d.h. jede Halbklasse absolviert zweimal den Circuit und kommt zweimal zum Spielen).

- Reflexionsfragen stellen, Selbstbeobachtungsaufgaben erteilen
  (→ *reflexive Prädikaten-Selbstzuweisung*)

- Positive Bekräftigungen bei motivationalen Herausforderungen (→ *direkte Prädikaten-zuweisung*)

- Soziale Bezugsnorm niedrig halten (→ *komparative Prädikaten-Selbstzuweisung*)

Wie?

Die SuS haben sich aufgrund der Standortbestimmung «Krafttest» (vgl. S. 150) individuelle Ziele gesetzt, die sie erreichen möchten. Sie wissen, dass man trainieren muss, um sich zu verbessern. Die Lp erinnert die Klasse daran, dass sie beim Training nicht auf die Leistungen der anderen schauen sollen, sondern jede und jeder sein eigenes Richtmaß darstellt (individuelle Bezugsnorm).

Die Trainingsform Circuit ist geeignet, um das Krafttraining seinen individuellen Fähigkeiten anzupassen. Jede/r SuS führt die Kraftübungen für sich durch, ohne sich an den anderen messen zu müssen. Je nach Leistungsvermögen können dabei mehr oder weniger Wiederholungen durchgeführt bzw. die Übung erleichtert oder erschwert werden.

Die Lp spornt die Klasse an und lobt die einzelnen SuS bei korrekter Ausführung der Übungen möglichst oft. Falls nötig korrigiert sie bei einzelnen die Körperhaltung und bekräftigt sie bei der richtigen Ausführung.

Zum Abschluss der Lektion versammelt die Lp die Klasse (auf dem Kreis). Die SuS legen sich mit geschlossenen Augen auf den Rücken und atmen ruhig ein und aus. Die Lp stellt nun einige Fragen, welche die SuS zur Selbstreflexion anregen:
«War es anstrengend?»
«Wie habe ich mich heute beim Training gefühlt und wie fühle ich mich jetzt?»
«Habe ich heute mein Bestes gegeben?»
«Merke ich bereits, dass sich meine Leistungsfähigkeit verbessert hat?»
«Was nehme ich mir für das nächste Training vor?»

Es ist wichtig, dass das Training regelmäßig durchgeführt wird. Die Lp sollte deshalb mit der Klasse besprechen, ob ihnen die Organisationsform «Circuit und Spiel» Spaß macht oder ob sie eine andere Organisationsform bevorzugen (z. B. Läufercircuit). → siehe Kopiervorlage auf Seite 170.

Modul Leistung: Hindernisgarten

Wozu?

Sportmotorik fördern

Die SuS sammeln vielfältige Erfahrungen im spielerischen Überqueren von verschiedenen Hindernissen und entdecken dabei, wie man Hindernisse möglichst schnell überwinden kann.

Selbstkonzept fördern

Die SuS messen sich an der eigenen Leistung und erkennen, dass sie diese durch eine optimierte Technik verbessern können.

Was?

Laufen im Hindernisgarten

In der ganzen Halle werden tiefe Hindernisse verteilt (z.B. Kartonschachteln, Langbänke, Reifen, Kastenteile, Medizinbälle etc.).

«Erfahren und entdecken»

Die SuS laufen kreuz und quer um und über die verteilten Hindernisse und suchen möglichst viele originelle Überquerungsarten.

«Herausfordern und wetteifern»

Einige SuS laufen im Hindernisgarten um die Hindernisse. Auf Pfiff versuchen sie in einer vorgegebenen Zeit (z.B. 10 Sekunden) möglichst viele Hindernisse zu überqueren. Wer kann sich in weiteren Durchgängen steigern?
Wichtig: Nicht zu große Gruppen auf einmal laufen lassen, damit sich die SuS nicht gegenseitig stören.

- Reflexionsfragen stellen, Selbstbeobachtungsaufgaben erteilen
  (→ *reflexive Prädikaten-Selbstzuweisung*)

- Quantität der Rückmeldungen erhöhen, Attribution auf Training
  (→ *direkte Prädikatenzuweisung*)

Wie?

«Erfahren und entdecken»

Die SuS erhalten die Aufgabe, möglichst viele verschiedene Überquerungsarten auszuprobieren. Dabei gibt es kein «falsch», sondern nur viele verschiedene Möglichkeiten. Die Lp lobt bewusst möglichst viele SuS direkt mit Namen und bekräftigt sie dadurch bei der Umsetzung ihrer Ideen. Einige Beispiele werden aufgegriffen und von allen ausprobiert. Beim Vorzeigen lassen sollte die Lp darauf achten, dass sie auch «schwächere» SuS zum Zug kommen lässt. Wer ausgewählt wird, um etwas vorzuzeigen, erhält dadurch eine indirekte positive Rückmeldung. Diese Rückmeldung beeinflusst das Selbstbild und die Selbstwirksamkeit positiv und kann zur Stärkung der «sozialen Akzeptanz» in der Klasse beitragen.

«Herausfordern und wetteifern»

Jede/r S zählt für sich, wie viele Hindernisse sie bzw. er überwinden kann. Es geht dabei nicht darum, wer am meisten Hindernisse überwinden kann, sondern jede Person versucht, sich selbst von Durchgang zu Durchgang zu steigern. Die Form wird bewusst einige Male durchgeführt, damit die SuS durch Selbstbeobachtung selbst herausfinden, wie es am besten geht.
In einer kurzen Reflexion im Plenum wird folgender Frage nachgegangen:
«Wie muss ich es machen, damit ich in der vorgegebenen Zeit möglichst viele Hindernisse überqueren kann?».
Die gemachten Erfahrungen werden zusammengetragen und diskutiert. Nach einer kurzen Übungsphase versuchen sich die SuS in einem weiteren Durchlauf zu verbessern.
Am Schluss der Lektion gibt die Lp der Klasse eine positive Rückmeldung:
«Sehr gut, ihr habt euch mehrheitlich verbessern können. Es lohnt sich, etwas einige Male zu machen, um herauszufinden, wie es am besten geht! Natürlich muss man dabei auch sein Bestes geben. Das ist der Sinn des Trainings!»

Modul Leistung: Hindernisbahn

Wozu?	### Sportmotorik fördern Die SuS können Hindernisse in unregelmäßigen Abständen beidseitig (d. h. links und rechts) überlaufen und kennen die Kriterien für das schnelle Überlaufen von Hindernissen. ### Selbstkonzept fördern Die SuS gewinnen Sicherheit durch das Verstehen und Reflektieren des notwendigen sportmotorischen Handelns. Sie gehören einer Gruppe an und können gemeinsam eine Aufgabe bewältigen.

Was?

Puzzlelauf in der Hindernisbahn

Gruppen von 4 bis 5 SuS stellen eine Hindernisbahn mit verschiedenen Hindernissen auf. Die Reihenfolge und die Abstände der Hindernisse sind frei, aber zwischen den einzelnen Hindernissen muss mindestens ein Schritt gemacht werden können. Anschließend probieren sie ihre Hindernisbahn aus und versuchen herauszufinden, wie sie möglichst schnell vom Start ins Ziel laufen können.

Hinter jeder Hindernisbahn wird ein Puzzle aus 16 bis 25 Teilen deponiert. Alle Gruppenmitglieder laufen so schnell wie möglich durch ihre Hindernisbahn und dürfen pro Lauf je ein Puzzleteil mitnehmen. Welches Team hat zuerst alle Puzzleteile gesammelt und das Bild richtig zusammengesetzt?

Als Puzzle eignet sich das Bild «Hürdenlauf» von Mordillo, welches unter http://www.kaagaard.dk/images/mordillo/sport08.jpg heruntergeladen werden kann.

- Selbstbeobachtungsaufgaben erteilen, Reflexionsfragen stellen
  (→ *reflexive Prädikaten-Selbstzuweisung*)

- Bei der Gruppenbildung nicht wählen lassen (→ *indirekte Prädikatenzuweisung*)

Wie?

Die Gruppenbildung erfolgt entweder durch die Lp oder mithilfe des Zufallsprinzips (z. B. Abzählen oder Karten ziehen). Auf eine Teambildung durch «wählen lassen» sollte unbedingt verzichtet werden, da diese Form den SuS immer eine indirekte Rückmeldung über ihre Leistungsfähigkeit, Beliebtheit und Anerkennung gibt. Die schlechtesten Sportlerinnen und Sportler der Klasse werden meist zuletzt gewählt und erhalten so öffentlich eine negative Rückmeldung zu ihrer Stellung in der Klasse.

Die Gruppe versucht, die Aufgabe möglichst schnell gemeinsam zu lösen. Das Sammeln der Puzzle-Teile erfolgt bewusst nicht in Form einer klassischen Stafette, damit die einzelnen SuS nicht zu stark ausgestellt werden. Alle laufen gleichzeitig und sobald alle Teile gesammelt sind, darf die Gruppe das Bild zusammensetzen.

Im Anschluss daran diskutiert die Gruppe folgende Reflexionsfrage:
«Wie muss man die Hindernisse überlaufen, damit man so schnell ist wie ein Sprinter?»

Die Erfahrungen der einzelnen Gruppenmitglieder werden vorgestellt und diskutiert. Daraus leitet die Gruppe ihre Erkenntnisse ab, welche anschließend im Plenum zusammengetragen werden. Das Verstehen und Reflektieren des notwendigen sportmotorischen Handelns (d. h. der Technik) gibt den einzelnen SuS Sicherheit und hilft ihnen, das Erlernte umzusetzen. Über ihr «Wissen» und «Können» legen sie sich im Lernjournal selbst Rechenschaft ab.

Anregung Lernjournal

	stimmt nicht	stimmt kaum	stimmt ziemlich	stimmt genau
Ich weiß, wie ich Hindernisse überlaufen muss, um möglichst schnell zu sein.	○	○	○	○
Ich kann die Hindernisse flach überlaufen.	○	○	○	○
Ich laufe auf den Fußballen (wie eine Gazelle, nicht wie ein Elefant).	○	○	○	○

Modul Leistung: Rhythmusschulung

Wozu?	### Sportmotorik fördern Die SuS können Gräben und Hindernisse beidseitig in verschiedenen Rhythmen (1er-, 2er-, 3er-Rhythmus) überlaufen. ### Selbstkonzept fördern Den SuS werden Erfolgserlebnisse ermöglicht, indem das Lerntempo und die Geräteanordnung an die individuellen Voraussetzungen angepasst werden.

Was?

Puzzlelauf in der Hindernisbahn

3er-Rhythmus   2er-Rhythmus   1er-, 2er-, 3er-Rhythmus

Die SuS erhalten zuerst die Aufgabe, die Mattenbahnen frei zu durchlaufen, ohne dabei in die Gräben zu treten. Es können anschließend verschiedene Aufträge umgesetzt werden: Jede Matte nur mit einem Fuß berühren (d. h. große Schritte), jede Matte mit beiden Füßen berühren (d. h. kleine Schritte), möglichst schnell laufen, nur auf den Fußballen laufen etc.

Um den typischen Rhythmus im Hürdenlaufen (tam-ta-tam) einzuführen, erhalten die SuS nun die Aufgabe, beim Laufen die Matte nach dem Graben mit beiden Füßen und die anderen Matten nur mit einem Fuß zu berühren. Je nach Mattenbahn (drei oder zwei Matten nach dem Graben) wird dadurch im 3er- oder 2er-Rhythmus gelaufen. Der Graben soll so schnell wie möglich überwunden werden (überlaufen und nicht überspringen!). Als Erschwerung können kleine Hindernisse (z. B. Bananenkartons oder Übungshürden) in die Gräben gestellt werden. Um die Beidseitigkeit zu fördern, sollten die Übungen sowohl links als auch rechts ausgeführt werden.

- Selbstbeobachtungsaufgaben erteilen, Reflexionsfragen stellen
  (→ *reflexive Prädikaten-Selbstzuweisung*)
- Quantität der Rückmeldungen erhöhen, positive Bekräftigungen, Berücksichtigung
  der Attributionsstile (→ *direkte Prädikatenzuweisung*)

Wie?

Beim Aufstellen der Matten muss darauf geachtet werden, dass die Abstände den unterschiedlichen Voraussetzungen der SuS angepasst sind. Dies kann durch eine Variation der Grabengröße oder durch Auslegen der Matten quer bzw. längs realisiert werden. Es sollten mindestens zwei verschiedene Mattenbahnen zur Verfügung stehen.

Die Endform im 1er-, 2er- und 3er-Rhythmus muss langsam aufgebaut werden. Zuerst ist es sinnvoll, die SuS im 3er-Rhythmus mit dem bevorzugten Bein laufen zu lassen. Wenn dies gut funktioniert, versuchen es die SuS mit dem anderen Bein. Die Lp gibt den einzelnen SuS nach jedem Lauf Tipps und möglichst viele positive Rückmeldungen. Durch gezielte Fragen regt sie immer wieder zur Selbstreflexion an:
«Konnte ich die Mattenbahn im vorgegebenen Rhythmus durchlaufen?»
«Bin ich auf den Fußballen gelaufen?»
«Habe ich die Gräben flach und schnell überlaufen?»

Wenn das Laufen im 3er-Rhythmus gut funktioniert, wird der 2er-Rhythmus eingeführt. Die Schwierigkeit dieser Aufgabe liegt darin, dass das Bein bei jedem Graben wechselt. Wenn auch diese Form beherrscht wird, kann die Endform mit den verschiedenen Rhythmen (1er-, 2er-, 3er-Rhythmus) angegangen werden. Es ist nicht nötig, dass alle SuS zur gleichen Zeit zur schwierigeren Übung wechseln. Das Lerntempo kann individuell angepasst werden. Während die einen noch den 3er-Rhythmus trainieren, üben andere schon die Endform.

Am Ende der Lektion gibt die Lp der Klasse ein Feedback.
Bei vorwiegendem Erfolg sollte die Rückmeldung auf die Anstrengung zurückgeführt werden (internal-variable Attribution), z. B. «Ihr habt das heute sehr gut gemacht. Ihr habt euch Mühe gegeben und somit auch tolle Fortschritte erzielt.»

Bei überwiegendem Misserfolg ist es sinnvoll, die Ursache in der Schwierigkeit der Aufgabe zu suchen (external-stabile Attribution): «Das war heute eine schwierige Aufgabe. Wenn wir gemeinsam daran weiterarbeiten, werdet ihr es aber bestimmt schaffen.»

Modul Leistung: Bänklilauf

Wozu?	## Sportmotorik fördern

Wozu?

Sportmotorik fördern

Die SuS können vier Langbänke mit einem, zwei und drei Zwischenschritten auf den Fußballen hin und zurück überlaufen.

Selbstkonzept fördern

Durch die Formulierung von Teilzielen werden den SuS Erfolgserlebnisse ermöglicht. Sie erkennen dabei, dass man ein Endziel durch systematisches Trainieren erreichen kann.

Was?

Testübung Bänklilauf

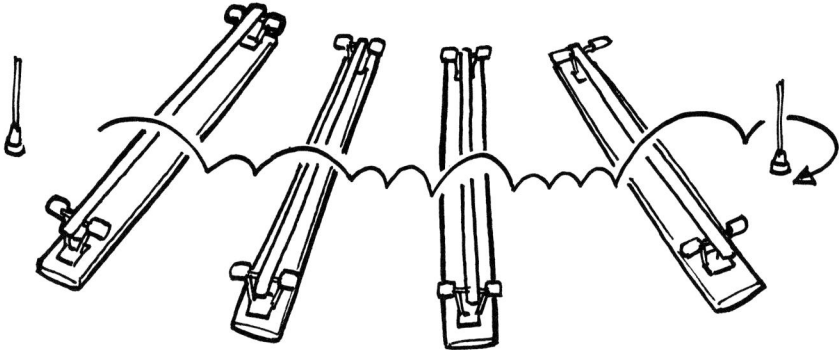

Die Langbänke werden so angeordnet, dass sie mit einem, zwei und drei Schritten überlaufen werden können. Der empfohlene Abstand zwischen den Hindernissen beträgt 2,50 m, 3,50 m und 5,50 m. Die Abstände können der Schrittlänge der einzelnen SuS angepasst werden, indem man die Langbänke leicht schräg stellt, d. h. fächerartig anordnet. Auf der Innenseite können so SuS mit kürzerer, auf der Aussenseite SuS mit längerer Schrittlänge laufen.

In der Trainingsphase üben die SuS, die Langbänke von beiden Seiten in der richtigen Schrittfolge zu überlaufen. Sie achten dabei darauf, dass sie auf den Fußballen laufen und die Hindernisse möglichst flach überlaufen. Die Lp gibt immer wieder Rückmeldungen, auf was besonders geachtet werden soll. Es ist zudem sinnvoll, in Lernpartnerschaften zu arbeiten und sich gegenseitig Rückmeldungen zu geben (vgl. S. 162).

Als Abschluss der Lerneinheit demonstriert jede/r S die Testübung der Lp. Die Testübung ist erfüllt, wenn die Schrittfolge von beiden Seiten stimmt und der Lauf zwischen den Langbänken auf den Fußballen erfolgt.

- Leistungen sichtbar machen, Selbstbeobachtungsaufgaben stellen
  (→ *reflexive Prädikaten-Selbstzuweisung*)

- Quantität der Rückmeldungen erhöhen, möglichst präzise Rückmeldungen geben,
  positive Bekräftigungen (→ *direkte Prädikatenzuweisung*)

Wie?

Lern- und Leistungssituationen sollen klar getrennt werden. Der Übungsphase muss dabei unbedingt genügend Zeit eingeräumt werden. Die Lp unterstützt die SuS durch individuelle Rückmeldungen in ihrem Lernprozess und zeigt immer wieder Verbesserungsmöglichkeiten auf. Jede/r S trägt im Lernjournal ein, was sie/er bereits gut kann bzw. noch nicht kann. Fortschritte im Lernprozess werden so ersichtlich und jede/r S weiß, an was er/sie noch arbeiten sollte.

Beim Demonstrieren der Testübung sollten die einzelnen SuS nicht zu stark «ausgestellt» sein. Es ist sinnvoll, dass alle beschäftigt sind. Die Lp bespricht mit jeder Schülerin bzw. jedem Schüler, ob die Testübung «erfüllt» oder «nicht erfüllt» ist. Die SuS tragen die Beurteilung selbst im Lernjournal ein. Die Lp sammelt die Lerntagebücher ein und gibt jedem Einzelnen eine differenzierte und erfolgsspezifische Rückmeldung, z. B.:
«*Bravo, du hast das Lernziel erreicht. Dein Lauf war sehr gut.*»
«*Du hast schon große Fortschritte gemacht. Die erste Länge ist dir gut gelungen. Jetzt musst du noch versuchen, auf dem Rückweg die richtige Schrittfolge zu finden. Mit etwas mehr Übung wirst du das sicher schaffen.*»

Beispiel Lernjournal

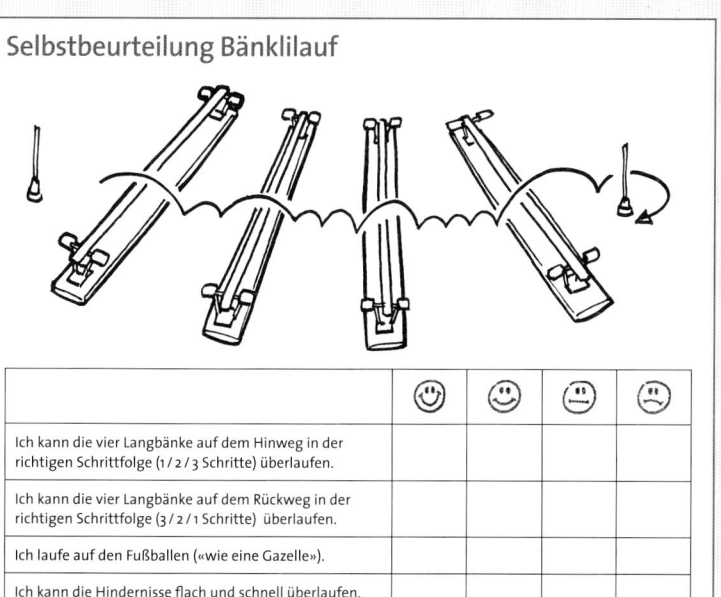

Selbstbeurteilung Bänklilauf

	☺	☺	☹	☹
Ich kann die vier Langbänke auf dem Hinweg in der richtigen Schrittfolge (1 / 2 / 3 Schritte) überlaufen.				
Ich kann die vier Langbänke auf dem Rückweg in der richtigen Schrittfolge (3 / 2 / 1 Schritte) überlaufen.				
Ich laufe auf den Fußballen («wie eine Gazelle»).				
Ich kann die Hindernisse flach und schnell überlaufen.				

→ Kopiervorlage auf Seite 168

Modul Leistung: Verbesserung der Fosbury-Flop-Technik

Wozu?	## Sportmotorik fördern Die SuS trainieren und optimieren ihre individuelle Technik beim Fosbury-Flop. ## Selbstkonzept fördern Die SuS beobachten und beraten sich gegenseitig in Lernpartnerschaften. Sie geben möglichst präzise Rückmeldungen und können diese auch annehmen.
Was?	## Lernen in Lernpartnerschaften am Beispiel Fosbury-Flop  Immer zwei SuS bilden zusammen eine Lernpartnerschaft. Sie beobachten sich gegenseitig beim Springen und geben sich nach jedem Sprung eine präzise Rückmeldung zu einem vorgegebenen Beobachtungskriterium. Beim nächsten Sprung versuchen die SuS diese Rückmeldung umzusetzen. Den Rhythmus des Rollenwechsels bestimmen sie selbst. Bevor zum nächsten Beurteilungskriterium gewechselt wird, kreuzen sich die Lernpartner/innen ihre Beurteilung im Lernjournal gegenseitig an. Mögliche Beobachtungskriterien: • Liegt mein/e Partner/in beim bogenförmigen Anlauf wie ein «Motorradfahrer» in die Kurve? • Springt mein/e Partner/in in die Höhe ab und führt dabei die Arme und das Schwungbein hoch? • Überspringt mein/e Partner/in die Hochsprunglatte mit hoher Hüfte in der Brückenstellung? • Landet mein/e Partner/in mit den Beinen rechtwinklig zur Latte?

- Quantität der Rückmeldungen erhöhen, möglichst präzise Rückmeldungen geben, durch gegenseitiges Coaching Mitverantwortung übernehmen (→ *direkte Prädikatenzuweisung*)

Wie?

Die SuS müssen lernen, genau zu beobachten. Dies geschieht anfänglich mit einfachen, klar definierten Aufgaben. Die SuS konzentrieren sich dabei immer nur auf ein Kriterium. Die Rückmeldung soll ehrlich sein und möglichst positiv formuliert werden. Sie bezieht sich immer auf die technischen Merkmale und nie auf die Person. Eine präzise Beschreibung der Beobachtung erleichtert die Bewegungsvorstellung und begünstigt das Lernen. Es ist wichtig, dass sich die Partner/innen gegenseitig ernst nehmen und bereit sind, Rückmeldungen voneinander anzunehmen. Um die Informationen zu verarbeiten, vergleichen sie ihre Innen- mit der Außensicht. Bei der Wiederholung des Bewegungsablaufs versuchen sie die Tipps ihrer Lernpartnerin bzw. ihres Lernpartners umzusetzen. Lernen in Tandems hat für beide Lernpartner/innen positive Effekte. Die Quantität der Rückmeldungen wird gesteigert. Durch das Formulieren von präzisen Rückmeldungen profitiert aber nicht nur der/die sich bewegende Schüler/in, sondern auch der/die Beobachter/in.

Beispiel Lernjournal

Lernen in Lernpartnerschaften am Beispiel Fosbury-Flop

Auftrag: Beobachte deine Partnerin/deinen Partner beim Fosbury-Flop.

	😃	🙂	😐	🙁
Anlauf ⇨ Bogenlauf «In die Kurve liegen wie ein Motorradfahrer»				
Absprung ⇨ In die Höhe «Kräftiger Schwungbein- und Armeinsatz»				
Flug ⇨ Hüfte hoch «Brückenstellung über der Latte»				
Landung ⇨ Beine rechtwinklig zur Latte «Quer zur Matte liegen»				
Bemerkungen:				

→ Kopiervorlage auf Seite 169

Modul Leistung: Leistungsmessung Hochsprung

Wozu?	## Sportmotorik fördern

Wozu?

Sportmotorik fördern

Die SuS messen und verbessern ihre individuelle Leistungsfähigkeit im Hochsprung.

Selbstkonzept fördern

Die SuS orientieren sich bei der Leistungsmessung an den individuellen körperlichen Voraussetzungen. Sie erkennen den Einfluss der Körpergröße auf die Sprunghöhe im Hochsprung und erfahren dadurch die Relativität der absoluten Leistung.

Was?

«Relative» Hochsprungleistung

 Wer springt höher?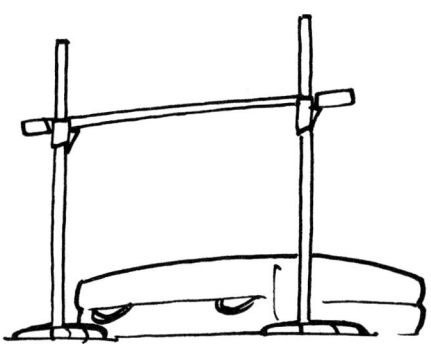

Alle SuS versuchen ihre maximale Höhe zu erreichen. Die Anfangshöhe und die Sprungtechnik können frei gewählt werden. Pro Sprunghöhe sind maximal drei Versuche gestattet.

Die erzielte Sprunghöhe wird mit der Körpergröße verglichen:
Wer erzielt die geringste Differenz?

Beispiel:
A ist 1,62 m groß und springt über 1,20 m. Die Differenz beträgt 42 Zentimeter.
B ist 1,49 m groß und springt über 1,10 m. Die Differenz beträgt also 39 Zentimeter.
Relativ gesehen ist B höher gesprungen als A!

• Individuelle Leistung sichtbar machen, Lernfortschritte dokumentieren, sich bei der Leistungsbeurteilung an der individuellen Bezugsnorm orientieren (→ *reflexive Prädikaten-Selbstzuweisung*) • Soziale Bezugsnorm niedrig halten, Relativierung der Leistung in Bezug auf die körperlichen Voraussetzungen (→ *komparative Prädikaten-Selbstzuweisung*)	**Wie?**

Im Hochsprung sind kleinere SuS im Nachteil, da die Körpergröße ein leistungsbestimmender Faktor darstellt. Um gleich hoch zu springen wie größere SuS, muss die geringe Körpergröße durch höhere Sprungkraft oder eine bessere Technik kompensiert werden.

Bei der Leistungsmessung im Hochsprung ist der Erfolg oder Misserfolg des Einzelnen für die ganze Klasse sofort ersichtlich: Die Latte bleibt entweder oben oder sie fällt runter. Nach drei ungültigen Versuchen auf einer Höhe scheidet man aus und die Latte wird für die anderen höher gestellt.

Der Vergleich ihrer Sprunghöhe mit der Leistung der größeren SuS ist für die kleineren SuS oft etwas frustrierend. Deshalb ist es wichtig, dass die soziale Bezugsnorm niedrig gehalten und die individuelle Bezugsnorm in den Vordergrund gestellt wird. Dazu eignet sich neben der Dokumentation des individuellen Fortschritts («Ich konnte mich um 5 cm verbessern») der Einbezug der relativen Sprungleistung. Durch den Einbezug der Körpergröße kann die eigene Leistung besser verstanden und anerkannt werden. Dies fördert ein positiv-realistisches Selbstkonzept.

Anregung Lernjournal

Meine Leistung im Hochsprung

Meine Sprunghöhe zu Beginn des Trainings:

Datum _____   Sprunghöhe _____

Mein Ziel: _____

Meine Sprunghöhe nach Abschluss des Trainings:

Datum _____   Sprunghöhe _____

Meine Leistungssteigerung beträgt _____!

Meine «relative» Sprungleistung beträgt:

Körpergröße _____cm minus Sprunghöhe _____cm = _____ cm

Unterarmstütz vorwärts

Lege dich mit dem Bauch auf den Boden und stütze dich dabei mit den
Unterarmen auf. Nun hebst du dein Becken so weit, dass dein Körper
von den Füßen bis zum Kopf eine Gerade bildet. Wie lange kannst du
diese Position halten, ohne dabei ins Hohlkreuz zu fallen?

Mein Resultat bei der Standortbestimmung:

Datum	Ergebnis in Sekunden	So fühlte ich mich...
		☺ ☺ 😐 ☹

Mein Ziel:
Beim nächsten Test möchte ich _____ Sekunden im Unterarmstütz bleiben können!
Mein Resultat nach der ersten Trainingsphase:

Datum	Ergebnis in Sekunden	So fühlte ich mich...
		☺ ☺ 😐 ☹

Mein Ziel:
Beim nächsten Test möchte ich _____ Sekunden im Unterarmstütz bleiben können!
Mein Resultat nach der zweiten Trainingsphase:

Datum	Ergebnis in Sekunden	So fühlte ich mich...
		☺ ☺ 😐 ☹

Mein Ziel:
Beim nächsten Test möchte ich _____ Sekunden im Unterarmstütz bleiben können!
Mein Resultat beim Schlusstest:

Datum	Ergebnis in Sekunden	So fühlte ich mich...
		☺ ☺ 😐 ☹

	stimmt nicht	stimmt kaum	stimmt ziemlich	stimmt genau
Ich konnte mich durch das Training verbessern.	○	○	○	○
Ich habe mein Ziel erreicht.	○	○	○	○
Ich bin zufrieden mit meiner Leistung.	○	○	○	○

Rückmeldung durch die Lehrperson:

_____

_____

Knie-Liegestützen

Geh in den Vierfüßlerstand und stütze dich schulterbreit mit den Händen ab.
Nun beugen sich die Arme bis die Brust beinahe den Boden berührt. Sofort
werden dann die Arme wieder gestreckt und ohne Pause wieder gebeugt.
Wie oft kannst du die Bewegung korrekt ausführen, ohne eine Pause zu machen?

Mein Resultat bei der Standortbestimmung:

Datum	Ergebnis	So fühlte ich mich...
		☺ ☺ 😐 ☹

Mein Ziel:
Beim nächsten Test möchte ich _____ Knie-Liegestützen schaffen!
Mein Resultat nach der ersten Trainingsphase:

Datum	Ergebnis	So fühlte ich mich...
		☺ ☺ 😐 ☹

Mein Ziel:
Beim nächsten Test möchte ich _____ Knie-Liegestützen schaffen!
Mein Resultat nach der zweiten Trainingsphase:

Datum	Ergebnis	So fühlte ich mich...
		☺ ☺ 😐 ☹

Mein Ziel:
Beim nächsten Test möchte ich _____ Knie-Liegestützen schaffen!
Mein Resultat beim Schlusstest:

Datum	Ergebnis	So fühlte ich mich...
		☺ ☺ 😐 ☹

	stimmt nicht	stimmt kaum	stimmt ziemlich	stimmt genau
Ich konnte mich durch das Training verbessern.	○	○	○	○
Ich habe mein Ziel erreicht.	○	○	○	○
Ich bin zufrieden mit meiner Leistung.	○	○	○	○

Rückmeldung durch die Lehrperson:

_____

_____

Selbstbeurteilung Bänklilauf

	☺	☺	☺	☹
Ich kann die vier Langbänke auf dem Hinweg in der richtigen Schrittfolge (1 / 2 / 3 Schritte) überlaufen.				
Ich kann die vier Langbänke auf dem Rückweg in der richtigen Schrittfolge (3 / 2 / 1 Schritte) überlaufen.				
Ich laufe auf den Fußballen («wie eine Gazelle»).				
Ich kann die Hindernisse flach und schnell überlaufen.				

Ich habe den Test   erfüllt ◯   nicht erfüllt ◯   Datum:

Bemerkungen:

Rückmeldung durch die Lehrperson:

_____

_____

_____

☺ trifft genau zu   ☺ trifft eher zu   ☺ trifft eher nicht zu   ☹ trifft nicht zu

Lernen in Lernpartnerschaften am Beispiel Fosbury-Flop

Auftrag: Beobachte deine Partnerin/deinen Partner beim Fosbury-Flop.

	☺	☺	☹	☹
Anlauf ⇨ Bogenlauf «In die Kurve liegen wie ein Motorradfahrer»				
Absprung ⇨ In die Höhe «Kräftiger Schwungbein- und Armeinsatz»				
Flug ⇨ Hüfte hoch «Brückenstellung über der Latte»				
Landung ⇨ Beine rechtwinklig zur Latte «Quer zur Matte liegen»				
Bemerkungen:				

☺ trifft genau zu   ☺ trifft eher zu   ☹ trifft eher nicht zu   ☹ trifft nicht zu

Name der Beobachterin/des Beobachters: _____

Läufercircuit

Ziel: Training der Konditionsfaktoren «Kraft» und «Ausdauer»

1	2	3
6	5	4

	Station		Material
1	**Bauchmuskulatur** Rückenlage, gebeugte Beine in der Luft, Hände in Vorhalte. Den Oberkörper abheben und hinter den Oberschenkeln in die Hände klatschen, zurück zur Ausgangsstellung usw.		Postenblatt 1
2	**Obere Rückenmuskulatur** Bauchlage: Abwechslungsweise vor dem Kopf und hinter dem Rücken in die Hände klatschen. Die Füße auf dem Boden lassen, kein Hohlkreuz.		Postenblatt 2
3	**Rumpfmuskulatur** Unterarmstütz vorlings: Körper gestreckt, Kopf in der Verlängerung der Wirbelsäule. Position halten. Erschwerung: Füße abwechselnd leicht abheben.		Postenblatt 3
4	**Beinmuskulatur** 10-mal beidbeinig seitlich über eine Linie hin und her springen, dann 10-mal vorwärts und rückwärts über die Linie springen etc.		Postenblatt 4
5	**Stütz- und Rumpfmuskulatur** Liegestützstellung: Den Körper ablegen, hinter dem Rücken in die Hände klatschen und vom Boden abheben in die Liegestützstellung usw. Erleichterung: Ausgangsstellung auf Knien.		Postenblatt 5
6	**Gesäßmuskulatur** Rückenlage mit gebeugten Knien, Füße auf dem Boden: Die Hände über dem Kopf und dann unter dem abgehobenen Gesäß zusammenführen.		Postenblatt 6

Vorgehen
- 40" Arbeit an Station, anschließend 20" Wechselzeit
- 40" freies Laufen in der Halle, anschließend 20" Wechselzeit
  (Der Circuit wird intensiver, wenn auch in der Wechselzeit gelaufen wird … !)

Dauer: Pro Durchgang 12 Minuten

1

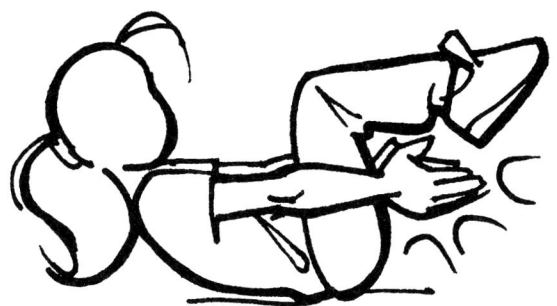

Rückenlage, gebeugte Beine in der Luft, Hände in Vorhalte:
Den Oberkörper abheben und hinter den Oberschenkeln in
die Hände klatschen, zurück zur Ausgangsstellung usw.

Beachte:
Den Rücken nur im Bereich der Brustwirbelsäule abheben.

Wirkung:
Bauchmuskulatur

2

Bauchlage:
Abwechslungsweise vor dem Kopf und hinter dem Rücken in die Hände klatschen.

Beachte:
Die Füße auf dem Boden lassen.

Wirkung:
obere Rückenmuskulatur

3

Unterarmstütz vorwärts:
Position halten.
Erschwerung: Füße abwechselnd leicht anheben.

Beachte:
Körper gestreckt, Kopf in der Verlängerung der Wirbelsäule.

Wirkung:
Rumpfmuskulatur

4

Beidbeiniger Stand neben einer Linie:
10-mal beidbeinig seitlich über eine Linie hin und her springen, dann 10-mal vorwärts und rückwärts über die Linie springen etc.

Beachte:
Mit leicht gebeugten Knien weich auf beiden Vorfüßen landen.

Wirkung:
Beinmuskulatur

5

Liegestützstellung:
Den Körper ablegen, hinter dem Rücken in die Hände
klatschen und vom Boden abheben in die Liegestützstellung usw.

Beachte:
Kein Hohlkreuz in der Liegestützstellung.

Wirkung:
Stütz- und Rumpfmuskulatur

6

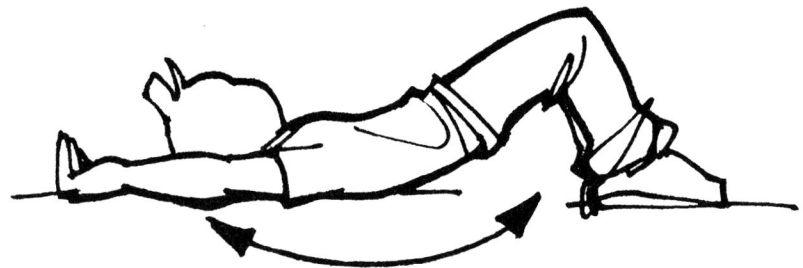

Rückenlage mit angezogenen Beinen, Füße auf dem Boden:
Die Hände über dem Kopf und dann unter dem
angehobenen Gesäß zusammenführen.

Beachte:
Das Becken langsam senken und sanft auf den Boden
ablegen.

Wirkung:
Gesäßmuskulatur

Zur empirischen Evidenz des pädagogischen Postulats – Die Berner Interventionsstudie Schulsport (BISS)

5

5.1 Konzeption der Studie

Ausgangspunkt der Berner Interventionsstudie Schulsport (BISS) war die fehlende empirische Evidenz des vielfach formulierten pädagogischen Postulats, wonach Schulsport die Persönlichkeitsentwicklung positiv beeinflusse. Wie in Kapitel 1 gezeigt wurde, kann dieser Mangel zumindest teilweise auf theoretisch-methodische Schwächen bislang vorliegender Studien zurückgeführt werden. Am Ende von Kapitel 1 wurden sechs theoretisch-methodische Desiderate für zukünftige Studien formuliert, die für die BISS als Leitorientierungen dienten: (1) Begriffliche Präzisierung und Themeneingrenzung, (2) psychologisch orientierte Wirkungsanalyse, (3) entwicklungstheoretische Rahmenkonzeption, (4) A-priori-Hypothesenformulierung, (5) quasi-experimentelle Feldstudie, (6) Methodenvielfalt.

Die begriffliche Präzisierung, was unter «Sport» bzw. was unter «Persönlichkeit» zu verstehen ist, sowie die thematische Eingrenzung auf Dimensionen des Selbstkonzepts als Teilkonstrukte der Persönlichkeit wurden in Kapitel 1 und 2 vorgenommen. Es folgten pädagogisch-psychologische Überlegungen zum selbstkonzeptfördernden Sportunterricht in der späten Kindheit (Kap. 3). In Kapitel 4 wurde die Konzeption der verschiedenen Unterrichtsmodule erläutert und dargestellt. Die entwicklungstheoretische Rahmenkonzeption des dynamischen Interaktionismus zeigt sich insbesondere im zugrunde gelegten Menschenbild (das Individuum als interaktives Wesen, das sich in der Wechselwirkung mit seiner Umwelt entwickelt). Die A-priori-Hypothesengenerierung erfolgte in Kapitel 4 und wird bei der Darstellung der Befunde erneut aufgegriffen. Der Forderung der Methodenvielfalt wird in der BISS partiell Rechnung getragen, indem (a) sowohl die äußere Realität als auch die innere Repräsentanz der äußeren Realität beachtet wurde (Schüler- vs. Lehrer-Perspektive). Zudem konnte (b) durch die Erfassung psychologischer und motorischer Merkmale eine holistische Perspektive angedeutet werden, und es wurde (c) neben der allgemein-psychologischen auch eine differentiell-psychologische Perspektive eingenommen.

Somit bleibt zu erläutern, wie in der BISS das theoretisch-methodische Desiderat «quasi-experimentelle Feldstudie» umgesetzt wurde. Der methodische Ansatz der BISS zeichnet sich dadurch aus, dass eine *zweimal zehnwöchige Schulsportintervention mit Schülerinnen und Schülern von fünften Klassen mit dem Ziel durchgeführt wurde, Teilaspekte des Selbstkonzepts positiv zu beeinflussen.* Im Folgenden werden die Untersuchungsmethodik (Kap. 5.2) und -durchführung (Kap. 5.3) sowie die wichtigsten Befunde (Kap. 5.4) der BISS referiert und interpretiert (Kap. 5.5).

5.2 Untersuchungsmethodik

5.2.1 Design

Bei einer quasi-experimentellen Feldstudie werden durch die willkürliche Setzung eines Treatments in einem natürlichen Setting Effekte auf das angesteuerte Merkmal geprüft. Zur besseren Kontrolle möglicher Störfaktoren im Zeitverlauf wird meist eine Kontrollgruppenanordnung gewählt. Primäres Ziel einer quasi-experimentellen Feldstudie ist, gleichzeitig eine hohe interne als auch eine hohe externe (ökologische) Validität zu erreichen (Bortz & Döring, 2006). Auch wenn aus organisatorischen und forschungsethischen Gründen eine Ausschaltung, Konstanthaltung und Randomisierung von Störvariablen (wie bei Laborexperimenten üblich) nicht vollumfänglich möglich war, wurde in der BISS zumindest eine Parallelisierung hinsichtlich bekannter sozioökonomischer Störvariablen (Einkommen der Eltern, Stadt vs. Land) zur Bildung homogener Versuchsgruppen vorgenommen und eine gewisse Kontrolle weiterer Störvariablen angestrebt.

Ein zusätzliches Problem der externen Validität stellen mögliche Interferenzen mehrfacher Treatments dar. So besteht für Probanden, die in einer Untersuchung mehrere Interventionsphasen durchlaufen, das Problem von Übertragungseffekten (Carry-Over-Effekte; Sedlmeier & Renkewitz, 2008). Zur Kontrolle dieser Störgröße wurden die zweimal zehnwöchigen Interventionen systematisch variiert (vgl. **Abb. 8**). Die Reihenfolge der drei Treatments in den

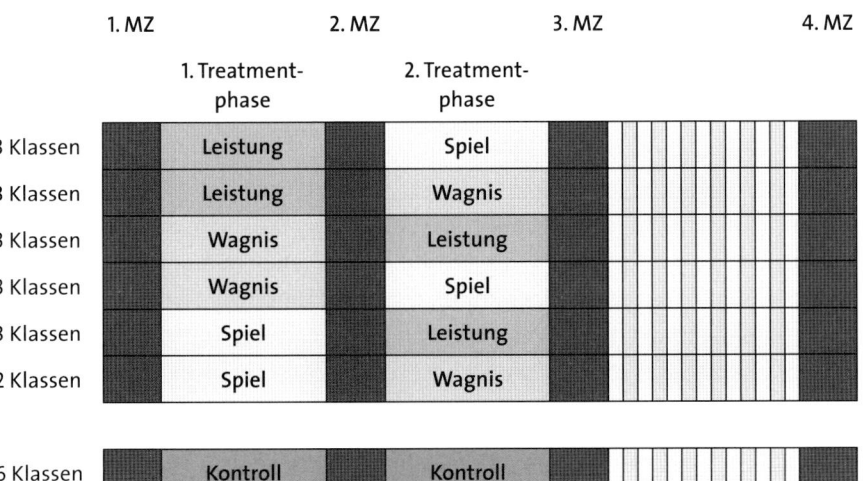

Abbildung 8: Untersuchungsdesign der Berner Interventionsstudie Schulsport (BISS).

zwei Treatmentphasen war für die 17 Treatmentklassen unterschiedlich. Bei drei verschiedenen Treatments ergaben sich sechs Kombinationsmöglichkeiten, die bei je drei (in einem Fall zwei) Klassen durchgeführt wurden (Spiel-Wagnis, Spiel-Leistung, Leistung-Wagnis, Leistung-Spiel, Wagnis-Spiel, Wagnis-Leistung).

Schließlich besteht bei Interventionsstudien ein Interesse, die Stabilität allfälliger Effekte der zu verändernden Merkmale aufzeigen zu können. Diese sogenannten Nachhaltigkeitseffekte sind nur mit einer entsprechenden Follow-up-Erhebung sinnvoll abschätzbar. Deshalb wurde fünf Monate nach Beendigung des zweiten Treatments eine Nachuntersuchung angesetzt, bei der alle von der Intervention angesteuerten Selbstkonzeptmerkmale erneut gemessen wurden.

Da die Qualität der Inszenierungen entscheidend von der Umsetzung der Lehrpersonen abhängt, wurden die teilnehmenden Lehrpersonen (a) gezielt für die jeweilige Interventionssequenz geschult und (b) zu jedem Messzeitpunkt zu didaktischen Konzepten, berufsbezogenen Orientierungen und Einstellungen befragt. Die planmäßige Durchführung der Interventionen wurde durch die Supervision der Lehrpersonen sowie durch Lektionsprotokolle und an die Intervention anschließende Telefoninterviews sichergestellt.

5.2.2 Stichprobe

Für Interventionen, die die Beeinflussung bereichsspezifischer Selbstkonzepte zum Ziel haben, gibt es ein ideales Alter der Heranwachsenden: Da es Kindern bis zur mittleren Kindheit noch schwer fällt, übergeordnete Kategorien des Selbst zu bilden und sich andererseits das Selbstkonzept im Jugendalter bereits zu stabilisieren beginnt, scheint die späte Kindheit der beste Lebensabschnitt für eine selbstkonzeptfördernde Intervention zu sein (vgl. Kap. 2).

Zudem ist für jede empirische Studie, die sich mit der Überprüfung von a priori formulierten Hypothesen beschäftigt, die optimale Stichprobengröße zu bestimmen (Bortz & Döring, 2006). Aufgrund der komplexen Auswertungsstrategie konnte a priori keine optimale Stichprobe bestimmt werden, die es gemäß erwarteter Effektgröße und festgelegten α- und β-Fehler-Risiken ermöglicht, eindeutig zwischen der Nullhypothese (H_0) und der Alternativhypothese (H_1) zu entscheiden. Über alle Tests verteilt entspricht die Stichprobe dennoch in etwa derjenigen, die man unter Erwartung kleiner Effektgrößen (z. B. Drössler, Jerusalem & Mittag, 2007; Sygusch, 2008) als «optimal» bezeichnen würde. Um allfällige Effekte bei Abweichung von der optimalen

Stichprobe zu kontrollieren, werden die A-posteriori-Effektgrößen aller Auswertungen referiert.

Im Wissen um eine gewisse Stichprobenmortalität wurden 23 fünfte Klassen aus dem Kanton Bern rekrutiert (Experimentalgruppe (EG): 17 Interventionsklassen, Kontrollgruppe (KG): 6 Kontrollklassen), womit die Schülerstichprobe zum ersten Messzeitpunkt $N = 446$ Schülerinnen und Schüler umfasste. In der abschließenden Follow-up-Untersuchung verblieben noch $N = 390$ Schülerinnen und Schüler in der Stichprobe. Obwohl dieser Rückgang an Kindern bei der Experimentalgruppe etwas ausgeprägter war, lässt sich dieser Unterschied nicht statistisch absichern (EG: 17.6 %, KG: 13.8 %; $\chi^2 = .93$, $df = 1$, $p = .335$, Cramers $V = .045$). Das Geschlechterverhältnis war mit 47.1 % Mädchen und 52.9 % Jungen relativ ausgeglichen. Das zum ersten Messzeitpunkt erhobene Alter der Kinder betrug $M = 11.91$ Jahre ($SD = 0.55$).

Die Lehrerstichprobe bestand aus 23 Lehrpersonen, wobei der Anteil Frauen (60.9 %) etwas höher als derjenige der Männer war. Dies entspricht in etwa der Ungleichverteilung der Geschlechter in pädagogischen Berufen. Das Durchschnittsalter der Lehrpersonen betrug zum ersten Messzeitpunkt $M = 33.83$ Jahre ($SD = 9.02$). Die Berufserfahrung variierte zwischen 1.5 und 29 Jahren, der Durchschnittswert lag bei $M = 11.02$ Jahren ($SD = 7.94$).

5.2.3 Instrumente

Die empirische Persönlichkeitsforschung versucht mithilfe geeigneter Messinstrumente, hypothetische Konstrukte – zur Beschreibung und Erklärung von Persönlichkeitsaspekten – möglichst objektiv, reliabel und valide zu erfassen (Krampen, 2000). Dabei steht den Forschenden eine Vielzahl an Instrumenten zur Verfügung, aus denen für eine bestimmte Untersuchung die geeignetsten ausgewählt werden müssen. Da sich diese Auswahl neben den erwähnten Hauptgütekriterien auch an den Nebengütekriterien der Normierung, Vergleichbarkeit, Ökonomie und Nützlichkeit zu orientieren hat, empfiehlt sich zur Erfassung von Persönlichkeitsvariablen der Rückgriff auf bereits bestehende und weitläufig erprobte Instrumente.

In der BISS wurden weitgehend Instrumente eingesetzt, die bereits seit einigen Jahren als standardisierte Erhebungsmethoden in der psychologischen und sportwissenschaftlichen Forschung verwendet werden. Da eine ausführliche Skalendokumentation (vgl. Conzelmann, Valkanover & Schmidt, 2009) an dieser Stelle zu umfangreich wäre, wird im Folgenden lediglich eine tabellarische Übersicht der für die in Kapitel 5.4 durchgeführten Analysen ver-

wendeten Instrumente vorgelegt. **Tabelle 5** stellt die Instrumente der Schülerbefragung dar, in **Tabelle 6** werden die sportmotorischen Tests ausgewiesen.
In der jeweils letzten Spalte der Tabellen wird ersichtlich, zu welchem Messzeitpunkt die entsprechenden Instrumente eingesetzt wurden.

Tabelle 5: Überblick über die Instrumente der Schülerbefragung mit Zuordnung zum jeweiligen Messzeitpunkt (MZ).

Merkmal	Instrument	MZ
Sozioökonomischer Status		
Soziale Herkunft	Deutsche Version der «Family Affluence Scale» (FAS, Currie et al., 1997)	4
Implementation		
Bezugsnorm-orientierung der Lehrperson	Gekürzte und leicht modifizierte Version der Skala zur Erfassung der schülerperzipierten Lehrerbezugsnorm (Schwarzer & Jerusalem, 1999)	1, 2, 3, 4
Übergreifende Selbstkonzeptmerkmale		
Selbstwertgefühl	Eigenentwicklung von Brettschneider und Gerlach (2004) in Anlehnung an Grob et al. (1991), Harter (1982, 1985), Marsh (1988)	1, 2, 3, 4
Generelles Selbstkonzept	Eigenentwicklung in Anlehnung an Bandura (1997), Köller und Möller (2006), Schwarzer (1994)	1, 2, 3, 4
Netto-Hoffnung	Deutsche Übersetzung der AMS-Skalen von Gjesme und Nygard (1970; Göttert & Kuhl, 1980). Netto-Hoffnung = «Hoffnung auf Erfolg» minus «Furcht vor Misserfolg»	1, 2, 3, 4
Modul Spiel		
Soziale Selbstwirk-samkeitserwartung	Skala zur Erfassung der sozialen Selbstwirksamkeits-erwartung (Jerusalem & Klein-Hessling, 2002a)	1, 2, 3, 4
Selbstwirksam-keitserwartung Teamfähigkeit	Modifizierte Version der Skala zur Erfassung der Selbstwirksamkeitserwartung Teamfähigkeit (Klein-Hessling & Drössler, 2003)	1, 2, 3, 4
Soziale Akzeptanz	Skala zur Erfassung des Selbstkonzepts der sozialen Akzeptanz (Fend, Helmke & Richter, 1984)	1, 2, 3, 4
Perspektiven-übernahme	Skala zur Erfassung der Perspektivenübernahmefähigkeit (Kunter et al., 2002)	1, 2, 3, 4
Modul Wagnis		
Leistungsmotiv	Deutsche Übersetzung der AMS-Skalen von Gjesme und Nygard (1970; Göttert & Kuhl, 1980)	1, 2, 3, 4

Merkmal	Instrument	MZ
Sportbezogene Angst	Gekürzte Version von Valkanover (1996) in Anlehnung an das Sportangst-Deutungsverfahren von Hackfort und Nitsch (1988)	1, 2, 3, 4
Körperselbstwert	Fragebogen zur Messung des physischen Selbstwerts (Oesterreich & Heim, 2006) in Anlehnung an das Physical Self-Perception Profile (Fox, 1990; Fox & Corbin, 1989; Sonstroem, 1997)	1, 2, 3, 4
Modul Leistung		
Sportbezogenes Fähigkeitsselbst-konzept	Skala zur Erfassung des sportbezogenen Fähigkeits-selbstkonzepts (Brettschneider & Gerlach, 2004) in Anlehnung an die «Perceived Competence Scale for Children» (Harter, 1982, 1985)	1, 2, 3, 4
Selbstkonzept der körperlichen Leistungsfähigkeit	Die Physischen Selbstkonzept-Skalen (PSK-Skalen; Stiller, Würth & Alfermann, 2004)	1, 2, 3, 4

Tabelle 5: Fortsetzung

Merkmal	Instrument	MZ
Koordination	Hagedorn-Parcours (Riepe & Zindel, 1996)	1, 2, 3, 4
Kraftausdauer	Unterarmstütz (Bös, 2001)	1, 2, 3, 4
Schnellkraft Beine	Standweitsprung (Bös, 2001)	1, 2, 3, 4
Schnellkraft Arme	Medizinballstoß (Bös & Wohlmann, 1987)	1, 2, 3, 4
Ausdauer	20 m-shuttle-run Test (Léger, Mercier, Gadoury & Lambert, 1988)	1, 2, 3, 4

Tabelle 6: Überblick über die sportmotorischen Tests der Schülertestung mit Zuordnung zum jeweiligen Messzeitpunkt (MZ).

5.2.4 Auswertungsverfahren

Um die Wirkung der einzelnen Interventionen auf das Selbstkonzept der Schülerinnen und Schüler zu untersuchen, wurden – wie dies bei quasi-experimentellen Designs üblich ist – varianzanalytische Methoden (mit Messwiederholung) eingesetzt. Zur Überprüfung allfälliger Nachhaltigkeitseffekte wurden Varianzanalysen mit Messwiederholung berechnet, deren Interaktion zwischen Messzeitpunkt (MZ 1 und MZ 4) und Gruppenzugehörigkeit (Experimental- vs. Kontrollgruppe) Aufschluss über die Nachhaltigkeit von Interventionseffekten geben.

5.3 Untersuchungsdurchführung

5.3.1 Stichprobenakquise

Die Studie wurde in erster Linie mit Schulen geplant und durchgeführt, die in der oder um die Stadt Bern liegen. Trotz einer gewissen Sättigung mit wissenschaftlichen Untersuchungen bei Schulen in Zentrumsnähe entschlossen wir uns aus ökonomischen Gründen für eine Anfragereihenfolge Stadt – Agglomeration – Landschaft.

In einem ersten Schritt informierten wir die politischen Behörden des Kantons und der Stadt Bern über unser Forschungsvorhaben und holten formell die Einwilligung ein, entscheidungsberechtigte Schulleitungen anzufragen. Zudem baten wir die Behördenvertreter, unser Forschungsvorhaben gegenüber den Schulleitungen zu unterstützen. Beiden Begehren wurden von Kanton und Stadt Bern entsprochen.

In einem zweiten Schritt wurden alle Standortschulleitungen der Stadt Bern angeschrieben und über die Projektziele, die Erhebungsmethoden sowie den Zeitplan informiert. Bei grundsätzlicher Genehmigung des Projekts durch die Standortschulleitung wurden nachfolgend Lehrpersonen der fünften Klassen durch ihre Schulleitung über das Projekt informiert. Per Telefonanfrage konnten die prinzipiell interessierten Schulen und Lehrpersonen ermittelt und in der Folge acht Lehrpersonen in der Stadt Bern für die Untersuchung gewonnen werden (davon vier Lehrpersonen in der Kontrollgruppe). Der größte Teil der weiteren Lehrpersonen konnte mittels Anfrage von Schulleitungen in den Agglomerationsgemeinden und in ländlichen Gebieten rund um Bern erreicht werden. Die zuständigen Schulleitungen unterstützten unser Projektbegehren, leiteten die Projektinformationen an interessierte Lehrpersonen weiter und erlaubten uns eine formelle Anfrage zur Zusammenarbeit. Dank der Erweiterung des Anfrageraums auf die Agglomeration Bern erklärten sich zusätzlich 13 Lehrpersonen bereit, am Projekt teilzunehmen (davon zwei Lehrpersonen in der Kontrollgruppe). Die restlichen zwei Lehrpersonen konnten über direkte Kontakte rekrutiert werden, wobei die betreffenden Schulleitungen um ihr Einverständnis angefragt wurden und nachfolgend die Projektmitarbeit ihrer Lehrpersonen unterstützten.

Mit einem Schreiben, das die Lehrpersonen ihren Schülerinnen und Schülern überreichten, informierten wir die Erziehungsverantwortlichen der Kinder über die Teilnahme der Klasse an der BISS. Zudem ersuchten wir sie, ihren Kindern zu erlauben, an den Datenerhebungen teilzunehmen. Wir erklärten den Eltern, dass wir ohne Gegenbericht davon ausgehen würden, ihr Kind zu vier Messzeitpunkten schriftlich befragen und Motoriktests in den Klassen durchführen zu dürfen. Neben Informationen zu unseren Projektzielen legten wir einen Zeitplan bei, der festhielt, wie und in welchem Umfang die Kinder in die Datenerhebung miteinbezogen würden. Zwei Elternpaare verlangten bei der Projektleitung weiterführende Informationen zur Datenerhebung und zu den Projektzielen. Nach Rücksprache mit den betreffenden Eltern konnten deren Bedenken jedoch ausgeräumt werden. Auf der Titelseite des Fragebogens wurde jeweils auf die Freiwilligkeit der Teilnahme der Schülerinnen und Schüler verwiesen. Von Schülerseite waren keine kritischen Stimmen zu verzeichnen.

5.3.2 Schulungsmaßnahme

Aus der Forschung zur Umsetzung von Fortbildungs- und Weiterbildungsmaßnahmen in berufliche Kontexte ist bekannt, dass in *einmaligen* Kursen (wie Workshops oder Trainings) erworbenes Wissen im beruflichen oder schulischen Alltag meist wenig umgesetzt wird. Mögliche Gründe für eine mangelnde Implementation von Lehrerfort- und -weiterbildungsinhalten in Unterrichtshandeln sind beispielsweise, dass Schulpraktiker keine konkreten Unterrichtsbezüge erkennen können, bei der Umsetzung im Schulalltag nicht begleitet werden oder dass für außerunterrichtliche Aktivitäten zusätzliche Zeitbudgets erforderlich, aber nicht verfügbar sind (vgl. McCoy & Reynolds, 1998; Reinmann-Rothmeier & Mandl, 1998). Um die Wahrscheinlichkeit einer Umsetzung (Implementation) der in den Workshops oder Schulungen vermittelten Strategien in den Unterricht zu erhöhen, wurden auf der Basis bisheriger Erkenntnisse für die Lehrerschulung folgende Rahmenbedingungen umgesetzt (vgl. Paul & Volk, 2002; Yamnill & McLean, 2001):

- Die Fortbildungsinhalte wurden praxisnah gestaltet und aus bestehenden und den Lehrpersonen bekannten Unterrichtsmaterialien (vgl. Kap. 4) erstellt.
- Ausgewählte Unterrichtsbausteine der Intervention wurden in der Sporthalle erprobt.
- Die vermittelte Theorie wurde mit einem ausgeprägten Praxisbezug und der Zuhilfenahme von Fallbeispielen erarbeitet.
- Die Lehrpersonen wurden zusätzlich zur ersten Schulung während der gesamten Interventionszeit begleitet und auf Nachfrage betreut.

Am 5.12.2007 fand die erste halbtägige Lehrerschulung statt, an der zum einen die theoretischen Grundlagen des Forschungsprojekts vorgestellt wurden und zum anderen unmittelbar an den umzusetzenden Inhalten der Intervention gearbeitet wurde. Während der erste Teil im Theoriezimmer stattfand, wurde der zweite Teil in der Sporthalle umgesetzt, wobei der Rückbezug zu den theoretischen Grundlagen fortwährend stattfand. Für diesen zweiten Teil wurden die Lehrpersonen in drei Gruppen geteilt, die je nach Zuteilung zur ersten Interventionsphase eine modulspezifische Schulung (vgl. Kap. 4) erhielten. Die zweite Schulung, an der alle Lehrpersonen teilnahmen, fand vor der zweiten Interventionsphase am 28.3.2008 statt und dauerte ebenfalls einen Nachmittag. Sie diente der inhaltlichen Vorbereitung des zweiten Moduls und zur Repetition der Unterrichtsmethodik.

5.3.3 Schüleruntersuchung

Die Datenerhebung der Schüleruntersuchung fand mithilfe von speziell geschulten Studierenden des Instituts für Sportwissenschaft (Universität Bern) jeweils vor und nach den Interventionen statt. Durch die unterschiedlichen Ferienpläne der teilnehmenden Klassen nahm die Datenerhebung zu den vier Messzeitpunkten (MZ) unterschiedlich viel Zeit in Anspruch. In einer Lektion wurden die Schülerfragebogen im Klassenzimmer ausgefüllt und anschließend in der Sporthalle die sportmotorischen Tests durchgeführt. Zum Messzeitpunkt 1 standen den Schülerinnen und Schülern die Studierenden für allfällige Fragen und Unklarheiten zur Verfügung. Ab Messzeitpunkt 2 wurden die Fragebogen den Lehrpersonen zugesandt, damit sie diese vor der anschließenden sportmotorischen Testung ausfüllen lassen konnten. Die zeitliche Erstreckung der Datenerhebungswochen ist der Tabelle 7 zu entnehmen.

Die fünf sportmotorischen Tests wurden innerhalb einer Lektion durchgeführt. Dabei wurde die Klasse in zwei gleich große Gruppen zufallsverteilt. Eine Gruppe begann mit dem 20 m-shuttle-run Test, die andere Gruppe wurde gleichmäßig auf die anderen vier Tests verteilt.

Tabelle 7: Zeitliche Erstreckung der Datenerhebungen.

Messzeitpunkt	Kalenderwoche	Daten
MZ 1	KW 02–03	07.01.–16.01.2008
MZ 2	KW 12–15	17.03.–08.04.2008
MZ 3	KW 26–27	26.06.–03.07.2008
MZ 4	KW 46–47	10.11.–20.11.2008

5.3.4 Lehrerbefragung

Die Lehrerbefragung fand zeitgleich zur Schülerbefragung statt und dauerte maximal 45 Minuten. Zur Erhöhung der Prozesskontrolle und zur Ermittlung des Implementationsgrades der Interventionen wurde neben der Sichtung der von den Lehrpersonen evaluierten Unterrichtsmaterialien die offene, halbstrukturierte Methode des problemzentrierten Interviews (Mayring, 2002) eingesetzt. Diese von den Dozierenden der Pädagogischen Hochschule Bern (Regine Berger, Sandra Crameri & Martin Joss) durchgeführten Telefoninterviews folgten einem Leitfaden, der die Datenerhebung und Analyse unterschiedlicher Interviews miteinander vergleichbar machen sollte. Trotzdem wurde genügend Spielraum gelassen, um aus der Interviewsituation heraus neue Themen einzubeziehen oder bei der Auswertung auch Themen herauszufiltern (vgl. Bortz & Döring, 2006).

5.3.5 Intervention

Zwei von drei obligatorischen Sportlektionen pro Woche wurden direkt für die Umsetzung der Modulinhalte (vgl. Kap. 4) verwendet. Die dritte Lektion sollte sich an den vorgegebenen didaktisch-methodischen Prinzipien orientieren, konnte jedoch als «Ausgleichslektion» verwendet werden. Zudem wurde der Lernfortschritt jeder Schülerin und jedes Schülers im speziell dafür konzipierten Lernjournal dokumentiert.

5.4 Befunde

In diesem Kapitel werden ausgewählte Befunde der BISS referiert. In den Vorauswertungen (5.4.1) werden die Stichprobenzusammensetzung und die Implementationsgenauigkeit dargestellt. Kapitel 5.4.2, 5.4.3 und 5.4.4 berichten über die wichtigsten Befunde zu den Wirkungen der drei Module Spiel, Wagnis und Leistung, wobei die in Kapitel 4 formulierten wissenschaftlichen Hypothesen auf der Ebene von empirischen Hypothesen spezifiziert werden. Da diese gerichtet formuliert sind, wird jede Hypothese einseitig getestet. In der Folge werden modulübergreifende Befunde vorgestellt und zum Abschluss des Auswertungsteils Fragen der Nachhaltigkeit thematisiert. Da zu modulübergreifenden Effekten und zu Nachhaltigkeitseffekten nicht a priori gerichtete Hypothesen formuliert wurden, werden hier zweiseitige Hypothesentests angewandt.

5.4.1 Vorauswertungen

Präzisierung der Schülerstichprobe

Das in Kapitel 5.2.1 dargestellte Design hatte ursprünglich zum Ziel, allfällige Übertragungseffekte (Carry-Over-Effekte; Sedlmeier & Renkewitz, 2008) von einer Interventionsphase zur nächsten zu eruieren. Da die Unterschiede in den Differenzwerten (M_{T2-T1} minus M_{T3-T2}) zwischen den Gruppen bei keinem der untersuchten abhängigen Merkmale signifikant ausfällt ($ps > .12$), kann davon ausgegangen werden, dass es keine Übertragungen vom ersten zum zweiten Treatment gibt. Dies erlaubt einen Probandenzusammenschluss, bei dem einer Gruppe diejenigen angehören, die ein bestimmtes Modul durchlaufen haben. Deshalb werden im Folgenden diejenigen Schülerinnen und Schüler, die während der *ersten* Treatmentphase z. B. das Modul Leistung durchlaufen haben, gemeinsam mit denjenigen, die das Modul Leistung während der *zweiten* Treatmentphase durchlaufen haben, zur modulspezifischen Experimentalgruppe zusammengefasst. Als Kontrollgruppe fungieren die Klassen, die während der gesamten Interventionszeit ohne spezifisches Treatment regulären Sportunterricht hatten. Außer bei der Geschlechterverteilung im Modul Wagnis (Überrepräsentation der Jungen bei allerdings kleinem Effekt[10]) unterscheiden sich diese neu gebildeten und bei allen Auswertungen verwendeten Modulgruppen (Leistung, Spiel, Wagnis) nicht von der Kontrollgruppe (vgl. **Tab. 8**).

---

10 Aufgrund des kleinen Effekts (vgl. Cohen, 1988) wird auf geschlechtsspezifische Auswertungen verzichtet.

Modul	n	df	χ^2	p	Cramers V
Alter					
Spiel	324	3	4.06	.255	.112
Wagnis	328	3	2.03	.567	.079
Leistung	350	3	4.08	.253	.108
Geschlecht					
Spiel	325	1	.39	.535	.034
Wagnis	330	1	6.02	.014	.135
Leistung	352	1	.32	.570	.030
Sozialer Hintergrund					
Spiel	274	8	7.27	.508	.163
Wagnis	296	8	7.95	.439	.164
Leistung	295	8	5.14	.742	.132

Tabelle 8: Statistische Kennwerte des χ^2-Tests auf Gleichverteilung bezüglich Alter, Geschlecht und sozialem Hintergrund («Family Affluence Scale», Currie, Elton, Todd & Platt, 1997) zwischen Modul- und Kontrollgruppe.

Umsetzung der Intervention

Die Wirksamkeit psychologischer Interventionsmaßnahmen hängt nicht nur vom Grad ab, mit welchem sich deren Konzeption an theoretischen Grundlagen orientiert (Wentzel & Wigfield, 2007), sondern in entscheidendem Maße auch von der Umsetzungsgenauigkeit der vorgegebenen Intervention. So stellt ein fehlender Nachweis der prognostizierten Wirkungen nicht unbedingt die Wirksamkeit der geprüften Intervention infrage. Es kann durchaus sein, dass die geforderten Maßnahmen unvollständig oder mangelhaft durchgeführt wurden (Mittag & Hager, 2000). Die meist aus dem Bereich der Gesundheitsförderung und Prävention stammende Literatur zum Zusammenhang zwischen Implementation und Wirksamkeit eines Programmes empfiehlt deshalb einstimmig eine Überprüfung der Implementationsgenauigkeit, bevor falsche Schlüsse über die Effektivität einer Intervention gezogen werden. Diese Überprüfung wird anhand der schülerperzipierten individuellen Bezugsnorm der Lehrperson (Schwarzer & Jerusalem, 1999) vollzogen, da eine Veränderung der individuellen Bezugsnorm von den Untersuchenden beabsichtigt und aufgrund der jeweiligen Lehrpersonenschulungen initiiert wurde.

Auch wenn der Wert der Experimentalgruppe in der Ausgangsbedingung etwas niedriger ist als derjenige der Kontrollgruppe, unterscheiden sich die beiden Gruppenmittelwerte nicht signifikant voneinander ($t(440) = .90$, $p = .369$, $d = .01$). Wie aus **Abbildung 9** ersichtlich wird, nehmen die Schülerinnen und Schüler der Experimentalgruppen nach der Intervention eine stärkere individuelle Bezugsnormorientierung ihrer Lehrperson wahr. Daraus kann geschlossen werden, dass diese Lehrpersonen die Intervention zumindest in Bezug auf die individuelle Bezugsnorm den Vorgaben entsprechend umgesetzt haben. Diese Daten der quantitativen Schülerbefragung entsprechen in weiten Teilen den Auswertungen der Telefonbefragung der Lehrpersonen. Darin gaben sie an, ca. 80–100 % der Inhalte umgesetzt und die vorgegebene Inszenierungsform eingehalten zu haben.

Abbildung 9: Veränderungen der schülerperzipierten individuellen Bezugsnormorientierung der Lehrperson in Abhängigkeit von der Gruppenzugehörigkeit (EG = Alle Module, KG = Kontrollgruppe) mit dazugehörigen statistischen Kennwerten.

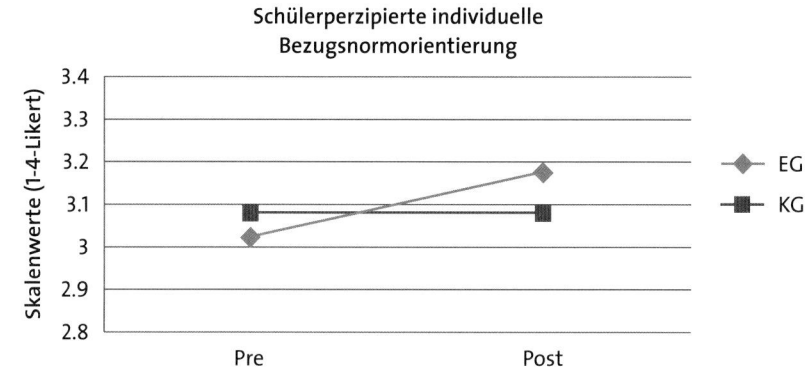

Variable	Gruppe	n	M_{Pre} (SD)	M_{Post} (SD)
Schülerperzipierte individuelle Bezugsnormorientierung	EG	310	3.02 (.69)	3.18 (.67)
	KG	107	3.08 (.66)	3.08 (.67)

Quelle der Variation	F	p	η^2
Messzeitpunkt (Z)	4.10	.044	.010
Gruppe (G)	.08	.778	.000
Interaktion (ZxG)	3.94	.024	.009

5.4.2 Modul Spiel

Das Modul Spiel hatte die positive Beeinflussung des *sozialen Selbstkonzepts* der Schülerinnen und Schüler zum Ziel, wobei sich die Einflussnahme mithilfe des Modells der sozial-kognitiven Informationsverarbeitung von Dodge, Pettit, McClaskey und Brown (1986) erklären lässt. Dieses beschreibt die für den Erwerb sozialer Kompetenzen notwendige Informationsverarbeitung in einem mehrstufigen Prozess: Ausgehend von sozialen Schlüsselreizen, die bestimmte Anforderungen implizieren und richtig wahrgenommen und interpretiert werden müssen, sollten Handlungsmöglichkeiten generiert und auf ihre Angemessenheit hin überprüft werden. Nach dieser Evaluation erfolgt die Ausführung der gewählten Handlung. Validierungsstudien haben gezeigt, dass Kompetenzen auf all diesen Stufen des Informationsverarbeitungsprozesses sozial kompetentes Verhalten von Kindern vorhersagen können (Dodge et al., 1986). Eine wichtige Voraussetzung für den Erwerb sozialer Kompetenzen sind allerdings entsprechende Gelegenheiten zum sozialen Umgang und zur Auseinandersetzung mit anderen (Drössler, Jerusalem & Mittag, 2007). Diese Gelegenheiten können durch eine gezielte Inszenierung erhöht werden, indem beispielsweise die sozialen Lernfelder nach Balz (1998) handlungsleitend für die Unterrichtsgestaltung herangezogen und Situationen mit erhöhtem Konfliktpotenzial im Unterricht thematisiert werden. Die durch Time-outs und Reflexionsphasen in Sportspielen angeregte Reflexion des eigenen sozialen Verhaltens sollte sich dabei auch auf das soziale Selbstkonzept, verstanden als Selbsteinschätzung der eigenen sozialen Kompetenzen, auswirken. Daraus lässt sich folgende Hypothese ableiten:

Wissenschaftliche Hypothese: H$_S$

Eine Schulsportinszenierung, die mithilfe von Sportspielen das soziale Lernen thematisiert, wirkt sich positiv auf das soziale Selbstkonzept aus.

Soziale Selbstwirksamkeitserwartung

Sozial kompetentes Verhalten setzt soziale Selbstwirksamkeits- bzw. Kompetenzerwartungen voraus (Jerusalem & Klein-Hessling, 2002b). Zweifel an den eigenen sozialen Fähigkeiten führen nicht zu kompetentem Sozialverhalten, sondern zur Vermeidung sozialer Situationen oder zu sozial unsicherem Verhalten. Die Überzeugung, soziale Anforderungen auch unter schwierigen Bedingungen durch eigenes Handeln bewältigen zu können, ist somit eine wesentliche motivationale Grundlage für sozial kompetentes Verhalten im Kindes- und Jugendalter (Leppin, 1999). Die Stärkung sozialer Selbstwirksamkeit kann als eine mögliche Strategie zur Förderung kompetenten Sozialverhaltens angesehen werden. Da die Experimentalklassen, die das Modul Spiel durchlaufen haben, durch eine entsprechende Inszenierung mehr Gelegenheiten zu sozialen Selbstwirksamkeitserfahrungen hatten, lässt sich dazu folgende empirische Hypothese ableiten:

Empirische Hypothese: H_S1

Die soziale Selbstwirksamkeitserwartung (Jerusalem & Klein-Hessling, 2002a) erhöht sich bei der Experimentalgruppe stärker als bei der Kontrollgruppe.

Während bei gleichen Ausgangsbedingungen die Kontrollgruppe kaum Veränderungen in der sozialen Selbstwirksamkeitserwartung erfährt, erhöht sich diejenige der Experimentalgruppe durch die Intervention (vgl. **Abb. 10**). Das Modul Spiel hat hypothesenkonform einen positiven Einfluss auf das Vertrauen, das die Schülerinnen und Schüler in ihre eigenen sozialen Fähigkeiten haben, wie der signifikante Interaktionseffekt in der Varianzanalyse

Abbildung 10: Veränderungen der sozialen Selbstwirksamkeitserwartung von Schülerinnen und Schülern in Abhängigkeit von der Gruppenzugehörigkeit (EG = Experimentalgruppe Modul Spiel, KG = Kontrollgruppe) mit dazugehörigen statistischen Kennwerten.

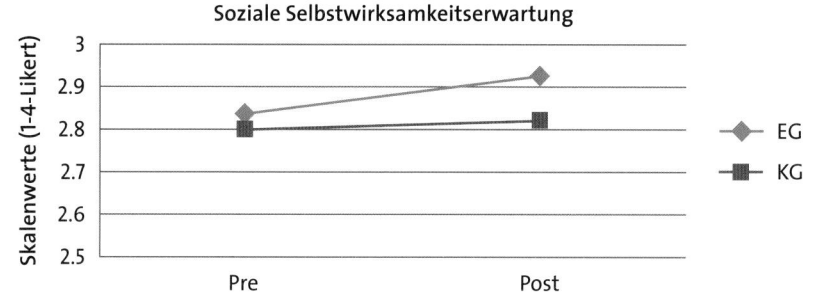

Variable	Gruppe	n	M_{Pre} (SD)	M_{Post} (SD)
Soziale Selbstwirksamkeitserwartung	EG	198	2.82 (.47)	2.94 (.46)
	KG	102	2.80 (.39)	2.83 (.41)

Quelle der Variation	F	p	η^2
Messzeitpunkt (Z)	12.84	.000	.041
Gruppe (G)	1.87	.172	.006
Interaktion (ZxG)	5.18	.012	.017

zeigt.[11] Dieses Ergebnis ist in zweierlei Hinsicht bedeutungsvoll: Erstens konnte mit der Steigerung der sozialen Selbstwirksamkeitserwartung ein zentraler Prädiktor sozial kompetenten Verhaltens (Connolly, 1989) beeinflusst werden, was Hoffnung für mögliche Transfereffekte aufkommen lässt. Zweitens ist in Anbetracht längerdauernder Interventionsstudien ohne nennenswerte Effekte (z. B. Drössler et al., 2007) erfreulich, dass dieses kognitive Persönlichkeitsmerkmal bereits durch eine kurzfristige Intervention im Schulsport eine Erhöhung erfahren hat.

Selbstwirksamkeitserwartung Teamfähigkeit

Die Inszenierung des Moduls Spiel fokussierte insbesondere die im Team ablaufenden Gruppenprozesse während und nach den Spielphasen. Nach Bandura (1989) sollen Selbstwirksamkeitserwartungen immer als bereichsspezifische Kognitionen erfasst werden. Da dadurch der Bezug zur entsprechenden Tätigkeit erhöht werden kann, sollte sich die bewusste Thematisierung von Teamprozessen auch auf das enger gefasste Konstrukt der «Selbstwirksamkeitserwartung Teamfähigkeit» auswirken. Die Selbstwirksamkeitserwartung Teamfähigkeit umfasst die Kompetenzerwartungen von Heranwachsenden, mit den spezifischen Anforderungen kooperativer Lernsituationen umgehen zu können (Neber, 2001). Hierzu gehören beispielsweise die Akzeptanz teamabhängiger Belohnungen und Formen der sozialen Unterstützung.

Empirische Hypothese: H$_5$2

Die Selbstwirksamkeitserwartung Teamfähigkeit (Klein-Hessling & Drössler, 2003) erhöht sich bei der Experimentalgruppe stärker als bei der Kontrollgruppe.

Wie **Abbildung 11** zu entnehmen ist, bleibt die Selbstwirksamkeitserwartung Teamfähigkeit der Kontrollgruppe nahezu konstant, während sich diejenige der Experimentalgruppe durch die Intervention leicht erhöht. Allerdings ist dieser Unterschied nicht so deutlich, dass die Varianzanalyse einen signifikanten Interaktionseffekt ausweist. Das Modul Spiel hatte demnach keinen bedeutsamen Einfluss auf die Selbstwirksamkeitserwartung Teamfähigkeit.

---

11 Aus Gründen der besseren Lesbarkeit wird auf eine ausführliche Interpretation der varianzanalytischen Auswertungen verzichtet. Diskutiert werden ausschließlich die für die Fragestellungen relevanten Interaktionseffekte. Haupteffekte werden nur dann ausgeführt, wenn sie entscheidende Auswirkungen auf die Interpretation des Interaktionseffekts haben. Interessierte Leserinnen und Leser können alle Informationen den jeweiligen Tabellen entnehmen.

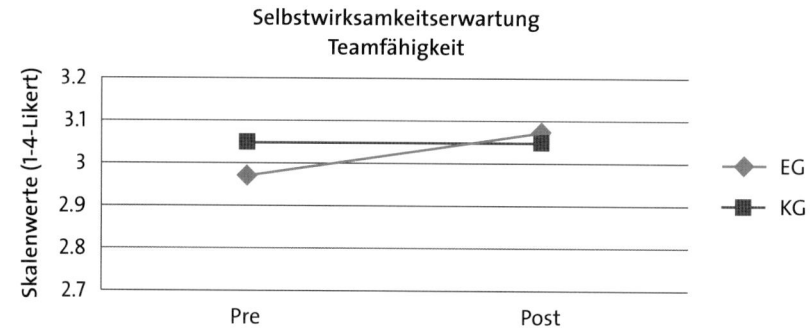

Variable	Gruppe	n	M_{Pre} (SD)	M_{Post} (SD)
Selbstwirksamkeitserwartung Teamfähigkeit	EG	194	2.98 (.52)	3.07 (.53)
	KG	102	3.04 (.37)	3.05 (.43)

Quelle der Variation	F	p	η^2
Messzeitpunkt (Z)	4.10	.044	.014
Gruppe (G)	.19	.667	.001
Interaktion (ZxG)	2.36	.063	.008

Das überraschende Ausbleiben des erwarteten Effekts auf diese bereichsspezifisch erfasste Facette des sozialen Selbstkonzepts kann allenfalls auf eher
ungünstige Itemformulierungen zurückgeführt werden, die wenig verän-
derungssensitiv sein dürften (z. B.: «Bei Ballspielen kann ich mich auch
dann richtig anstrengen, wenn andere in der Mannschaft gar nicht richtig
mitmachen»).

Selbstkonzept der sozialen Akzeptanz

Die Bedeutung des Klassenklimas für das kognitiv-emotionale Erleben und
Verhalten von Schülerinnen und Schülern konnte in zahlreichen Studien
nachgewiesen werden (z. B. Fraser & Walberg, 1991; Jerusalem & Schwarzer,
1991). Satow und Schwarzer (2003) konnten sogar zeigen, dass ein günstiges
Klassenklima die Entwicklung sozialer Selbstwirksamkeit beeinflussen kann,
welche wiederum bedeutsam für den Aufbau und die Stabilisierung sozialer
Kompetenzen ist. Ein gutes Klassenklima zeichnet sich beispielsweise
dadurch aus, dass Schülerinnen und Schüler hohe Hilfsbereitschaft bei Prob-

lemen anderer Kinder zeigen und diese in ihrer Eigenheit akzeptieren. Gemäß Drössler et al. (2007) kann das Klassenklima nicht nur Motor für die Entwicklung sozialer Kompetenzen sein, sondern wird selbst durch die sozialen Kompetenzen der einzelnen Mitglieder einer Klasse beeinflusst. Durch das Modul Spiel, bei dem die gegenseitige Akzeptanz trotz individueller (Leistungs-)Unterschiede ein wesentliches Merkmal war, sollte bei der Experimentalgruppe die wahrgenommene Anerkennung und soziale Integration in der Schulklasse erhöht werden. Die Skala zur Erfassung des Selbstkonzepts der sozialen Akzeptanz (Fend, Helmke & Richter, 1984) misst – im Gegensatz zu Einschätzungen der eigenen Kompetenz in Bezug auf soziale Situationen – die subjektiv eingeschätzte Einbindung in eine soziale Gruppe.

Empirische Hypothese: $H_5 3$

Das Selbstkonzept der sozialen Akzeptanz (Fend et al., 1984) erhöht sich bei der Experimentalgruppe stärker als bei der Kontrollgruppe.

Den deskriptiven Werten folgend scheinen sich Schülerinnen und Schüler der Experimentalgruppe nach der Intervention Spiel besser von der sozialen Gruppe akzeptiert zu fühlen als davor (vgl. **Abb. 12**). Da sich der ausgewiesene Interaktionseffekt maßgeblich aus dem schwer interpretierbaren Absinken des Kontrollgruppenmittelwerts ergibt und weniger aus einer Verbesserung der Experimentalgruppe[12], wird die Hypothese über die Wirksamkeit des Spielmoduls auf die subjektiv eingeschätzte Einbindung in die Klasse nicht angenommen.

Selbstkonzept der Perspektivenübernahme

Unter «Perspektivenübernahme» versteht man die Fähigkeit, psychische Prozesse des Denkens, Fühlens und Wollens bei anderen Personen zu verstehen und deren Situationsgebundenheit zu erkennen (Silbereisen & Ahnert, 2002). Die Fähigkeit zur Perspektivenübernahme ist als notwendige kognitive Grundlage für soziale Anpassung, Empathie und Altruismus zu betrachten (Steins & Wicklund, 1993) und stellt damit einen zentralen Baustein für soziales Lernen dar. Andererseits wird die Fähigkeit zur Perspektivenübernahme auch durch soziale Lernprozesse gefördert. Dazu müssen vermehrt Gelegenheiten geschaffen werden, in denen nicht nur implizit soziales Lernen stattfindet, sondern explizit inszeniert wird. Dem Sportspiel kommt in dieser Hinsicht eine besondere Bedeutung zu, da systematisch zwischen verschiedenen

---

12 Der *t*-Test für abhängige Stichproben verweist auf keinen signifikanten Unterschied zwischen Vor- und Nachtest (t (193) = -1.60, p = .112).

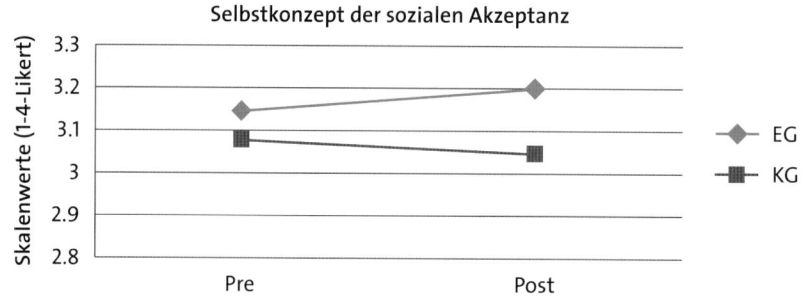

Abbildung 12: Veränderungen des Selbstkonzepts der sozialen Akzeptanz von Schülerinnen und Schülern in Abhängigkeit von der Gruppenzugehörigkeit (EG = Experimentalgruppe Modul Spiel, KG = Kontrollgruppe) mit dazugehörigen statistischen Kennwerten.

Variable	Gruppe	n	M_{Pre} (SD)	M_{Post} (SD)
Selbstkonzept der sozialen Akzeptanz	EG	194	3.14 (.65)	3.20 (.63)
	KG	102	3.08 (.60)	3.04 (.60)

Quelle der Variation	F	p	η^2
Messzeitpunkt (Z)	.13	.717	.000
Gruppe (G)	2.41	.121	.008
Interaktion (ZxG)	3.05	.041	.010

Perspektiven und Rollen gewechselt werden muss (Roth, 1994). Konkret gilt es, im Sportspiel verschiedene Positionen einzunehmen und vielfältige Rollen wie die des Angreifers oder Verteidigers auszuüben. Im Regelspiel zeigt sich die Perspektivenübernahmefähigkeit im Umgang mit den Regeln: Regeln müssen eingehalten, kontrolliert, bei Nicht-Einhalten sanktioniert und bei Untauglichkeit abgeändert oder ergänzt werden (Pühse, 2009). Die Basisfähigkeit findet in solchen Situationen Anwendung und kann gleichsam geübt und infolge dessen gefördert werden (Roth, 1994). Eine gezielte Förderung der Perspektivenübernahmefähigkeit kann allerdings nur dann stattfinden, wenn den gegenwartsbezogenen Handlungen angeleitete Reflexionsphasen folgen (Bähr, 2008; Funke-Wienecke, 1997; Pühse, 1999). Da diese Anforderungen durch die Umsetzung der Intervention Spiel weitgehend erfüllt sind, sollte sich diese Intervention positiv auf die Perspektivenübernahmefähigkeit der Schülerinnen und Schüler der Experimentalgruppe auswirken. Weil die zur Erhebung der Perspektivenübernahmefähigkeit verwendete Skala die entsprechende Selbsteinschätzung dieser Fähigkeit misst, ist an dieser Stelle besser vom «Selbstkonzept der Perspektivenübernahme» zu sprechen.

Empirische Hypothese: H$_S$4

Das Selbstkonzept der Perspektivenübernahme (Kunter et al., 2002) erhöht sich bei der Experimentalgruppe stärker als bei der Kontrollgruppe.

Tendenziell scheint die positive Veränderung des Selbstkonzepts der Perspektivenübernahme möglich, sie kann allerdings nicht statistisch abgesichert werden (**Abb. 13**). Durch die Intervention Spiel konnte demnach das Selbstkonzept der Perspektivenübernahme nicht positiv beeinflusst werden. Ein Grund für den kleinen Effekt könnte sein, dass trotz nachfolgender Reflexion implizit ablaufender Gruppenprozesse im Modul Spiel, das explizite Thematisieren unterschiedlicher Perspektiven und Rollen zu wenig im Zentrum stand. Größere Effekte könnten sich mithilfe von Interventionen herbeiführen lassen, die sich der Methode des Rollenspiels oder der Dilemmadiskussion bedienen (z. B. Gutzwiller-Helfenfinger, 2008; Mischo, 2005).

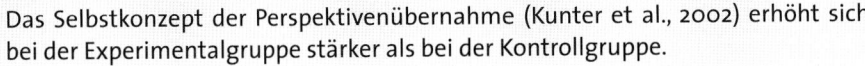

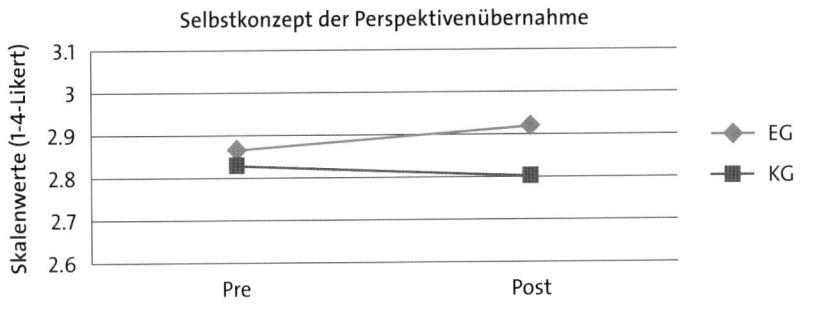

Variable	Gruppe	n	M_{Pre} (SD)	M_{Post} (SD)
Selbstkonzept der Perspektivenübernahme	EG	199	2.88 (.59)	2.91 (.54)
	KG	104	2.83 (.45)	2.80 (.44)

Quelle der Variation	F	p	η^2
Messzeitpunkt (Z)	.02	.885	.000
Gruppe (G)	2.14	.145	.007
Interaktion (ZxG)	1.47	.114	.005

Abbildung 13: Veränderungen des Selbstkonzepts der Perspektivenübernahme von Schülerinnen und Schülern in Abhängigkeit von der Gruppenzugehörigkeit (EG = Experimentalgruppe Modul Spiel, KG = Kontrollgruppe) mit dazugehörigen statistischen Kennwerten.

5.4.3 Modul Wagnis

Das Modul Wagnis hatte die positive Beeinflussung des *emotionalen Selbstkonzepts* der Schülerinnen und Schüler zum Ziel. Das emotionale Selbstkonzept beinhaltet nach Shavelson et al. (1976) alle selbstbezogenen Informationen, die aus der Auseinandersetzung mit den eigenen Emotionen resultieren. Obwohl in regelmäßigen Abständen eingefordert, liegt eine theoretische Fundierung dieser Selbstkonzeptdimension bislang nicht vor (Marsh, 1990; Bracken, 1996; Byrne, 2002). Zur Überprüfung der Effekte des Wagnismoduls auf das emotionale Selbstkonzept wurden exemplarisch Wahrnehmungsveränderungen spezifischer emotionaler Zustände (v. a. Erfahrungen mit Angstsituationen) im Kontext (sportiver) Leistungsanforderungen ausgewählt (vgl. Kap. 4.2). Sowohl das Leistungsmotiv als auch die sportbezogene Angst scheinen, bedingt durch die ausgeprägt affektive Konnotation und ihre das Leistungsverhalten regulierende Funktion (Hasselhorn & Gold, 2006), geeignete Maße zur Erhebung des emotionalen Selbstkonzepts zu sein. Diese sollten sich durch die Intervention Wagnis, deren zentrales Anliegen die selbstbestimmte Grenzerfahrung war, positiv verändern. Darüber hinaus sollten durch individualisierte Leistungsanforderungen Kompetenzerfahrungen ermöglicht werden, die den Körperselbstwert positiv beeinflussen können (vgl. Kap. 3.2.1). Daraus lässt sich folgende Hypothese ableiten:

Wissenschaftliche Hypothese: H$_W$

Eine wagnisorientierte Schulsportinszenierung, in der den Schülerinnen und Schülern individuell angemessene Aufgaben gestellt werden, deren Problemlösungen und Problemlösungsstrategien regelmäßig thematisiert werden, wirkt sich positiv auf das emotionale Selbstkonzept aus.

Hoffnung auf Erfolg

In der Theorie der Leistungsmotivation werden zwei Motivkomponenten unterschieden (Heckhausen & Heckhausen, 2010): Die erste Komponente wird als «Hoffnung auf Erfolg» bezeichnet. Man vertraut auf seine eigenen Fähigkeiten, wobei man Aufgaben sucht, die eine realistische Herausforderung darstellen und bewältigbar sind. Die zweite Komponente wird als «Furcht vor Misserfolg» bezeichnet. Dabei werden Aufgaben bevorzugt, die entweder so einfach sind, dass sie problemlos bewältigbar sind oder so schwierig, dass ein Scheitern keine kognitive Dissonanz im Selbstbewertungssystem einer Person darstellt. In der pädagogisch-psychologischen Forschung werden hohe Werte in «Hoffnung auf Erfolg» und niedrige Werte in «Furcht vor Misserfolg» einheitlich als funktionale Motivausprägungen angesehen (Hasselhorn & Gold, 2006). Die Auseinandersetzung mit herausfordernden Leistungssituationen im Wagnismodul in sowohl handelnder als auch reflektierender Weise und die Erkenntnis, dass am Konzept der individuellen Bezugsnormorientierung ausgerichtete Unterrichtsprojekte die Leistungsmotive der Schülerinnen und Schüler nachweislich in die erwünschte Richtung zu verändern vermochten (Rheinberg & Krug, 2005), lässt die Formulierung der folgenden empirischen Hypothese zu:

Empirische Hypothese: H_W1

Die Erfolgsorientierung in der Bewertung von Leistungssituationen (Göttert & Kuhl, 1980) erhöht sich bei der Experimentalgruppe stärker als bei der Kontrollgruppe.

Während die deskriptiven Werte der Kontrollgruppe über die Zeit beinahe unverändert bleiben, ist die markante Erhöhung der Erfolgsorientierung der Experimentalgruppe nicht zu übersehen (**Abb. 14**).

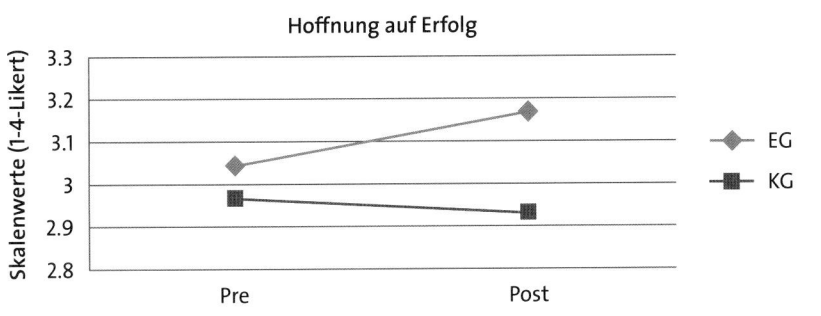

Abbildung 14: Veränderungen der Hoffnung auf Erfolg von Schülerinnen und Schülern in Abhängigkeit von der Gruppenzugehörigkeit (EG = Experimentalgruppe Modul Wagnis, KG = Kontrollgruppe) mit dazugehörigen statistischen Kennwerten.

Variable	Gruppe	n	M_{Pre} (SD)	M_{Post} (SD)
Hoffnung auf Erfolg	EG	207	3.05 (.69)	3.18 (.70)
	KG	104	2.96 (.71)	2.94 (.69)

Quelle der Variation	F	p	η^2
Messzeitpunkt (Z)	3.57	.060	.011
Gruppe (G)	4.29	.039	.014
Interaktion (ZxG)	8.00	.003	.025

Der Interaktionseffekt verweist auf die Wirksamkeit der Wagnisintervention. Offene Unterrichtsmethoden, die den Schülerinnen und Schülern ermöglichen, ihr eigenes Anspruchsniveau zu erkunden, scheinen ein probates Mittel zu sein, um die Leistungsmotivkomponente «Hoffnung auf Erfolg» zu stärken. Eine erhöhte Erfolgszuversicht wiederum führt zur Wahl realistischer Anspruchsniveaus, diese ermöglichen vermehrt Erfolgserlebnisse und dies führt schließlich zu einer positiven Beeinflussung des Fähigkeitsselbstkonzepts (Rheinberg, Vollmeyer & Lehnik, 2000).

Furcht vor Misserfolg

Die zweite Komponente des Leistungsmotivs «Furcht vor Misserfolg» sollte durch die Intervention in ähnlicher Weise beeinflusst werden können. So müsste eine verstärkte individuelle Bezugsnormorientierung der Lehrperson dazu führen, dass sich Schülerinnen und Schüler vermehrt an Aufgaben mit realistischem Anspruchsniveau wagen und dadurch Erfolge erleben. Die Furcht vor Misserfolgen sollte dementsprechend reduziert werden.

Empirische Hypothese: H_W2

Die Misserfolgsorientierung in der Bewertung von Leistungssituationen (Göttert & Kuhl, 1980) sinkt bei der Experimentalgruppe stärker als bei der Kontrollgruppe.

Auch wenn die deskriptiven Werte auf eine tendenzielle Reduktion der Furcht vor Misserfolg der Experimentalgruppe hinweisen, muss bedingt durch den ausgebliebenen Interaktionseffekt darauf geschlossen werden, dass die Intervention die Furcht vor Misserfolg nicht zu reduzieren vermochte (vgl. **Abb. 15**).

Sportbezogene Angst

Hackfort und Nitsch (1988) unterscheiden fünf Dimensionen sportbezogener Angst: «Angst vor körperlicher Verletzung», «Angst vor Misserfolg», «Angst vor Konkurrenz», «Angst vor Blamage» und «Angst vor Unbekanntem». Für die vorliegende Untersuchung wurde die Subskala «Angst vor Leistungsversagen» ausgewählt, da sich die Leistungsangst sowohl in Gruppen- als auch in Einzelinterventionen als kurz- bis mittelfristig veränderbar erwiesen hat (Ergene, 2003).

Empirische Hypothese: H_W3

Die sportbezogene Angst vor Leistungsversagen (Hackfort & Nitsch, 1988) sinkt bei der Experimentalgruppe stärker als bei der Kontrollgruppe.

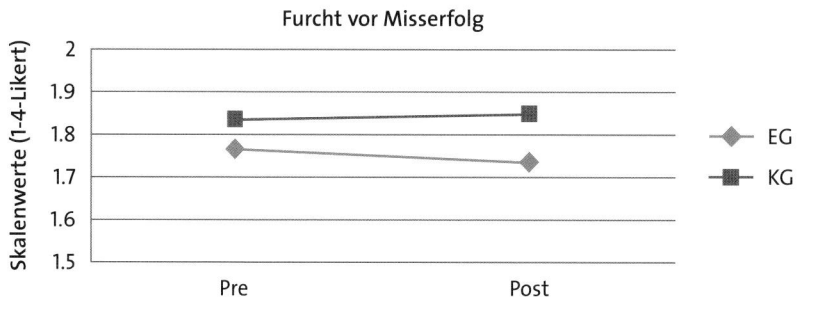

Abbildung 15: Veränderungen der Furcht vor Misserfolg von Schülerinnen und Schülern in Abhängigkeit von der Gruppenzugehörigkeit (EG = Experimentalgruppe Modul Wagnis, KG = Kontrollgruppe) mit dazugehörigen statistischen Kennwerten.

Variable	Gruppe	n	M_{Pre} (SD)	M_{Post} (SD)
Furcht vor Misserfolg	EG	204	1.77 (.61)	1.73 (.66)
	KG	103	1.83 (.60)	1.85 (.61)

Quelle der Variation	F	p	η^2
Messzeitpunkt (Z)	.24	.623	.001
Gruppe (G)	1.59	.208	.005
Interaktion (ZxG)	1.04	.155	.003

Wie in **Abbildung 16** ersichtlich wird, verringert sich die sportbezogene Angst der Experimentalgruppe, während die der Kontrollgruppe in etwa demselben Ausmaß ansteigt. Da sich der ausgewiesene Interaktionseffekt aber durch das Absinken des Experimental- wie auch durch den (nicht eindeutig interpretierbaren) Anstieg des Kontrollgruppenmittelwertes erklären lässt, kann nicht eindeutig auf die Wirksamkeit der Wagnisintervention geschlossen werden. Der t-Test für abhängige Stichproben verweist jedoch bei der Experimentalgruppe auf einen signifikanten Unterschied zwischen Vor- und Nachtest (t (208) = 2.01, p = .023), was – unter Beachtung des Interaktionseffekts – eine vorsichtige Interpretation in Richtung eines Interventionseffekts erlaubt.

Körperselbstwert

Der Körperselbstwert ist als rein evaluative Komponente des physischen Selbstkonzepts ein Maß für die Zufriedenheit mit dem eigenen Körper und betont ausgeprägt selbstwertschätzende Aspekte des Körpers. Dem Körperselbstwert (resp. der Zufriedenheit mit dem Körper) kommt dabei eine wichtige Bedeutung für das Selbstwertgefühl zu (Fox, 1990). Aufgrund der ausge-

Abbildung 16:
Veränderungen
der sportbezoge-
nen Angst vor
Leistungsversa-
gen von Schüle-
rinnen und
Schülern in
Abhängigkeit
von der Grup-
penzugehörig-
keit (EG = Expe-
rimentalgruppe
Modul Wagnis,
KG = Kontroll-
gruppe) mit
dazugehörigen
statistischen
Kennwerten.

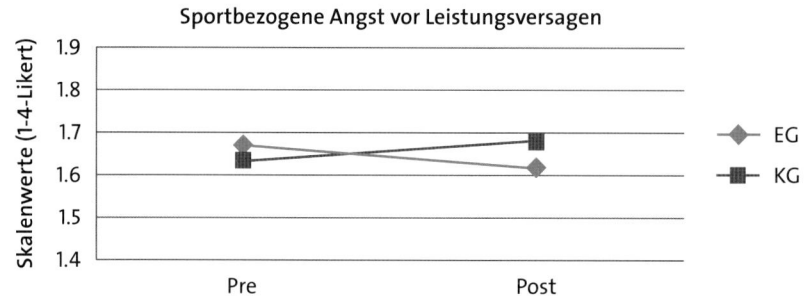

Variable	Gruppe	n	M_{Pre} (SD)	M_{Post} (SD)
Sportbezogene Angst vor Leistungsversagen	EG	209	1.68 (.59)	1.61 (.58)
	KG	103	1.64 (.49)	1.68 (.51)

Quelle der Variation	F	p	η^2
Messzeitpunkt (Z)	.49	.483	.002
Gruppe (G)	.05	.816	.000
Interaktion (ZxG)	3.56	.030	.011

prägten Fokussierung auf individuell herausfordernde Bewegungsaufgaben, die den Anforderungen der Kinder entsprechen, ist von einer Erhöhung der Zufriedenheit mit den Möglichkeiten des eigenen Körpers (Körperselbstwert) durch eine Wagnisintervention auszugehen.

Empirische Hypothese: H_W4

Der Körperselbstwert (Oesterreich & Heim, 2006) erhöht sich bei der Experimentalgruppe stärker als bei der Kontrollgruppe.

Bei gleichen Ausgangswerten im Pretest fällt in **Abbildung 17** die Erhöhung des Körperselbstwerts der Experimentalgruppe auf. Diese führt gemeinsam mit dem gleich bleibenden Mittelwert der Kontrollgruppe zu einer signifikanten Interaktion, welche die erwarteten Wirkungen der Wagnisintervention statistisch absichert. Nach Ablauf der Intervention mit wagniserzieherischem Inhalt weisen Schülerinnen und Schüler der Experimental- im Gegensatz zur Kontrollgruppe eine Erhöhung der Zufriedenheit mit ihrem Körper aus, was für den Erfolg der Intervention spricht.

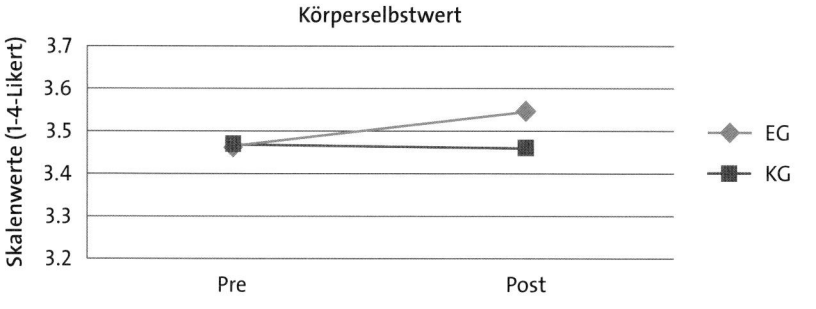

Abbildung 17: Veränderungen des Körperselbstwerts von Schülerinnen und Schülern in Abhängigkeit von der Gruppenzugehörigkeit (EG = Experimentalgruppe Modul Wagnis, KG = Kontrollgruppe) mit dazugehörigen statistischen Kennwerten.

Variable	Gruppe	n	M_{Pre} (SD)	M_{Post} (SD)
Körperselbstwert	EG	202	3.46 (.63)	3.54 (.62)
	KG	103	3.47 (.58)	3.46 (.58)

Quelle der Variation	F	p	η^2
Messzeitpunkt (Z)	2.20	.139	.007
Gruppe (G)	.20	.656	.001
Interaktion (ZxG)	3.35	.034	.011

5.4.4 Modul Leistung

Das Modul Leistung hatte die positive Beeinflussung des *physischen Selbstkonzepts* der Schülerinnen und Schüler zum Ziel. Die mögliche Einflussnahme des Sports auf das physische Selbstkonzept oder sogar auf das Selbstwertgefühl beschreiben Sonstroem und Morgan (1989) in ihrem «Exercise and Self-Esteem»-Modell. Sie gehen dabei jedoch davon aus, dass Sport und Bewegung nicht automatisch zu einer Erhöhung des Selbstwertgefühls führen, sondern vielmehr im Sinne von moderierenden Variablen wirken. So sollen Sport und Bewegung im Sinne eines bottom-up-Prozesses zunächst zu einer höheren physischen Selbstwirksamkeit beitragen (vgl. Kap. 3.2.1). «Dieses Kompetenzerleben beeinflusst auf einer höheren Ebene die wahrgenommene sportliche Kompetenz, was weiterführend zu einer Zunahme der physischen Akzeptanz beiträgt. Wahrgenommene sportliche Kompetenz und physische Akzeptanz beeinflussen auf der obersten Ebene schließlich das generelle Selbst» (Stiller & Alfermann, 2008, S. 22–23). Sportunterricht, der sich durch eine starke individuelle Bezugsnormorientierung der Lehrperson und eine konsequente Lern- und Leistungsdokumentation der Schülerleistungen auszeichnet, sollte sich folglich positiv auf die selbst-wahrgenommene sportliche Kompetenz auswirken. Diese Einschätzung der sportlichen Kompetenz bildet zusammen mit der physischen Akzeptanz (physischer Selbstwert) das physische Selbstkonzept. Daraus lässt sich folgende wissenschaftliche Hypothese ableiten:

Wissenschaftliche Hypothese: H_L

Eine Schulsportinszenierung, die den Schülerinnen und Schülern mithilfe einer individuellen Bezugsnormorientierung und einer konsequenten Lern- und Leistungsdokumentation die individuellen Lernfortschritte aufzeigt, wirkt sich positiv auf das physische Selbstkonzept aus.

Sportbezogenes Fähigkeitsselbstkonzept

Das sportbezogene Fähigkeitsselbstkonzept umfasst alle Selbstbewertungen der eigenen sportlichen Leistungsfähigkeit und macht Aussagen darüber, welche allgemeinen Fähigkeiten sich Kinder im Sport zuschreiben (Brettschneider & Gerlach, 2004). Da bei der Experimentalgruppe besonderer Wert auf die Verbesserung der konditionellen Fähigkeiten sowie auf den Fertigkeitserwerb und dessen Dokumentation gelegt wurde, ist davon auszugehen, dass sich diese Auseinandersetzung positiv auf das sportbezogene Fähigkeitsselbstkonzept als deskriptive Komponente[13] des physischen Selbstkonzepts auswirkt. Daraus kann folgende empirische Hypothese abgeleitet werden:

Empirische Hypothese: H_L1

Das sportbezogene Fähigkeitsselbstkonzept (Brettschneider & Gerlach, 2004) erhöht sich bei der Experimentalgruppe stärker als bei der Kontrollgruppe.

Das sportbezogene Fähigkeitsselbstkonzept der Experimentalgruppe, das zu Beginn der Intervention noch etwas schwächer ausgeprägt war als bei der Kontrollgruppe, konnte durch das Modul Leistung erhöht werden (vgl. **Abb. 18**). Der signifikante Interaktionseffekt verweist darauf, dass die Interven-

---

13　Bei Beschreibungen und Einschätzungen der eigenen Fähigkeiten im Sinne eines rein deskriptiven Konzepts (Meyer, 1984) spricht man von Fähigkeitsselbstkonzepten. Dabei wird die evaluative Komponente bewusst ausgeschlossen und dem Selbstwert zugerechnet.

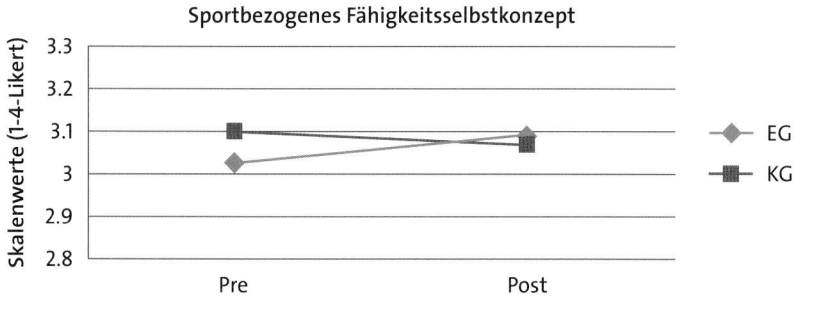

Abbildung 18: Veränderungen des sportbezogenen Fähigkeitsselbstkonzepts von Schülerinnen und Schülern in Abhängigkeit von der Gruppenzugehörigkeit (EG = Experimentalgruppe Modul Leistung, KG = Kontrollgruppe) mit dazugehörigen statistischen Kennwerten.

Variable	Gruppe	n	M_{Pre} (SD)	M_{Post} (SD)
Sportbezogenes Fähigkeitsselbstkonzept	EG	219	3.03 (.56)	3.09 (.56)
	KG	102	3.10 (.46)	3.08 (.50)

Quelle der Variation	F	p	η^2
Messzeitpunkt (Z)	1.70	.194	.005
Gruppe (G)	.18	.668	.001
Interaktion (ZxG)	5.88	.008	.018

tion Leistung die sportliche Fähigkeitseinschätzung positiv beeinflusst.[14] Dies entspricht der empirisch breit abgestützten Annahme, dass ein individualisierter Unterricht zu einer Erhöhung des Fähigkeitsselbstkonzepts von Schülerinnen und Schülern führt (Rheinberg, 2006).

Selbstkonzeptfacette Ausdauer

In der Sportwissenschaft wird das sportbezogene Fähigkeitsselbstkonzept oft auch in Anlehnung an die breit akzeptierte Unterteilung der motorischen Grundfähigkeiten (Bös & Mechling, 1983) operationalisiert. Die Erfassung dieser Komponenten erfolgt dabei über eine Differenzierung in Selbstkonzepte der Kraft, Ausdauer, Schnelligkeit, Beweglichkeit und Koordination. Da sich das Modul Leistung durch ein systematisches Ausdauertraining aus-

---

14 Wegen des (minimalen) Rückgangs der Werte der Kontrollgruppe wurde zusätzlich ein *t*-Test für abhängige Stichproben für die Experimentalgruppenmittelwerte zwischen Vor- und Nachtest gerechnet, der ebenfalls auf einen Interventionseffekt verweist (*t* (218) = 3.01, *p* = .002, *d* = .11).

zeichnete, an welchem mindestens einmal pro Woche gearbeitet wurde, sollte sich eine Erhöhung der Selbstkonzeptfacette Ausdauer zeigen. Daraus lässt sich die folgende empirische Hypothese ableiten:

Empirische Hypothese: H_L2

Die Selbstkonzeptfacette Ausdauer (Stiller, Würth & Alfermann, 2004) erhöht sich bei der Experimentalgruppe stärker als bei der Kontrollgruppe.

Wie der **Abbildung 19** zu entnehmen ist, vermag das Leistungsmodul die Selbstkonzeptfacette Ausdauer markant zu erhöhen, während diejenige der Kontrollgruppe nur leicht sinkt. Durch den signifikanten Interaktionseffekt und die beachtliche Effektgröße (η^2) wird die Annahme der Wirksamkeit eines Ausdauertrainings mit begleiteter Reflexion der Leistungsfortschritte statistisch abgesichert.[15]

Abbildung 19: Veränderungen der Selbstkonzeptfacette Ausdauer von Schülerinnen und Schülern in Abhängigkeit von der Gruppenzugehörigkeit (EG = Experimentalgruppe Modul Leistung, KG = Kontrollgruppe) mit dazugehörigen statistischen Kennwerten.

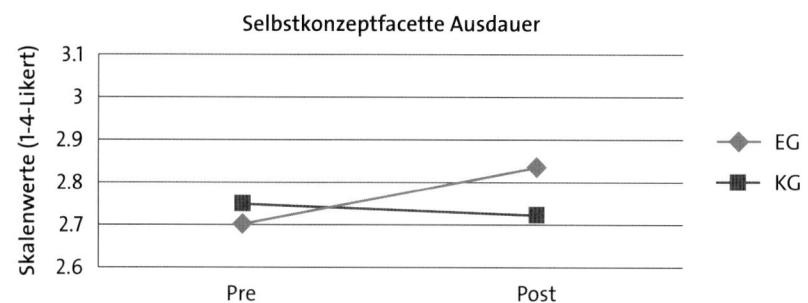

Variable	Gruppe	n	M_{Pre} (SD)	M_{Post} (SD)
Selbstkonzeptfacette Ausdauer	EG	219	2.69 (.60)	2.82 (.64)
	KG	103	2.74 (.65)	2.71 (.69)

Quelle der Variation	F	p	η^2
Messzeitpunkt (Z)	5.85	.016	.018
Gruppe (G)	.20	.653	.001
Interaktion (ZxG)	11.87	.001	.036

15 Der t-Test für abhängige Stichproben erhärtet diesen Anstieg des Experimentalgruppenmittelwerts zwischen Vor- und Nachtest (t (218) = 4.58, $p < .0005$, $d = .21$).

Selbstkonzeptfacette Kraft

Das Modul Leistung hatte auch die Verbesserung der Kraft zum Ziel. Das durch die Lehrpersonen spielerisch inszenierte Krafttraining (vgl. Kap. 4.3) fokussierte vorwiegend die oberen Extremitäten, beinhaltete aber auch eine Stärkung der globalen Rumpfmuskulatur. Da dabei der persönliche Leistungsfortschritt und nicht der Vergleich mit den anderen Kindern in der Klasse im Zentrum der Umsetzung stand, kann angenommen werden, dass sich eine solche Intervention auch positiv auf das Selbstkonzept der Kraft auswirkt.

Empirische Hypothese: H_L3

Die Selbstkonzeptfacette Kraft (Stiller, Würth & Alfermann, 2004) erhöht sich bei der Experimentalgruppe stärker als bei der Kontrollgruppe.

Während sich die Selbstkonzeptfacette Ausdauer durch die Intervention positiv beeinflussen ließ, bleibt der erwartete Effekt bei der Selbstkonzeptfacette Kraft aus (vgl. **Abb. 20**). Entgegen der Annahme scheint die Intervention

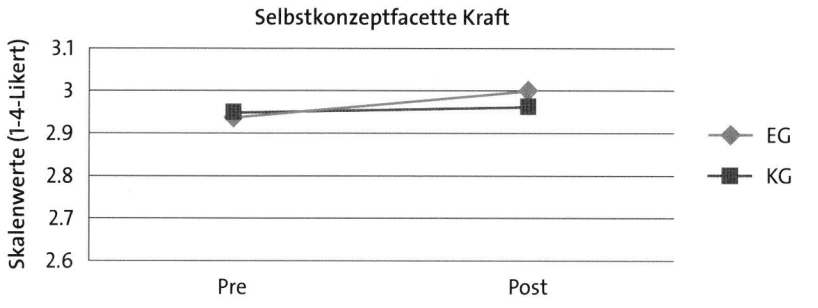

Abbildung 20: Veränderungen der Selbstkonzeptfacette Kraft von Schülerinnen und Schülern in Abhängigkeit von der Gruppenzugehörigkeit (EG = Experimentalgruppe Modul Leistung, KG = Kontrollgruppe) mit dazugehörigen statistischen Kennwerten.

Variable	Gruppe	n	M_{Pre} (SD)	M_{Post} (SD)
Selbstkonzeptfacette Kraft	EG	220	2.94 (.57)	3.00 (.61)
	KG	104	2.95 (.54)	2.96 (.50)

Quelle der Variation	F	p	η^2
Messzeitpunkt (Z)	3.63	.058	.011
Gruppe (G)	.05	.827	.000
Interaktion (ZxG)	1.17	.140	.004

in der Experimentalgruppe keinen positiven Effekt auf die Selbstkonzeptfacette Kraft zu haben, den die Kontrollgruppe nicht auch aufweisen würde. Das Ausbleiben des erwarteten Effekts kann darauf zurückgeführt werden, dass das Krafttraining – in Übungs- und Spielformen integriert – weniger systematisch umgesetzt wurde als das Ausdauertraining und somit weniger explizite Rückschlüsse auf die eigene Fähigkeitseinschätzung zuließ.

Veridikalität

Sowohl aus einer pädagogischen als auch aus einer psychologischen Perspektive drängt sich die Frage auf, ob es in Interventionen neben der Erhöhung bestimmter Selbstkonzepte nicht auch zu einer realistischen Selbsteinschätzung der eigenen Kompetenzen kommen sollte (vgl. Kap. 2.5). Dementsprechend hatte das Leistungsmodul neben der positiven Beeinflussung der sportbezogenen Fähigkeitsselbstkonzepte auch eine Erhöhung der Realitätsangemessenheit der Selbsteinschätzung zum Ziel. Dabei musste beachtet werden, dass unterschiedliche Schülerinnen und Schüler (Überschätzer, Realisten, Unterschätzer) verschiedener «Behandlungen» bedürfen. Während das Selbstkonzept der Überschätzer auf ein realistisches Niveau gesenkt werden sollte, ist das Selbstkonzept der Unterschätzer zu erhöhen und das der Realisten sollte unbeeinflusst bleiben. Dies führt zu einer differentiellen empirischen Hypothese:

Empirische Hypothese: $H_L 4$

Die Veridikalität der Selbstkonzeptfacette Ausdauer und die Selbstkonzeptfacette Kraft nimmt bei den Über- und Unterschätzern zu, bleibt bei den Realisten aber gleich.

Zur Bestimmung der Veridikalität wurden die Differenzwerte zwischen den z-standardisierten Selbstkonzeptwerten (Selbstkonzeptfacette Ausdauer resp. Kraft) und den dazugehörigen z-standardisierten sportmotorischen Testleistungen (20 m-shuttle-run resp. Medizinballstoß) berechnet. Dabei stellte sich die Frage, an welcher Teilstichprobe die z-Standardisierung vorgenommen werden sollte. Aus den oft berichteten geschlechtsspezifischen Unterschieden in Selbstkonzeptskalen (Harter, 2006; Kling, Hyde, Showers & Buswell, 1999) könnte man schließen, die Normierung müsse nach Geschlechtern getrennt erfolgen. Die Frage ist allerdings, an welcher Bezugsgruppe sich die einzelnen Schülerinnen und Schüler vorwiegend orientieren. Wie aus vielen Studien berichtet wird, haben soziale Vergleiche innerhalb der Klasse einen starken Einfluss auf das Selbstkonzept der Schülerinnen und Schüler (Craven, Marsh & Print, 2000; Lüdtke, Köller, Marsh & Trautwein, 2005; Marsh & Hau, 2003; Marsh, Trautwein, Lüdtke, Baumert & Köller, 2007) und stellen somit die zentrale Informationsquelle für die Einschätzung eigener Leistungsfähigkeit dar. Aus theoretischen Überlegungen ist deshalb anzunehmen, dass Schülerinnen und Schüler ihr Selbstkonzept der Ausdauer und das der Kraft über die relative Leistung innerhalb ihrer Klasse definieren.

Zur Klärung dieses theoretischen Problems schlägt Marsh (1993) eine empirische Lösung vor. Ob sich Schülerinnen und Schüler vorwiegend mit allen anderen, mit gleichgeschlechtlichen oder innerhalb der Klasse vergleichen, lässt sich durch drei Korrelationsberechnungen klären. Dazu müssen die beiden zur Bildung der Veridikalität benötigten Variablen (a) an der Klasse, (b) geschlechtsspezifisch und (c) an der gesamten Stichprobe z-standardisiert werden. Es ist nun davon auszugehen, dass sich die Schülerinnen und Schüler an derjenigen Bezugsgruppe orientieren, bei denen die Korrelationswerte am höchsten ausfallen. Bei der vorliegenden Stichprobe fielen die Berechnungen für die Ausdauer (resp. die Kraft) wie folgt aus: (a) $r = .56$ (.37) (b) $r = .47$ (.29) (c) $r = .53$ (.35). Die z-Standardisierung aller Variablen wurde deshalb klassenspezifisch durchgeführt.

Für die Auswertungen zur differentiellen Hypothese wurden die Schülerinnen und Schüler in drei Gruppen eingeteilt, die sich hinsichtlich ihrer Selbsteinschätzung unterschieden: Schülerinnen und Schüler mit Werten $z < -1$ ($n_{Ausdauer} = 46$, $n_{Kraft} = 68$) werden im Folgenden als Unterschätzer, Schülerinnen und Schüler mit Werten von $z = -1$ bis 1 ($n_{Ausdauer} = 267$, $n_{Kraft} = 225$) als Realisten und Schülerinnen und Schüler mit Werten $z > 1$ ($n_{Ausdauer} = 50$, $n_{Kraft} = 70$) als Überschätzer bezeichnet.

Von den sechs differential-psychologischen Hypothesen können fünf angenommen werden (vgl. **Abb. 21** und **22**, s. S. 210/211). Die Überschätzer der Experimentalgruppe schätzen sich sowohl im Bezug auf die Ausdauer als auch auf die Kraft nach der Intervention realistischer ein als die Überschätzer der Kontrollgruppe. Die Realisten bleiben durch die Intervention in ihrer Selbsteinschätzung unbeeinflusst. Bei den Unterschätzern zeigt sich ein uneindeutiges Bild: Während die Unterschätzer der Experimentalgruppe im Bereich der Ausdauer die erwarteten Veränderungen in Richtung Veridikalität aufweisen, fällt die Veränderung im Bereich der Kraft nicht signifikant aus.

Die Effektgrößen ($\eta^2 > .124$) aller signifikanten Veränderungen erfüllen die von Cohen (1988) vorgeschlagenen Konventionen, um von einem mittleren Effekt sprechen zu können. Zusammenfassend kann gesagt werden, dass die spezifisch auf die Veridikalität der Selbstkonzeptfacetten Ausdauer und Kraft ausgerichtete Intervention – außer bei den Unterschätzern im Bereich Kraft – den gewünschten Effekt auf die Schülerinnen und Schüler hatte.

Abbildung 21:
Veränderungen
der Veridikalität
der Selbstkon-
zeptfacette Aus-
dauer von Schü-
lerinnen und
Schülern in
Abhängigkeit
von der Grup-
penzugehörig-
keit (EG = Expe-
rimentalgruppe
Modul Leistung,
KG = Kontroll-
gruppe) mit
dazugehörigen
statistischen
Kennwerten.

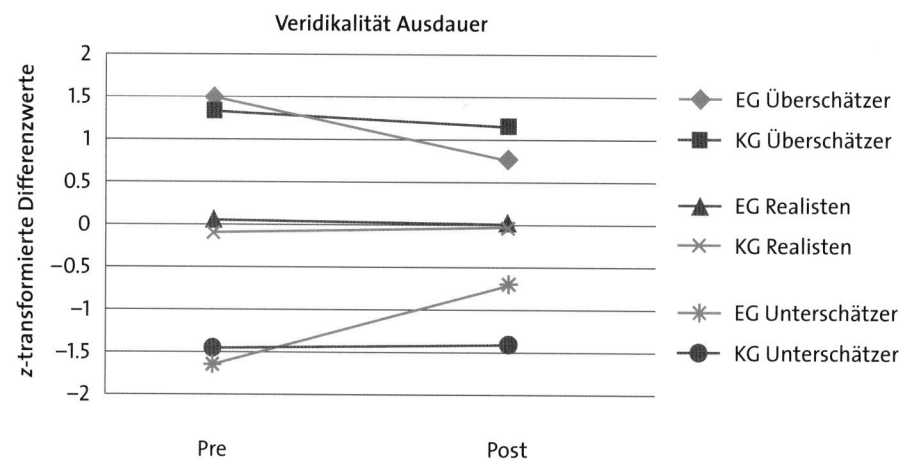

Variable	Gruppe	n	M_{Pre} (SD)	M_{Post} (SD)
Veridikalität Ausdauer der Überschätzer	EG	26	1.49 (.08)	.73 (.14)
	KG	24	1.36 (.08)	1.18 (.15)
Veridikalität Ausdauer der Realisten	EG	144	.04 (.04)	.00 (.61)
	KG	123	−.04 (.54)	−1.42 (.50)
Veridikalität Ausdauer der Unterschätzer	EG	27	−1.62 (.09)	− .72 (.15)
	KG	19	−1.47 (.11)	−1.42 (.18)

Quelle der Variation	F	p	η^2
Überschätzer			
Messzeitpunkt (Z)	18.70	<.0005	.280
Gruppe (G)	1.66	.204	.033
Interaktion (ZxG)	7.15	.005	.130
Realisten			
Messzeitpunkt (Z)	.01	.942	.000
Gruppe (G)	.48	.491	.002
Interaktion (ZxG)	.57	.452	.002
Unterschätzer			
Messzeitpunkt (Z)	14.33	<.0005	.246
Gruppe (G)	3.46	.070	.073
Interaktion (ZxG)	11.59	.001	.209

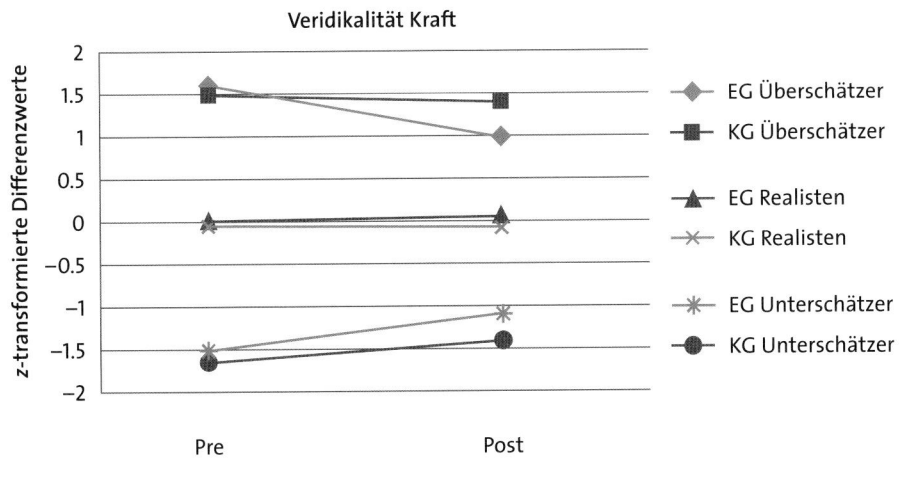

Abbildung 22: Veränderungen der Veridikalität der Selbstkonzeptfacette Kraft von Schülerinnen und Schülern in Abhängigkeit von der Gruppenzugehörigkeit (EG = Experimentalgruppe Modul Leistung, KG = Kontrollgruppe) mit dazugehörigen statistischen Kennwerten.

Variable	Gruppe	n	M_{Pre} (SD)	M_{Post} (SD)
Veridikalität Kraft der Überschätzer	EG	36	1.62 (.08)	1.01 (.11)
	KG	34	1.54 (.08)	1.42 (.11)
Veridikalität Kraft der Realisten	EG	122	.01 (.05)	.05 (.07)
	KG	103	−.05 (.05)	−.07 (.08)
Veridikalität Kraft der Unterschätzer	EG	39	−1.51 (.08)	−1.07 (.13)
	KG	29	−1.63 (.09)	−1.43 (.15)

Quelle der Variation	F	p	η^2
Überschätzer			
Messzeitpunkt (Z)	20.71	<.0005	.233
Gruppe (G)	2.20	.143	.031
Interaktion (ZxG)	9.60	.002	.124
Realisten			
Messzeitpunkt (Z)	.07	.799	.000
Gruppe (G)	1.17	.280	.005
Interaktion (ZxG)	.40	.526	.002
Unterschätzer			
Messzeitpunkt (Z)	11.65	.001	.150
Gruppe (G)	3.12	.082	.045
Interaktion (ZxG)	1.69	.099	.025

5.4.5 Modulübergreifende Befunde

Die Module unterscheiden sich zwar in ihrer inhaltlichen Ausgestaltung, hinsichtlich der Inszenierungsform orientierten sie sich jedoch alle an den Prinzipien selbstkonzeptfördernden Sportunterrichts (vgl. Kap. 3.2). Es kann daher vermutet werden, dass – bedingt durch erhöhte Kompetenzerfahrungen, welche durch die reflexive Sportvermittlung und die individualisierte Lernbegleitung ermöglicht wurden – auch unspezifische selbstbezogene Kognitionen oder hierarchisch höher gelegene Teilaspekte des Selbstkonzepts durch die verschiedenen Interventionen eine positive Veränderung erfuhren. Thematisiert werden in diesem Kapitel mögliche Auswirkungen auf das Leistungsmotiv, das generelle Selbstkonzept und das Selbstwertgefühl.

Leistungsmotiv

Die beiden Motivkomponenten «Hoffnung auf Erfolg» und «Furcht vor Misserfolg» (vgl. Kap. 5.4.3) lassen sich zu einem Gesamtscore zusammenfassen, zur sogenannten Netto-Hoffnung (Heckhausen & Heckhausen, 2010). Die Netto-Hoffnung – gebildet aus der Differenz zwischen Hoffnung auf Erfolg minus Furcht vor Misserfolg – drückt die «bereinigte» Erfolgszuversicht einer Person aus. Die selbstkonzeptfördernden Interventionen sollten nun durch die gewählte Inszenierung insgesamt einen positiven Effekt auf die Netto-Hoffnung der Schülerinnen und Schüler haben.

Empirische Hypothese: H$_{Mü}$1

Die Netto-Hoffnung (Heckhausen & Heckhausen, 2010) erhöht sich bei den Experimentalgruppen stärker als bei der Kontrollgruppe.

Während die Netto-Hoffnung der Kontrollgruppe leicht zurückgeht, steigt diejenige der Experimentalgruppe deutlich an (vgl. **Abb. 23**).[16] Der signifikante Interaktionseffekt verweist auf die Wirksamkeit der unterschiedlichen Interventionen (mit vergleichbaren Inszenierungsformen) bezüglich der positiven Beeinflussbarkeit der Erfolgszuversicht.

---

16 Der *t*-Test für abhängige Stichproben verweist bei den Experimentalgruppen auf einen signifikanten Unterschied zwischen Vor- und Nachtest (t (306) = 3.66, $p < .0005$, $d = .18$).

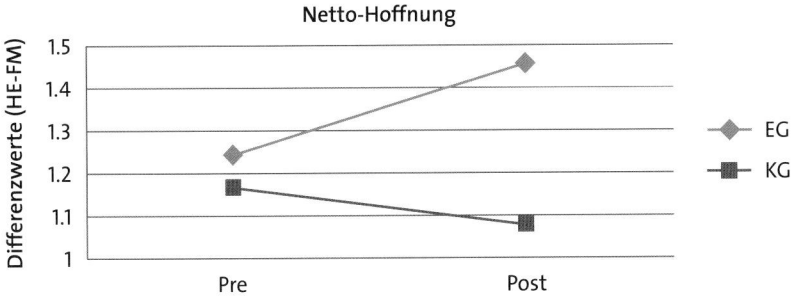

Abbildung 23: Veränderungen der Netto-Hoffnung von Schülerinnen und Schülern in Abhängigkeit von der Gruppenzugehörigkeit (EG = Alle Experimentalgruppen, KG = Kontrollgruppe) mit dazugehörigen statistischen Kennwerten.

Variable	Gruppe	n	M_{Pre} (SD)	M_{Post} (SD)
Netto-Hoffnung	EG	307	1.25 (1.08)	1.45 (1.16)
	KG	109	1.18 (1.23)	1.09 (1.26)

Quelle der Variation	F	p	η^2
Messzeitpunkt (Z)	1.13	.288	.003
Gruppe (G)	3.48	.063	.008
Interaktion (ZxG)	7.34	.004	.017

Generelles Selbstkonzept

Beim generellen Selbstkonzept handelt es sich um eine allgemeine Erwartungshaltung und um eine subjektive Überzeugung, bestimmte Anforderungen mit eigenen Kompetenzen bewältigen zu können. Es ist als globales Aggregat verschiedener Selbstkonzeptdimensionen zu verstehen, weshalb einerseits angenommen werden könnte, dass sich durch die positive Beeinflussung von Teildimensionen des Selbstkonzepts auch das generelle Selbstkonzept erhöht. Andererseits ergibt sich die Höhe des generellen Selbstkonzepts aus der Vielzahl von Erfahrungen und Einflussquellen des täglichen Lebens (vgl. Kap. 2). Zudem kann das generelle Selbstkonzept trotz dessen Beeinflussbarkeit, z.B. durch kritische Lebensereignisse, als relativ stabile Größe angesehen werden (Schütz, 2003). Aus diesen Überlegungen erscheint es nicht möglich, für das generelle Selbstkonzept konkrete Hypothesen zu formulieren. Im Folgenden wird deshalb explorativ vorgegangen und die statistischen Analysen sind lediglich als «Signifikanztests auf Probe» (Bortz & Döring, 2006, S. 379) zu betrachten. Die zu prüfende Fragestellung lautet:

Fragestellung: F$_{Mü}$1

Inwiefern wird das generelle Selbstkonzept durch die drei Schulsportinterventionen beeinflusst?

Tendenziell erhöht sich das generelle Selbstkonzept der Experimentalgruppen etwas stärker als dasjenige der Kontrollgruppe (vgl. **Abb. 24**). Dieser kleine Vorteil der Experimentalgruppen kann jedoch nicht statistisch abgesichert werden. Demnach scheinen die drei Schulsportinterventionen keinen Effekt auf das globale Konstrukt des generellen Selbstkonzepts zu haben.

Abbildung 24: Veränderungen des generellen Selbstkonzepts von Schülerinnen und Schülern in Abhängigkeit von der Gruppenzugehörigkeit (EG = Alle Experimentalgruppen, KG = Kontrollgruppe) mit dazugehörigen statistischen Kennwerten.

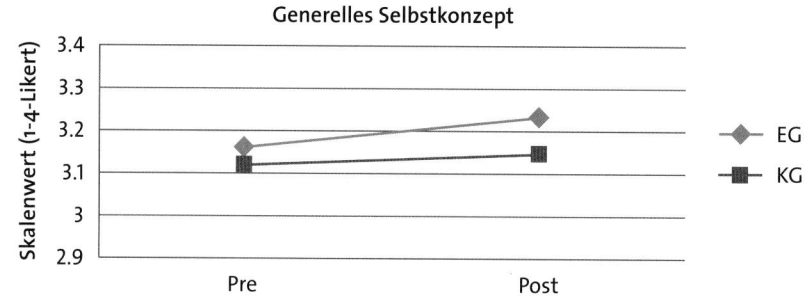

Variable	Gruppe	n	M$_{Pre}$ (SD)	M$_{Post}$ (SD)
Generelles Selbstkonzept	EG	311	3.15 (.37)	3.22 (.38)
	KG	109	3.11 (.41)	3.15 (.40)

Quelle der Variation	F	p	η^2
Messzeitpunkt (Z)	8.31	.004	.019
Gruppe (G)	2.14	.144	.005
Interaktion (ZxG)	1.26	.131	.003

Selbstwertgefühl

Das Selbstwertgefühl, verstanden als globale Bewertung, die sich ein Individuum zuschreibt, ist die rein evaluative Komponente des Selbstkonzepts. Dieser abstrakten und unspezifischen Wertschätzung der eigenen Person wird ein starker Einfluss auf Prozesse der Selbstregulation zugeschrieben (Schütz, 2003). Daher gibt es eine Reihe von Trainingsprogrammen und therapeutischen Maßnahmen, die sich um deren Erhöhung bemühen. Neben der Verbesserung des Selbstwertgefühls durch gezielte Trainingsmaßnahmen, wie beispielsweise im Rahmen der kindlichen Gesundheitsförderung (Krause, Wiesmann & Hannich, 2004) oder bei Kindern in der Grundschule (Asshauer & Hanewinkel, 1998), werden auch der regelmäßigen sportlichen Betätigung positive Effekte auf das Selbstwertgefühl zugeschrieben (Biddle, Fox & Boutcher, 2000). Erklärt werden diese positiven Wirkungen nicht allein durch biologische Anpassungsvorgänge, sondern vornehmlich durch psychologische Einflussgrößen, wie das Erleben der eigenen Kompetenz und die wahrgenommene Eingebundenheit in einer Gruppe (Alfermann & Stoll, 2006). Aus denselben Überlegungen wie beim generellen Selbstkonzept wird auf die Formulierung von Hypothesen verzichtet und «lediglich» eine explorative Datenanalyse durchgeführt.

Fragestellung: F$_{MÜ}$2

Inwiefern wird das Selbstwertgefühl (Brettschneider & Gerlach, 2004) durch die drei Schulsportinterventionen beeinflusst?

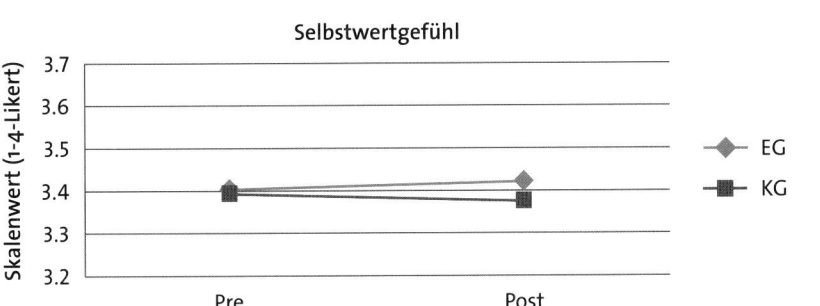

Abbildung 25: Veränderungen des Selbstwertgefühls von Schülerinnen und Schülern in Abhängigkeit von der Gruppenzugehörigkeit (EG = Alle Experimentalgruppen, KG = Kontrollgruppe) mit dazugehörigen statistischen Kennwerten.

Variable	Gruppe	n	M$_{Pre}$ (SD)	M$_{Post}$ (SD)
Selbstwertgefühl	EG	310	3.40 (.51)	3.41 (.55)
	KG	109	3.40 (.51)	3.38 (.60)

Quelle der Variation	F	p	η²
Messzeitpunkt (Z)	.01	.907	.000
Gruppe (G)	.22	.641	.001
Interaktion (ZxG)	.22	.321	.001

Deutlicher noch als für das generelle Selbstkonzept zeigt sich für das Selbstwertgefühl weder bei der Experimental- noch bei der Kontrollgruppe eine nennenswerte Veränderung über die Zeit (vgl. **Abb. 25**). Die ausbleibende Interaktion untermauert diesen deskriptiven Befund und lässt den Schluss zu, dass sich die drei Schulsportinterventionen nicht auf diese affektive Komponente des Selbstkonzepts ausgewirkt haben.

5.4.6 Nachhaltigkeit

Fünf Monate nach Beendigung der zweiten Treatmentphase wurde eine Follow-up-Erhebung durchgeführt, um festzustellen, ob Interventionseffekte auch nach Beendigung der Interventionen Bestand haben (Mittag & Hager, 2000). Denn zum einen ist es möglich, dass zwar einzelne Selbstkonzeptdimensionen oder -facetten durch die Interventionen positiv beeinflusst werden können, diese aber nach einiger Zeit wieder verschwinden. Zum anderen kann eine Intervention durch das Ausbleiben eines Effektes im Post-Test fälschlicherweise als ineffizient dargestellt werden, da ein allfälliger Entwicklungsanschub ohne Follow-up nicht erkannt würde. Um beiden Aspekten gerecht zu werden, wurden mithilfe von Varianzanalysen mit Messwiederholung die Werte zwischen den Messzeitpunkten MZ 1 und MZ 4 (Pretest und Follow-up) miteinander verglichen.

Wie in **Tabelle 9** ersichtlich wird, weisen die Experimentalgruppen in fast allen Variablen im Follow-up höhere Werte auf als die Kontrollgruppe. Bei zweiseitiger Testung erweist sich jedoch keine der Interaktionen als signifikant, weshalb die Schlussfolgerung zu ziehen ist, dass mit den Schulsportinterventionen keine nachhaltigen Effekte bei den Schülerinnen und Schülern der Experimentalgruppen erzielt werden konnten.

Während in einer relativ kurzen Zeitspanne von zehn Wochen einzelne Selbstkonzeptdimensionen und -facetten positiv beeinflusst werden konnten, scheinen sich die erzielten Effekte nach fünf Monaten wieder verflüchtigt zu haben. Da die Lehrpersonen die durch die Interventionen vorgegebene Inszenierungsform (einer hohen individuellen Bezugsnormorientierung) nicht weiter verfolgt haben, erstaunt ein erneutes Absinken der Selbstkonzeptvariablen der Schülerinnen und Schüler nicht weiter.

Tabelle 9: Statistische Kennwerte der Varianzanalyse mit Messwiederholung von Pretest zu Follow-up zur Überprüfung allfälliger Nachhaltigkeitseffekte der Interventionen.

Variable	Gruppe	n	Pretest M (SD)	Follow-up M (SD)	Interaktion F	p	η²
Implementation							
Individuelle Bezugsnorm	EG	276	3.01 (.70)	3.07 (.67)	2.79	.095	007
	KG	99	3.09 (.62)	3.00 (.71)			
Modul Spiel							
Soziale Selbstwirksamkeits-erwartung	EG	169	2.84 (.45)	2.93 (.44)	2.67	.103	.010
	KG	96	2.81 (.38)	2.82 (.42)			
Selbstwirksamkeitserwartung Teamfähigkeit	EG	170	2.99 (.50)	3.15 (.54)	3.61	.059	.013
	KG	96	3.04 (.38)	3.08 (.57)			
Selbstkonzept der sozialen Akzeptanz	EG	168	3.16 (.64)	3.29 (.61)	1.28	.259	.005
	KG	97	3.10 (.61)	3.14 (.69)			
Perspektivenübernahme	EG	168	2.89 (.56)	2.88 (.54)	1.13	.287	.004
	KG	97	2.84 (.42)	2.76 (.54)			
Modul Wagnis							
Leistungsmotiv (HE)	EG	192	3.06 (.69)	2.82 (.57)	.37	.542	.001
	KG	97	2.99 (.69)	2.71 (.57)			
Leistungsmotiv (FM)	EG	189	1.76 (.60)	1.79 (.70)	.57	.451	.002
	KG	96	1.81 (.58)	1.79 (.68)			
Sportbezogene Angst	EG	193	1.65 (.57)	1.59 (.58)	.34	.559	.001
	KG	96	1.68 (.50)	1.58 (.56)			
Körperselbstwert	EG	192	3.47 (.62)	3.56 (.55)	.91	.340	.003
	KG	96	3.46 (.59)	3.49 (.55)			
Modul Leistung							
Sportbezogenes Fähigkeitsselbstkonzept	EG	193	3.06 (.54)	3.13 (.52)	1.53	.217	.005
	KG	96	3.11 (.45)	3.12 (.52)			

Tabelle 9: Fortsetzung

Variable	Gruppe	n	Pretest M (SD)	Follow-up M (SD)	Interaktion F	p	η²
Selbstkonzeptfacette Ausdauer	EG	193	2.72 (.60)	2.85 (.68)	3.60	.059	.012
	KG	97	2.76 (.64)	2.79 (.67)			
Selbstkonzeptfacette Kraft	EG	194	2.97 (.58)	3.05 (.58)	1.81	.179	.006
	KG	97	2.96 (.50)	2.97 (.57)			
Veridikalität Ausdauer Überschätzer	EG	22	1.52 (.08)	.60 (.14)	1.42	.241	.036
	KG	18	1.27 (.08)	.62 (.15)			
Veridikalität Ausdauer Realisten	EG	108	.03 (.04)	.00 (.06)	.31	.581	.001
	KG	101	−.03 (.05)	.01 (.07)			
Veridikalität Ausdauer Unterschätzer	EG	21	−1.59 (.09)	−.56 (.15)	1.34	.255	.035
	KG	18	−1.44 (.11)	−.80 (.18)			
Veridikalität Kraft Überschätzer	EG	30	1.64 (.08)	.89 (.11)	.05	.833	.001
	KG	27	1.51 (.08)	.81 (.11)			
Veridikalität Kraft Realisten	EG	95	.02 (.05)	−.03 (.07)	.49	.483	.003
	KG	87	−.05 (.05)	.00 (.08)			
Veridikalität Kraft Unterschätzer	EG	25	−1.48 (.08)	−.72 (.13)	.99	.325	.021
	KG	24	−1.55 (.09)	−1.03 (.15)			
Modulübergreifend							
Netto-Hoffnung	EG	276	1.26 (1.10)	1.06 (1.05)	.04	.837	.000
	KG	101	1.18 (1.19)	.96 (1.03)			
Generelles Selbstkonzept	EG	278	3.17 (.33)	3.29 (.35)	.33	.566	.001
	KG	101	3.14 (.39)	3.23 (.33)			
Selbstwertgefühl	EG	277	3.45 (.46)	3.49 (.49)	.23	.632	.001
	KG	101	3.40 (.52)	3.43 (.54)			

5.4.7 Nichtintendierte Effekte

In Kapitel 1 wurde herausgearbeitet, dass (Schul-)Sport nicht per se positive Wirkungen auf verschiedenste Persönlichkeitsmerkmale hat. Nur die gezielte Ausgestaltung des Sportunterrichts vermag spezifische Facetten der Persönlichkeit bzw. des Selbstkonzepts zu fördern. Diese Überlegungen führen zur Annahme, dass die drei sehr spezifisch konzipierten Module keine nicht-intendierten Effekte hervorrufen sollten. Erwartungskonform zeigt die Analyse nur in einigen wenigen Merkmalen einen nicht intendierten Effekt (vgl. **Tab. 10**). Lediglich drei von 30 Effektanalysen ergeben bei einer Irrtumswahrscheinlichkeit von $\alpha = .20$ signifikante Befunde.[17]

Variable	Spiel	Wagnis	Leistung
Soziale Selbstwirksamkeitserwartung		ns	ns
Selbstwirksamkeitserwartung Teamfähigkeit		ns	ns
Selbstkonzept der sozialen Akzeptanz		s	ns
Perspektivenübernahme		ns	ns
Leistungsmotiv (HE)	ns		ns
Leistungsmotiv (FM)	s		ns
Sportbezogene Angst vor Leistungsversagen	s		ns
Körperselbstwert	ns		ns
Sportbezogenes Fähigkeitsselbstkonzept	ns	ns	
Selbstkonzeptfacette Ausdauer	ns	ns	
Selbstkonzeptfacette Kraft	ns	ns	
Veridikalität Ausdauer Überschätzer	ns	ns	
Veridikalität Ausdauer Unterschätzer	ns	ns	
Veridikalität Kraft Überschätzer	ns	ns	
Veridikalität Kraft Unterschätzer	ns	ns	

Tabelle 10: Überblick über die nicht intendierten Effekte der drei Module (die leeren Zellen verweisen auf die in den einzelnen Modulen intendierten Effekte).

---

17 Da in diesem Fall bei der Forschungshypothese kein Effekt angenommen wird, entspricht diese in ihrer Aussage der Null-Hypothese. Daher wird die Grenze für den α-Fehler auf $\alpha = .20$ festgelegt (vgl. Klemmert, 2004) und zweiseitig getestet.

5.5 Zusammenfassung und Interpretation der Befunde

Aus der Implementationsprüfung geht hervor, dass sich die an der BISS beteiligten Lehrpersonen während der Interventionsphasen verstärkt an der individuellen Bezugsnorm orientiert haben, was auf eine tatsächliche Umsetzung der methodischen Vorgaben verweist. Auch die Umsetzung der Interventions*inhalte* kann als befriedigend angesehen werden. Die Lehrpersonen gaben bei der Telefonbefragung an, 80–100 % aller vorgeschlagenen Unterrichtsbausteine umgesetzt zu haben. Allerdings ist nach der Intervention bei den Lehrpersonen eine Wiederaufnahme der gängigen Muster zu erkennen, die sich in der Reduktion der individuellen Bezugsnormorientierung in der Follow-up-Erhebung zeigt. Offensichtlich bereitet den Lehrpersonen die Übertragung der drei Prinzipien des selbstkonzeptfördernden Sportunterrichts auf andere Unterrichtsinhalte Mühe. Das besonders von Lehrpersonen mit wenig Unterrichtserfahrung geäußerte Bedürfnis nach intensiverer Betreuung während der Intervention kann ebenfalls dahingehend gedeutet werden.

Im Hinblick auf die zentralen Forschungshypothesen zeigen die modulspezifischen Befunde, dass sich spezifische Selbstkonzeptdimensionen von Schülerinnen und Schülern durch selbstkonzeptfördernden Sportunterricht (zumindest in der Tendenz) positiv beeinflussen lassen.

So zeigen die Auswertungen für das **Modul Spiel**, dass die *soziale Selbstwirksamkeitserwartung* als zentraler Prädiktor für sozial kompetentes Verhalten erwartungskonform durch die Intervention erhöht werden konnte. Für die anderen drei Selbstkonzeptfacetten (*Selbstwirksamkeitserwartung Teamfähigkeit*, *Selbstkonzept der sozialen Akzeptanz* und *Selbstkonzept der Perspektivenübernahme*) zeigt sich zwar eine tendenzielle Steigerung bei den Kindern in den Experimentalklassen, sie lässt sich jedoch statistisch nicht absichern. Eine mögliche Erklärung könnte sein, dass die Interventionsphase zu kurz war, um soziale Kompetenzen, die relativ grundlegende und/oder überdauernde Selbsteinschätzungen hinsichtlich des eigenen Funktionierens in der Gruppe beinhalten, zu verändern. Nach Elias et al. (1997) haben neue Unterrichtsmethoden erst nach einer länger dauernden Implementation von 18 Monaten oder mehr einen Einfluss auf soziale Selbsteinschätzungen der Schülerinnen und Schüler. Umso erfreulicher ist daher der Befund über die verstärkte soziale Selbstwirksamkeit, welche die wissenschaftliche Hypothese H_s vorsichtig optimistisch annehmen lässt. Demgemäß vermögen spielsportgestützte Inszenierungen von sozialen Lernprozessen über zehn Wochen Aspekte des sozialen Selbstkonzepts zu stärken.

Mit dem *Modul Wagnis* konnte bei drei von vier körper- und emotionsnahen Aspekten der Selbstevaluation eine Verbesserung erzielt werden: Während die *Erfolgszuversicht*, die *sportbezogene Angst vor Leistungsversagen* und der *Körperselbstwert* positiv beeinflusst werden konnten, blieb der gewünschte Effekt bei der *Furcht vor Misserfolg* aus. Jedoch zeigt sich auch in dieser Facette eine tendenziell positive Veränderung zugunsten der Experimentalgruppe. Dass sich das Modul Wagnis neben den emotionsnahen Selbstkonzeptfacetten auch auf die evaluative Komponente des physischen Selbstkonzepts ausgewirkt hat, begründet sich unseres Erachtens in der inhaltlichen Ausgestaltung des Moduls. Während mit dem Spielmodul das soziale Selbstkonzept und mit dem Leistungsmodul die Subdimension der sportlichen Kompetenz relativ präzise angesteuert werden konnten, waren im Wagnismodul neben dem Umgang mit Angst (emotionales Selbstkonzept) auch Aspekte des sozialen Lernens und die Reflexion der physischen Kompetenzentwicklung wichtige Modulbestandteile. Dies entspricht weitgehend der Bandbreite wagniserzieherischer und erlebnispädagogischer Unterrichtsinszenierungen, wie sie in einschlägiger Literatur beschrieben werden (Fengler, 2009b; McKenzie, 2003). Zusammenfassend kann folglich die wissenschaftliche Hypothese H_w angenommen werden: Eine wagnisorientierte Schulsportinszenierung mit reflexiven Unterrichtssequenzen wirkt sich positiv auf Aspekte des emotionalen Selbstkonzepts aus.

Die Ergebnisse zum *Modul Leistung* zeigen, dass besonders fähigkeitsbezogene Selbsteinschätzungen, denen während der Interventionszeit von zehn Wochen genügend Aufmerksamkeit geschenkt wurde, durch die Intervention positiv beeinflusst werden konnten. Neben dem *sportbezogenen Fähigkeitsselbstkonzept* erhöhte sich durch die Intervention auch die *Selbstkonzeptfacette Ausdauer* und deren *Veridikalität* nachweislich, während die *Selbstkonzeptfacette Kraft* und deren *Veridikalität* (außer bei den Unterschätzern) unverändert blieben. Dass der gewünschte Effekt auf Facettenebene nur für die Ausdauer zu verzeichnen war, könnte auf die Intensität und Spezifität der Intervention zurückzuführen sein. Während im Bereich der Ausdauer pro Woche eine gesamte Lektion zur Verbesserung der Laufleistung eingesetzt wurde, gliederte sich die wöchentliche Lektion zur Verbesserung der Kraft weiter auf. Neben Arm- und Beinkraftübungen wurde besonderer Wert auf die Erhöhung der globalen Rumpfstabilität gelegt, die im eingesetzten Test (Medizinballstoß) keine Entsprechung fand. Einem Bottom-up Ansatz folgend (Harter, 1999) scheint eine Steigerung der Selbstkonzeptfacette Ausdauer unter gleichzeitiger Berücksichtigung einer realistischen Selbsteinschätzung also geeignet zu sein, um das hierarchisch höher situierte sportbezogene Fähigkeitsselbstkonzept positiv zu beeinflussen.

Diese Befunde lassen unter Berücksichtigung der kurzen Interventionszeit eine Annahme der wissenschaftlichen Hypothese H_L zu, wonach das Thematisieren von individuellen Lernfortschritten in einer leistungsorientierten Schulsportinszenierung positive Effekte auf das physische Selbstkonzept hat.

Die **modulübergreifenden Befunde** zeigen, dass sich die *Netto-Hoffnung* der Schülerinnen und Schüler der Experimentalklassen durch die Intervention erhöhen ließ, während die beiden globalen Konstrukte des *generellen Selbstkonzepts* und des *Selbstwertgefühls* unverändert blieben. Erwartungskonform lässt sich unter Berücksichtigung der modulspezifischen Befunde feststellen, dass die Effekte umso größer waren, je stärker die Fokussierung der einzelnen Intervention auf spezifische Selbstkonzeptdimensionen und -facetten war und – hierarchisch gesehen – je niedriger die Selbstkonzeptdimension zu verorten war (Beispielfacetten). Aus der Sicht der Selbstkonzeptforschung kann demzufolge mit den BISS-Befunden ein Beitrag zur empirischen Bestätigung des postulierten multidimensionalen und hierarchischen Aufbaus des Selbstkonzepts (Shavelson et al., 1976) geleistet werden. Denn während auf Ebene der Selbstkonzeptfacetten durch die Intervention signifikante Veränderungen mit mittleren Effekten herbeigeführt werden konnten ($p < .05$, $\eta^2_{max} = .21$), waren auf Ebene der Selbstkonzeptsubdimensionen (z. B. Hoffnung auf Erfolg) nur kleinere Effekte auszumachen ($p < .05$, $\eta^2_{max} = .03$). Die globalen Konstrukte des allgemeinen Selbstkonzepts und des Selbstwertgefühls, die sich an der Spitze der Hierarchie befinden, haben durch die Interventionen keine Veränderung erfahren ($ps > .05$, $\eta^2_{max} = .00$). Sie scheinen also eine höhere Stabilität aufzuweisen als spezifische Selbstkonzeptfacetten oder -dimensionen. Diese Befunde lassen sich durch die Annahme eines Bottom-up-Modells (Harter, 1999; Shavelson et al., 1976) besser erklären als durch ein Top-down-Modell (Brown, 1993). Bottom-up-Modelle gehen von einer Veränderung der globaleren Selbstkonzepte durch eine Veränderung in den einzelnen Subdimensionen aus, während Top-down-Modelle den entgegengesetzten kausalen Wirkmechanismus postulieren. Dadurch lässt sich für die zukünftige Forschung zum Zusammenhang zwischen Sport und Selbstkonzeptentwicklung die Empfehlung ableiten, sich bei kürzer dauernden Interventionen auf bereichsspezifische Selbstkonzeptfacetten und erst bei länger dauernden Interventionen auf globalere Selbstkonzepte zu konzentrieren, wie dies bereits von O'Mara, Marsh, Craven und Debus (2006) auf der Grundlage der Befunde einer 200 Selbstkonzept-Interventionen umfassenden Metaanalyse vorgeschlagen wurde. Um eine bereichsspezifische Selbstkonzeptfacette ansprechen zu können, werden also spezifisch konzipierte Interventionen benötigt. Je stärker die gewählten Inhalte und Methoden den anzusteuernden Facetten entsprechen, desto wahrscheinlicher ist eine Veränderung derselben.[18]

Vergleicht man den Unterricht in den Experimentalklassen mit jenem der Kontrollklassen, so ist bezogen auf die Auswahl sportlicher bzw. sportmotorischer Inhalte kein wesentlicher Unterschied auszumachen: Themen wie Spielentwicklung, Geräteturnen, Klettern und Fallen, Ausdauertraining oder Hochsprung finden sich – entsprechend den saisonalen Empfehlungen und Lehrplanvorgaben für fünfte Klassen in der Schweiz – auch in den Sportlektionen der Kontrollklassen. Die Vergleichbarkeit der sportlichen Inhalte zwischen Experimental- und Kontrollgruppen zeigt sich zum einen in den Stundenprotokollen, zum anderen auch in der Entwicklung der sportmotorischen Leistungsfähigkeit, die in beiden Gruppen nahezu identisch verläuft.[19] Zentrale Erfahrungsdifferenz zwischen Schülerinnen und Schülern der Experimental- und Kontrollklassen war der Aspekt der *bewussten Auseinandersetzung* im Sinne einer Selbst- und Fremdbeobachtung (a) des eigenen Leistungsvermögens und der eigenen Leistungsentwicklung, (b) der Erfahrung von sozialen Prozessen in der Sportklasse und/oder (c) der physischen und emotionalen Herausforderung in Grenzsituationen. Dieser konsequent geförderte reflexive Überbau der Sportlektion in Form von Feedbackgesprächen zwischen Schülerinnen und Schülern und der Lehrperson, unter den Schülerinnen und Schülern oder im Protokollieren der individuellen Lernentwicklung inklusive deren Bewertung im Sportheft vermag aus unserer Sicht die wesentlichen Effekte der Interventionen zu erklären.

Neben der Spezifik der Inhalte und der Dauer ist sicherlich der Grad der Theoriegeleitetheit zu beachten, der als zentrale Gelingensbedingung einer schulischen Intervention angesehen werden kann (Wentzel & Wigfield, 2007). Wenn beispielsweise, wie in unserer Studie, versucht wird, das Selbstkonzept von Kindern zu beeinflussen, ist man gut beraten, theoretische Überlegungen zur Entwicklung des Selbstkonzepts oder Wirkmechanismen ähnlicher Interventionen zu konsultieren, bevor Inhalte und didaktisch-methodische Prinzipien bestimmt werden. Für Selbstkonzeptinterventionen im Sportunterricht scheint das heuristische Modell von Filipp (1979) einen geeigneten theoretischen Rahmen darzustellen, um erklären zu können, wie Schülerinnen und Schüler zu selbstbezogenen Informationen kommen und welche

---

18 Diese Empfehlung wird auch durch das beinahe vollständige Ausbleiben von nichtintendierten Effekten unterstützt (Kap. 5.4.7).

19 Da die sportmotorische Entwicklung nicht Gegenstand der BISS war, wurden die Ergebnisse zur sportmotorischen Entwicklung nicht ausgewiesen.

selbstbezogenen Informationen somit von den Lehrpersonen in ihrem Unterricht bereitgestellt werden müssen. Lehrpersonen setzen Interventionen nur dann gut um, wenn sie die zugrunde liegenden Wirkmechanismen verstehen und einen relevanten Theorie-Praxisbezug erkennen können (Paul & Volk, 2002). Dass die durchgeführte Intervention die gewünschten Effekte erzielt hat, scheint für die Brauchbarkeit eines solchen heuristischen Modells zu sprechen.

6

Rückblick und Perspektiven

6.1 Rückblick

Ausgangspunkt der Berner Interventionsstudie Schulsport (BISS) war die Diskrepanz zwischen den pädagogischen Postulaten zur *persönlichkeitsbildenden Wirkung* des Schulsports und der unbefriedigenden empirischen Evidenz dieser Postulate. Im ersten Kapitel wurden Gründe für diese verbesserungswürdige Situation dargelegt. Es zeigte sich, dass es keinen Sinn macht davon auszugehen, dass Sport per se positive Wirkungen auf die Persönlichkeit hat. Vielmehr ist genauer zu fragen: *Welche Art von Sport soll, wie inszeniert, bei wem, welche Wirkungen auf welche Persönlichkeitsmerkmale haben?*

Für die Konzeption empirischer Studien als auch für die Konzeption persönlichkeitsfördernder Schulsportangebote ergeben sich aus dieser differenzierteren Perspektive verschiedene Konsequenzen:

- Erstens ist zu klären, *welche* Persönlichkeitsmerkmale beeinflusst werden sollen. Dabei ist darauf zu achten, Merkmale auszuwählen, die eine ausreichend hohe Plastizität aufweisen, um sie kurz- bis mittelfristig verändern zu können.
- Zweitens sind (schul-)sportliche Aktivitäten auszuwählen, die – aufgrund ihrer psychischen Anforderungen und Wirkungen – angesteuerte Persönlichkeitsmerkmale auch tatsächlich positiv zu beeinflussen vermögen. Von der Annahme ausgehend, dass je nach *Inszenierung* einer Sportaktivität andere Wirkungen auf die Persönlichkeit zu erwarten sind, ist besonders auf die methodisch-didaktische Ausgestaltung der (Schul-)Sportaktivitäten zu achten.
- Drittens ist davon auszugehen, dass ein und dieselbe, auf eine bestimmte Art und Weise inszenierte (Schul-)Sportaktivität nicht die gleiche Wirkung auf alle Schülerinnen und Schüler hat, weshalb neben einer allgemeinpsychologischen immer auch eine *differentielle Perspektive* angeraten ist.
- Schließlich ist viertens zur Aufdeckung möglicher Effekte für empirische Studien ein adäquates *Design* zu wählen. Im vorliegenden Fall empfiehlt sich eine quasi-experimentelle Feldstudie mit Kontrollgruppenanord-

nung, die sich durch eine A-priori-Hypothesen-Formulierung und theoriegeleitet konzipierte Interventionen auszeichnet. Für die Intervention empfiehlt es sich, Schülerinnen und Schüler in einem Alter auszuwählen, in dem die angesteuerten Persönlichkeitsmerkmale einerseits bereits genügend weit entwickelt sind, andererseits aber auch noch eine genügend hohe Plastizität aufweisen.

Diesen Prämissen folgend präzisierten wir in Kapitel 2 die durch die Schulsportaktivität positiv zu beeinflussenden Persönlichkeitsmerkmale und entschieden uns dabei für – im Vergleich mit Traits eher instabile und gleichzeitig für Verhaltensvorhersagen wichtige – Selbstkonzeptansätze. Im Sinne einer weiteren Präzisierung konzentrierten wir uns nicht primär auf das allgemeine Selbstkonzept, sondern auf die drei Dimensionen des nicht-akademischen Selbstkonzepts: das soziale, das emotionale und das physische Selbstkonzept. Mit Blick auf das Ziel der Persönlichkeits*förderung* galt es schließlich (1) zu klären, welche Quellen die Selbstkonzeptentwicklung beeinflussen, (2) in welchem Alter dies sinnvollerweise geschehen kann und (3) welche Selbstkonzeptausprägungen als funktional zu bewerten sind.

Diese Erkenntnisse bildeten die Grundlage für die pädagogisch-psychologischen Überlegungen zu einem selbstkonzeptfördernden Sportunterricht in Kapitel 3, in dem drei didaktisch-methodische Prinzipien erarbeitet wurden, die für die Ausgestaltung der drei Interventionsmodule handlungsleitend waren: Akzentuierung der sportlichen Kompetenzerfahrung, reflexive Sportvermittlung und individualisierte Lernbegleitung.

Auf der Basis dieser methodisch-didaktischen Prinzipien wurden in Kapitel 4 drei Interventionsmodule mit einer jeweils spezifischen Zielsetzung erarbeitet:

- Das Modul Spiel wurde mit dem Ziel konzipiert, das soziale Selbstkonzept der Schülerinnen und Schüler positiv zu beeinflussen.
- Beim Modul Wagnis ging es um die positive Beeinflussung des emotionalen Selbstkonzepts.
- Das Modul Leistung setzte sich zum Ziel, das physische Selbstkonzept zu fördern.

Mit Kapitel 4 und den darin enthaltenen Modulbeschreibungen, die sich auf der Ebene einzelner Unterrichtsbausteine bewegen, endete der konzeptionelle Teil der vorliegenden Publikation, die sich dadurch auszeichnet, dass sie die Brücke von einem vergleichsweise abstrakten Problem (Persönlichkeitsentwicklung durch Schulsport) bis hin zur konkreten Unterrichtsgestaltung schlagen konnte.

In Kapitel 5 ging es schließlich darum, ob die spezifisch auf die anzusteuernden Persönlichkeitsmerkmale ausgerichteten Interventionsmodule auch tatsächlich die postulierten Wirkungen hatten: Können wir im Rahmen des Sportunterrichts die Persönlichkeitsentwicklung positiv beeinflussen? Die Ergebnisse geben Anlass zu vorsichtigem Optimismus: Offensichtlich ist es möglich, durch Interventionen, deren Spezifik sich in der Wahl der Sportaktivität *und* in einer dem Ziel angepassten Inszenierung dieser Sportaktivität zeigt, Facetten des Selbstkonzepts im Rahmen des regulären Sportunterrichts bereits innerhalb eines relativ kurzen Zeitraum positiv zu beeinflussen! Und sie zeigen auf der anderen Seite auch, dass im Hinblick auf die Persönlichkeitsförderung unspezifischer Sportunterricht diese spezifischen Wirkungen nicht in gleicher Weise hervorbringen kann.

6.2 Forschungsperspektiven

Mit Blick auf die Frage der empirischen Evidenz des pädagogischen Postulats «Schulsport fördert die Persönlichkeitsentwicklung» gehen die Befunde der BISS in eine gute Richtung. Gleichwohl bedarf es in verschiedener Hinsicht weiterer Analysen:

- Persönlichkeit ist, wie in Kapitel 1 herausgearbeitet wurde, ein breites Konstrukt. Die in der BISS nachgewiesenen Wirkungen beziehen sich «nur» auf einen Teilbereich dieses Konstrukts, nämlich auf kognitive Persönlichkeitsmerkmale – und hier wiederum «nur» auf das nicht-akademische Selbstkonzept. Sicherlich sind weitere Studien anzustreben, die (a) die Wirkungen eines geeigneten Sportunterrichts auf das nicht-akademische Selbstkonzept bestätigen und (b) auch andere Persönlichkeitsmerkmale thematisieren.

- Der Terminologie der sportpädagogischen Begründungen folgend, haben wir für diese Publikation den Begriff Persönlichkeitsentwicklung verwendet. Strenggenommen handelt es sich aber bei der BISS nicht um eine Studie zur Persönlichkeitsentwicklung. Hierfür ist der Untersuchungszeitraum wesentlich zu kurz, zudem wurden keine unterschiedlichen Altersgruppen untersucht. Insofern können keine Aussagen zur Persönlichkeits*entwicklung*, sondern lediglich über die Möglichkeit der Persönlichkeitsförderung durch (relativ) kurzzeitige Interventionen gemacht werden. Um ein umfassenderes Bild darüber zu erhalten, ob die Persönlichkeitsentwicklung durch Schulsport nachhaltig positiv beeinflusst werden kann, sind zukünftig auch Studiendesigns anzustreben, die längere Zeiträume und damit einen größeren Abschnitt der kindlichen und jugendlichen Entwicklung umfassen (z. B. Barkoukis, Tsorbatzoudis & Grouios, 2008).

- In der BISS waren die Effekte bei schul-, sport- und körpernahen Selbstkonzeptfacetten am stärksten. Um mit Balz und Kuhlmann (2003) zu sprechen, zeigt sich, dass die gezielte Selbstkonzeptförderung im obligatorischen Sportunterricht auf Primarschulstufe bei entsprechender Umsetzung möglich ist (Erziehung im Sport). Aufgrund der Studienanlage und der Studienergebnisse ist das Ziel der prinzipiellen Handlungsfähigkeit, also die Persönlichkeitsförderung zum «besseren Menschen durch Schulsport» (Erziehung durch Sport), allerdings noch nicht erreicht. Der Transfer der in der BISS erzielten Wirkungen in außerschulische und -sportliche Bereiche ist ein Anspruch, der nur eingelöst werden kann, wenn diesem Transfer bereits während der Inszenierung Beachtung geschenkt wird. Dies scheint im Kontext einer schulischen Intervention möglich zu sein, wenn (a) neben einem persönlichkeitsfördernden Sportunterricht in

«Hauptfächern» ähnliche Bemühungen um die Förderung des nicht-akademischen Selbstkonzepts zu verzeichnen sind und (b) Selbstkonzeptförderung als Persönlichkeitsförderung auch außerhalb der Schule in die Kinder- und Jugendarbeit im (Sport-)Verein eingebunden werden kann (z. B. Brettschneider & Kleine, 2002; Heim, 2002; Neuber, 2007; Sygusch, 2007). Daher sind umfassendere Maßnahmen und Studien zu empfehlen, die den gemeinsamen Beitrag dieser unterschiedlichen Settings für die Persönlichkeitsentwicklung von Kindern und Jugendlichen in den Fokus nehmen.

● Die Selbstkonzeptförderung im Sportunterricht steht und fällt mit der Wahl angemessener Inhalte und vor allem mit der entsprechenden Umsetzung. Die zentrale Bedeutung der Vermittlung für die Effektivität der Fördermaßnahmen impliziert für zukünftige Forschungsbemühungen eine noch stärkere Fokussierung auf Lern- und Entwicklungsprozesse seitens der Lehrperson: Wie ist die Schulung und Begleitung der Lehrpersonen zu verbessern, um die Implementation nachhaltiger zu gestalten? Wie müssen Lehrmedien gestaltet sein, damit Selbstkonzeptförderung im (Sport-)Unterricht für eine Vielzahl von Lehrpersonen attraktiv ist? Was verändert eine zielgerichtete Selbstkonzeptförderung im Sportunterricht bei den Lehrpersonen in Bezug auf ihr Rollenverständnis (Professionsverständnis)?

6.3 Konsequenzen für den Schulsport

Pflichtfächer an öffentlichen Schulen haben einen Beitrag zur Allgemeinbildung zu leisten. Während die Bedeutung der «Hauptfächer» für die Partizipation des Menschen am politischen, ökonomischen und kulturellen Leben offensichtlich erscheint, ist die Rechtfertigung, das Bewegungsfach Sport als unverzichtbaren Teil im öffentlichen Bildungswesen weiter zu entwickeln, Gegenstand aktueller bildungspolitischer Debatten. In den meisten Schulsport-Curricula im deutschen Sprachraum ist der Doppelauftrag des obligatorischen Sportunterrichts an öffentlichen Schulen unbestritten. Dabei ist das Ziel des Sportunterrichts zum einen, die Sport- und Bewegungskultur zu erschließen, zum anderen, die körperlich-motorische und die Persönlichkeitsentwicklung zu fördern (vgl. Kap. 1). Diese Zielbereiche in Lehrplänen zu begründen und einzufordern ist das eine, ob diese *Zwecke* mit den *Mitteln* von Sportunterricht tatsächlich auch erreicht werden können, das andere. Für die Legitimation des Schulfachs Sport ist es langfristig zentral, die Wirkung von schulsportlichen Inszenierungen empirisch belegen zu können. Scherler (1997) fordert deshalb «eine Evaluation des Schulsports, die darüber Auskunft gibt, ob die proklamierten Ziele erreicht werden, ob der Schulsport leistet, was er zu leisten vorgibt» (S. 11). Mit den Erkenntnissen der vorliegenden Studie kann beispielhaft dokumentiert werden, dass speziell inszenierter Sportunterricht (Mittel) die Persönlichkeit von Schülerinnen und Schülern (Zweck) in die gewünschte Richtung zu verändern vermag. Damit wird ein Betrag zu einer differenzierteren Diskussion über die *Möglichkeiten* des Schulsports für die Persönlichkeitsbildung vorgelegt, der zur Legitimation des Schulfachs Sport herangezogen werden kann.

Vonseiten der Lehrperson bedingt die Erreichung der genannten Ziele eine individualisierte Begleitung der Schülerinnen und Schüler, was einhergeht mit einer geringeren Bedeutung der sozialen bzw. sachlichen Bezugsnormorientierung. Dadurch wird die Beurteilung der sportlichen Leistungsfähigkeit und der Entwicklung von Selbst- und Sozialkompetenzen aufwändiger (Rheinberg, 2005). Für Schülerinnen und Schüler wie auch für Lehrpersonen beinhaltet das Nachdenken und Sprechen über Erfahrungen im Bewegungsfach Sport weitere Irritationen: Sport ist bei den meisten Lehrkräften auf der Primarschulstufe eines von vielen Fächern, die sie unterrichten. Die gewohnten Pfade der methodischen Aufbereitung von Inhalten im Sportunterricht zu verlassen und mittels Diskussionen und Schreibarbeiten Methoden des Lernens aus dem Regelunterricht in die Sporthalle zu übertragen, erscheint (a) vorbereitungsintensiver und wird (b) der kompensatorischen Funktion des Sports in einer Denk- und Sitzschule auf den ersten Blick nicht gerecht –

weder für Lehrpersonen noch für Schülerinnen und Schüler. Gemäß unseren Befunden erweist sich die punktuelle Erweiterung des Sportunterrichts mit kognitiven Methoden jedoch als wirksames Instrument, den von curricularer und bildungspolitischer Seite eingeforderten erziehenden Sportunterricht mit persönlichkeitsbildender Wirkung auch tatsächlich zu erreichen. Dem Sport-unterricht Bewegungszeit zu «entziehen», macht aus Perspektive des ganz-heitlichen Bildungsauftrags, den der Sportunterricht erfüllen muss, durchaus Sinn.

6.4 Konsequenzen für die Aus- und Weiterbildung von sportunterrichtenden Lehrpersonen

Die Nachhaltigkeitsüberprüfung der BISS zeigt, dass die erfreulichen Treatment-Effekte der Selbstkonzeptförderung nach relativ kurzer Zeit wieder abklingen. Es muss daher vermutet werden, dass der Anreiz für die weitere Verwendung der verschiedenen Modulbausteine eher gering war. Dieser Umstand legt nahe, dass für die Internalisierung der entwickelten didaktisch-methodischen Prinzipien bei Lehrpersonen weitere Anstrengungen unternommen werden müssen.

Auf allen Ausbildungsstufen hin zur sportunterrichtenden Lehrperson ist die Sensibilisierung auf außersportliche Zielsetzungen als möglicher Zweck von sportlichen Aktivitäten ein anspruchsvolles Unterfangen. In der sportpraktisch-methodischen Ausbildung an Hochschulen dominiert die Orientierung an sportnahen Zielsetzungen: (a) die individuellen, oft an Sportarten orientierten motorischen Fertigkeiten weiter zu entwickeln und (b) unter Einbezug von lerntheoretischen Grundlagen methodische Kniffe zu erlernen, wie diese Fertigkeiten möglichst effektiv vermittelt werden können. Der Gegenstand «Sport» wird thematisiert, der Zweck der sportlichen Aktivität oft ausgeklammert. Konzepte eines persönlichkeitsfördernden Sportunterrichts werden, falls überhaupt, erst im Rahmen der fachdidaktischen Ausbildung vermittelt. Demgegenüber wäre es wünschenswert, die didaktisch-methodischen Prinzipien der BISS bereits in die Grundausbildung aufzunehmen und in der Weiterbildung zu pflegen:

- Studierende könnten anhand der Auseinandersetzung mit der persönlichen Lernbiographie die Bedeutung der sportlichen Kompetenzerfahrung für den Aufbau des Selbstwerts erfahren, individuelle Lernprozesse im Studium systematisch dokumentieren, einschätzen und von Mitstudierenden und Dozierenden kommentieren lassen sowie verschiedene Feedbackformen kennenlernen und vertiefen.
- In den Ausbildungsinstitutionen könnten formative Beurteilungen von Studienleistungen stärker gewichtet und reflexive Methoden der Sportvermittlung (Arbeit mit Lernjournalen, Arbeitsblättern usw.) in der praktisch-methodischen Ausbildung verstärkt eingesetzt werden.
- Um nachhaltige Effekte für einen persönlichkeitsbildenden Sportunterricht zu erzielen, wäre die regelmäßige Begleitung der Lehrpersonen, z. B. durch ein fachspezifisch-pädagogisches Coaching (Staub, 2001, 2004) zu empfehlen.

Um angemessene Aus- und Weiterbildungen entwickeln und durchführen zu können, bedarf es allerdings in erster Linie umfassender theoretischer Kenntnisse und dezidierter empirischer Befunde zur Frage der Persönlichkeitsentwicklung durch Schulsport. Mit der Berner Interventionsstudie Schulsport und der vorliegenden Publikation wurde versucht, hierzu einen Beitrag zu leisten.

Literatur

A

Abramson, L. Y. & Alloy, L. B. (1981). Depression, non-depression, and cognitive illusions: A reply to Schwartz. *Journal of Experimental Psychology, 110,* 436–447.

Alfermann, D. & Stoll, O. (2006). Sportpsychologie. In K. Pawlik (Hrsg.), *Psychologie. Wissenschaft, Anwendung, Berufsfelder* (S. 831–837). Berlin: Springer.

Allport, G. W. (1924). The study of the undivided personality. *Journal of Abnormal and Social Psychology, 19,* 131–141.

Amelang, M., Bartussek, D., Stemmler, G. & Hagemann, D. (2006). *Differentielle Psychologie und Persönlichkeitsforschung* (6. Aufl.). Stuttgart: Kohlhammer.

Anderman, L. H. & Anderman, E. M. (1999). Social predictors of changes in students' achievement goal orientations. *Contemporary Educational Psychology, 24,* 21–37.

Andersen, S. M. & Chen, S. (2002). The relational self: An interpersonal social-cognitive theory. *Psychological Review, 109,* 619–645.

Angleitner, A., Ostendorf, F. & John, O. P. (1990). Towards a taxonomy of personality descriptors in German: A psycho-lexical study. *European Journal of Personality, 4,* 89–118.

Annesi, J. J. (2007). Relations of age with changes in self-efficacy and physical self-concept in preadolescents participating in a physical activity intervention during after-school care. *Perceptual and Motor Skills, 105,* 221–226.

Asendorpf, J. B. (2007). *Psychologie der Persönlichkeit* (4. Aufl.). Berlin: Springer.

Asendorpf, J. B. & van Aken, M. A. G. (1993). Deutsche Versionen der Selbstkonzeptskalen von Harter. *Zeitschrift für Entwicklungspsychologie und Pädagogische Psychologie, 25,* 64–86.

Ashcraft, M. H. & Radvansky, G. A. (2010). *Cognition* (5th ed.). London: Pearson.

Asshauer, M. & Hanewinkel, R. (1998). Prozessevaluation eines Lebenskompetenztrainings in der Grundschule. *Empirische Pädagogik, 12,* 327–345.

B

Baacke, D. (1999). *Die 6- bis 12jährigen. Einführung in die Probleme des Kindesalters.* Weinheim: Beltz.

Bähr, I. (2008). Soziales Handeln und soziales Lernen im Sportunterricht. In H. Lange & S. Sinning (Hrsg.), *Handbuch Sportdidaktik* (S. 172–193). Balingen: Spitta.

Bähr, I., Koch, F. & Gröben, B. (2007). Kooperatives Lernen im Sportunterricht – empirische Befunde. In V. Scheid (Hrsg.), *Sport und Bewegung vermitteln* (S. 69–75). Hamburg: Czwalina.

Balz, E. (1998). Wie kann man soziales Lernen fördern? In Bielefelder Sportpädagogen (Hrsg.), *Methoden im Sportunterricht* (3. Aufl., S. 149–167). Schorndorf: Hofmann.

Balz, E. & Kuhlmann, D. (2003). *Sportpädagogik. Ein Lehrbuch in 14 Lektionen.* Aachen: Meyer & Meyer.

Baldwin, M. K. & Courneya, K. S. (1997). Exercise and self-esteem in breast cancer survivors: An application of the Exercise and Self-Esteem Model. *Journal of Sport and Exercise Psychology, 19*, 331–346.

Bandura, A. (1977). *Social learning theory.* Englewood Cliff, NJ: Prentice-Hall.

Bandura, A. (1989). Regulation of cognitive processes through perceived self-efficacy. *Developmental Psychology, 25*, 729–735.

Bandura, A. (1991). Self-regulation of motivation through anticipation and self-reactive mechanisms. In R. A. Dienstbier (Ed.), *Perspectives on Motivation – Nebraska Symposium on Motivation* (pp. 69–164). Lincoln: University of Nebraska Press.

Bandura, A. (1997). *Self-efficacy: The exercise of control.* New York: Freeman.

Barkoukis, V., Tsorbatzoudis, H. & Grouios, G. (2008). Manipulation of motivational climate in physical education: Effects of a seven-month intervention. *European Physical Education Review, 14*, 367–387

Baumann, H. (2009). *Mut tut gut! Bewegen, riskieren, erleben auf der Basisstufe.* Bern: Verlag Schweizerischer Verband für Sport in der Schule.

Baumberger, J. & Müller, U. (2004). *Sportheft 4.–6. Klasse. Planungs-/Beurteilungsinstrument zum Lehrmittel Sporterziehung.* Horgen: bm-sportverlag.

Baumberger, J. & Müller, U. (2007). *Top-Spiele für den Unterricht. Band 3.* Horgen: bm-sportverlag.

Baumeister, R. F., Bushman, B. J. & Campbell, W. K. (2000). Self-esteem, narcissism, and aggression: Does violence result from low self-esteem or from threatened egoism? *Current Directions in Psychological Science, 9*, 26–29.

Baumeister, R. F., Campbell, J. D., Krueger, J. I. & Vohs, K. D. (2003). Does high self-esteem cause better performance, interpersonal success, happiness, or healthier lifestyles? *Psychological Science in the Public Interest, 4*, 1–44.

Baur, J. (1989). *Körper- und Bewegungskarrieren.* Schorndorf: Hofmann.

Bem, D. J. (1972). Self-perception theory. In L. Berkowitz (Ed.), *Advances in experimental social psychology* (Vol. 6, pp. 1–62). New York: Academic Press.

Bergman, L. & Magnusson, D. (2001). Person-centered research. In N. J. Smelser & P. Baltes (Eds.), *International encyclopedia of the social & behavioral sciences, Vol. 16* (pp. 11333–11339). Amsterdam: Elsevier.

Bergmann, L. R., Magnusson, D. & El-Khouri, B. M. (2003). *Studying individual development in an interindividual context. A person-oriented approach.* Mahwah: Lawrence Erlbaum.

Biddle, S. J. H., Fox, K. R. & Boutcher, S. H. (Eds.). (2000). *Physical activity and psychological well-being.* London: Routledge.

Bierhoff-Alfermann, D. (1986). *Sportpsychologie.* Stuttgart: Kohlhammer.

Borkenau, P. & Ostendorf, F. (2008). *NEO-FFI – NEO-Fünf-Faktoren-Inventar nach Costa und McCrae: Manual* (2. Aufl.). Göttingen: Hogrefe.

Bortz, J. & Döring, N. (2006). *Forschungsmethoden und Evaluation für Human- und Sozialwissenschaftler* (4. Aufl.). Berlin: Springer.

Bös, K. (Hrsg.). (2001). *Handbuch motorische Tests* (2. Aufl.). Göttingen: Hogrefe.

Bös, K. & Mechling, H. (1983). *Dimensionen sportmotorischer Leistungen.* Schorndorf: Hofmann.

Bös, K. & Wohlmann, R. (1987). Allgemeiner Sportmotorischer Test (AST 6–11) zur Diagnose der konditionellen und koordinativen Leistungsfähigkeit. *Lehrhilfen für den Sportunterricht, 36*, 145–160.

Bracken, B. A. (1996). Clinical applications of a multidimensional, context-dependent model of self-concept. In B. A. Bracken (Ed.), *Handbook of self concept: Developmental, social, and clinical considerations* (pp. 463–505). New York: John Wiley and Sons.

Bracken, B. A. & Lamprecht, M. S. (2003). Positive self-concept: An equal opportunity construct. *School Psychology Quarterly, 18*, 103–121.

Brand, R. (2006). *Sportpsychologische Interventionen und Gesundheitsverhalten.* Unveröffentlichte Habilitationsschrift, Universität Stuttgart.

Brandtstädter, J. (2001). *Entwicklung, Intentionalität, Handeln.* Stuttgart: Kohlhammer.

Brettschneider, W.-D. & Gerlach, E. (2004). *Sportliches Engagement und Entwicklung im Kindesalter. Eine Evaluation zum Paderborner Talentmodell.* Aachen: Meyer & Meyer.

Brettschneider, W.-D. & Kleine, T. (2002). *Jugendarbeit in Sportvereinen. Anspruch und Wirklichkeit.* Schorndorf: Hofmann.

Brissette, I., Scheier, M. F. & Carver, C. (2002). The role of optimism in social network development, coping, and psychological adjustment during a life transition. *Journal of Personality and Social Psychology, 82*, 102–111.

Brown, J. D. (1993). Self-esteem and self-evaluation: Feeling is believing. In J. M. Suls (Ed.), *Psychological perspectives on the self* (pp. 27–58). Hillsdale, NJ: Erlbaum.

Bushman, B. & Baumeister, R. F. (1998). Threatened egotism, narcissism, self-esteem, and direct and displaced aggression: Does self-love or self-hate lead to violence? *Journal of Personality and Social Psychology, 75*, 219–229.

Byrne, B. M. (2002). Validating the measurement and structure of self-concept: Snapshots of past, present, and future research. *American Psychologist, 57*, 897–909.

C

Cachay, K. (1990). Versportlichung der Gesellschaft und Entsportung des Sports – Systemtheoretische Anmerkungen zu einem gesellschaftlichen Phänomen. In H. Gabler & U. Göhner (Hrsg.), *Für einen besseren Sport ... – Themen, Entwicklungen und Perspektiven aus Sport und Sportwissenschaft* (S. 97–113). Schorndorf: Hofmann.

Calfas, K. & Cooper, D. (1996). Effect of a 5 week exercise training program on self-worth among adolescent girls: A randomised controlled study. *Medicine and Science in Sports and Exercise, 28*, 135.

Case, R. (1991). Stages in the development of the young child's first sense of self. *Developmental Review, 11*, 210–230.

Cattel, R. B. (1950). *Personality: A systematical theoretical and factual study.* New York: McGraw Hill.

Chanal, J. P., Marsh, H. W., Sarrazin, P. G. & Bois, J. E. (2005). Big-fish-little-pond-effects on gymnastics self-concept: Social comparison processes in a physical setting. *Journal of Sport and Exercise Psychology, 27*, 53–70.

Cohen, J. (1988). *Statistical power analysis for the behavioral sciences.* Hillsdale, NJ: Erlbaum.

Colvin, C. R. & Block, J. (1994). Do positive illusions foster mental health? An examination of the Taylor and Brown formulation. *Psychological Bulletin, 116*, 3–20.

Colvin, C. R., Block, J. & Funder, D. C. (1995). Overly positive self-evaluations and personality: Negative implications for mental health. *Journal of Personality and Social Psychology, 68*, 1152–1162.

Connolly, J. (1989). Social self-efficacy in adolescence: Relations with self-concept, social adjustment, and mental health. *Canadian Journal of Behavioural Science, 21*, 258–269.

Conzelmann, A. (2001). *Sport und Persönlichkeitsentwicklung. Möglichkeiten und Grenzen von Lebenslaufanalysen.* Schorndorf: Hofmann.

Conzelmann, A. (2009a). Differentielle Sportpsychologie – Sport und Persönlichkeit. In W. Schlicht & B. Strauss (Hrsg.), *Enzyklopädie der Psychologie: Themenbereich D Praxisgebiete, Serie V Sportpsychologie, Band 1 Grundlagen der Sportpsychologie* (S. 375–439). Göttingen: Hogrefe.

Conzelmann, A. (2009b). Plastizität der Motorik im Lebenslauf. In J. Baur, K. Bös, A. Conzelmann & R. Singer (Hrsg.), *Handbuch motorische Entwicklung* (S. 69–86). Schorndorf: Hofmann.

Conzelmann, A. & Blank, M. (2009). Entwicklung der Ausdauer. In J. Baur, K. Bös, A. Conzelmann & R. Singer (Hrsg.), *Handbuch Motorische Entwicklung* (2. Aufl., S. 167–186). Schorndorf: Hofmann.

Conzelmann, A. & Müller, M. (2005). Sport und Selbstkonzeptentwicklung – ein Situationsbericht aus entwicklungstheoretischer Perspektive. *Zeitschrift für Sportpsychologie, 12*, 108–118.

Conzelmann, A. & Valkanover, S. (2006). *Persönlichkeitsentwicklung durch Schulsport* (Forschungsgesuch). Bern: Universität, Institut für Sportwissenschaft.

Conzelmann, A., Valkanover, S. & Schmidt, M. (2009). *Persönlichkeitsentwicklung durch Schulsport – Skalendokumentation der Berner Interventionsstudie Schulsport (BISS).* Bern: Universität, Institut für Sportwissenschaft.

Cooley, C. H. (1902). *Human nature and the social order.* New York: Scribner's.

Costa, P. T. & McCrae, R. R. (1992). *Revised Neo Personality Inventory (NEO-PI-R) and Neo Five-Five-Factor Inventory (NEO-FFI) manual.* Odessa, FL: Psychological Assessment Ressources.

Costa, P. T. & McCrae, R. R. (1997). Longitudinal stability of adult development. In R. Hogan, J. Johnson & S. Briggs (Eds.), *Handbook of personality psychology* (pp. 269–290). San Diego, CA: Academic Press.

Craven, R. G., Marsh, H. W. & Print, M. (2000). Selective, streamed and mixed-ability programs for gifted students: Impact on self-concept, motivation and achievement. *Australian Journal of Education, 44*, 51–75.

Csikszentmihalyi, M. (1985). *Das flow-Erlebnis. Jenseits von Angst und Langeweile: im Tun aufgehen.* Stuttgart: Klett-Cotta.

Currie, C. E., Elton, R. A., Todd, J. & Platt, S. (1997). Indicators of socio-economic status for adolescents: The WHO health behaviour in school-aged survey. *Health Education Research, 12*, 385–397.

D

Digel, H. (1990). Die Versportlichung unserer Kultur und deren Folgen für den Sport – ein Beitrag zur Uneigentlichkeit des Sports. In H. Gabler & U. Göhner (Hrsg.), *Für einen besseren Sport ... – Themen, Entwicklungen und Perspektiven aus Sport und Sportwissenschaft* (S. 73–96). Schorndorf: Hofmann.

Digman, J. M. (1990). Personality structure: Emergence of the five-factor model. *Annual Review of Psychology, 41*, 417–440.

Dodge, K. A., Pettit, G. S., McClaskey, C. L., Brown, M. M. & Gottman, J. M. (1986). Social competence in children. *Monographs of the Society for Research in Child Development, 51*, 1–85.

Drössler, S., Jerusalem, M. & Mittag, W. (2007). Förderung sozialer Kompetenzen im Unterricht. *Zeitschrift für Pädagogische Psychologie, 21*, 157–168.

Duval, S. & Wicklund, R. A. (1972). *A theory of objective self-awareness*. New York: Academic Press.

E

Eccles, J. S., Wigfield, A., Harold, R. D. & Blumenfeld, P. (1993). Age and gender differences in children's self- and task-perceptions during elementary school. *Child Development, 64*, 830–847.

Edelmann, W. (1996). *Lernpsychologie* (5. Aufl.). Weinheim: Psychologie Verlags Union.

Elias, M. J., Zins, J. E., Weissberg, R. P., Frey, K. S., Greenberg, M. T., Haynes, N. M. et al. (1997). *Promoting social and emotional learning: Guidelines for educators*. Alexandria, VA: Association for Supervision and Curriculum Development.

Ergene, T. (2003). Effective interventions on test anxiety reduction: A meta-analysis *School Psychology International, 24*, 313–328.

ESK (Eidgenössische Sportkommission) (Hrsg.). (1997). *Lehrmittel Sporterziehung Band 4*. Bern: EDMZ.

Eysenck, H. J. & Eysenck, S. B. G. (1969). *Personality structure and measurement*. London: Routledge & Kegan Paul.

F

Fend, H., Helmke, A. & Richter, P. (1984). *Inventar zu Selbstkonzept und Selbstvertrauen. Bericht aus dem Projekt «Entwicklung im Jugendalter»*. Universität Konstanz, Sozialwissenschaftliche Fakultät.

Fengler, J. (2009a). *Feedback geben. Strategien und Übungen* (4. Aufl.). Weinheim: Beltz.

Fengler, J. (2009b). Persönlichkeit und Abenteuer. Empirische Forschungsbefunde zu Erlebnispädagogik und Selbstkonzept. *erleben und lernen, 1*, 19–24.

Festinger, L. (1954). A theory of social comparison processes. *Human Relations, 7*, 117–140.

Filipp, S.-H. (1975). *Korrelate des inneren Selbstmodells. Situation, Persönlichkeit und elterlicher Erziehungsstil*. Trier: Universität, Institut für Psychologie.

Filipp, S.-H. (1979). Entwurf eines heuristischen Bezugsrahmens für Selbstkonzeptforschung: Menschliche Informationsverarbeitung und naive Handlungstheorie. In S.-H. Filipp (Hrsg.), *Selbstkonzept-Forschung* (S. 129–153). Stuttgart: Klett-Cotta.

Filipp, S.-H. (1980). Entwicklung von Selbstkonzepten. *Zeitschrift für Entwicklungspsychologie und Pädagogische Psychologie, 12*, 105–125.

Filipp, S.-H. & Frey, D. (1988). Das Selbst. In K. Immelmann, K. R. Scherer, C. Vogel & P. Schmoock (Hrsg.), *Psychobiologie. Grundlagen des Verhaltens* (S. 415–454). Stuttgart: Gustav Fischer Verlag.

Filipp, S.-H. & Mayer, A.-K. (2005). Selbst und Selbstkonzept. In H. Weber & T. Rammsayer (Hrsg.), *Handbuch der Persönlichkeitspsychologie und Differentiellen Psychologie* (S. 266–276). Göttingen: Hogrefe.

Fox, K. R. (1990). *The Physical Self-Perception Profile Manual*. De Kalb: Office for Health Promotion, Northern Illinois University.

Fox, K. R. & Corbin, C. B. (1989). The Physical Self-Perception Profile. *Journal of Sport and Exercise Psychology, 11*, 408–430.

Fraser, B. J. & Walberg, H. J. (1991). *Educational environments. Evaluation, antecedents, and consequences*. Oxford: Pergamon.

Frey, K. S. & Ruble, D. N. (1985). What children say when the teacher is not around: Conflicting goals in social comparison and performance assessment in the classroom. *Journal of Personality and Social Psychology, 48*, 550–562.

Friedman, H. S. & Schustack, M. W. (2004). *Persönlichkeitspsychologie und Differentielle Psychologie* (2. Aufl.). München: Pearson Studium.

Fries, A.-V., Baumberger, J. & Egloff, B. (2008). *Volksschullehrpläne der Deutschschweiz für «Bewegung und Sport». Eine Lehrplananalyse* (Schlussbericht). Zürich: Pädagogische Hochschule.

Frommann, B. (2006). *Wilde Spiele.* Schorndorf: Hofmann.

Fuchs, R. (1989). *Sportliche Aktivität bei Jugendlichen – Entwicklungsverlauf und sozial-kognitive Determinanten.* Köln: bps.

Funke-Wieneke, J. (1997). Soziales Lernen. *Sportpädagogik, 2*, 28–39.

G

Gerlach, E. (2008). *Sportengagement und Persönlichkeitsentwicklung: Eine längsschnittliche Analyse der Bedeutung sozialer Faktoren für das Selbstkonzept von Heranwachsenden.* Aachen: Meyer & Meyer.

Gjesme, T. & Nygard, R. (1970). *Achievement-related motives: Theoretical considerations and construction of a measuring instrument.* Oslo: University of Oslo.

Goni, A. & Zulaika, L. (2000). Relationships between physical education classes and the enhancement of fifth grade pupils› self-concept. *Perceptual and Motor Skills, 91*, 246–250.

Göttert, R. & Kuhl, J. (1980). *LM-Fragebogen: Deutsche Übersetzung der AMS-Skalen von Gjesme und Nygard.* Bochum: Ruhr-Universität.

Greve, W. (2000a). Die Psychologie des Selbst – Konturen eines Forschungsthemas. In W. Greve (Hrsg.), *Psychologie des Selbst* (S. 15–36). Weinheim: Beltz.

Greve, W. (2000b). Das erwachsene Selbst. In W. Greve (Hrsg.), *Psychologie des Selbst* (S. 96–114). Weinheim: Beltz.

Grob, A., Lüthi, R., Kaiser, F. G., Flammer, A., Mackinnon, A. & Wearing, A. J. (1991). Berner Fragebogen zum Wohlbefinden Jugendlicher (BFW). *Diagnostica, 37*, 66–75.

Grupe, O. (1988). Menschen im Sport 2000. Von der Verantwortung der Person und der Verpflichtung der Organisation. In K. Gieseler, O. Grupe & K. Heinemann (Hrsg.), *Menschen im Sport 2000* (S. 44–67). Schorndorf: Hofmann.

Grupe, O. & Krüger, M. (1997). *Einführung in die Sportpädagogik.* Schorndorf: Hofmann.

Gutzwiller-Helfenfinger, E. (2008). Die Wirkung von erweitertem Rollenspiel auf soziale Perspektivenübernahme und antisoziales Verhalten. In T. Malti & S. Perren (Hrsg.), *Soziale Kompetenz bei Kindern und Jugendlichen. Entwicklungsprozesse und Förderungsmöglichkeiten.* Stuttgart: Kohlhammer.

H

Hackfort, D. & Nitsch, J. R. (1988). *Das Sportangst-Deutungsverfahren SAD.* Schorndorf: Hofmann.

Hägele, W. (1996). *Reflexionen zur Sportwissenschaft.* München: Homo Ludens.

Halbig, S. & Luther, M. (2007). *Erlebnislandschaften in der Turnhalle.* Schorndorf: Hofmann.

Hannover, B. (1997). *Das dynamische Selbst.* Bern: Huber.

Hänsel, F. (2008). Kognitive Aspekte. In A. Conzelmann & F. Hänsel (Hrsg.), *Sport und Selbstkonzept. Struktur, Dynamik und Entwicklung* (S. 26–44). Schorndorf: Hofmann.

Harter, S. (1982). The perceived competence scale for children. *Child Development, 53,* 87–97.

Harter, S. (1985). *Manual for the Self-Perception Profile for Children.* Denver, CO: University of Denver.

Harter, S. (1998). The development of self-representations. In N. Eisenberg (Ed.), *Handbook of child psychology: Vol 3. Social, emotional and personality development* (5th ed., pp. 553–617). New York: John Wiley & Sons.

Harter, S. (1999). *The construction of the self: A developmental perspective.* New York: Guilford Press.

Harter, S. (2003). The development of self-representations during childhood and adolescence. In M. R. Leary & J. P. Tangney (Eds.), *Handbook of self and identity* (pp. 610–642). New York: Guilford.

Harter, S. (2006). The Self. In W. Damon & R. M. Lerner (Eds.), *Handbook of child psychology: Vol 3. Social, emotional and personality development* (6th ed., pp. 505–570). New York: John Wiley & Sons.

Hasselhorn, M. & Gold, A. (2006). *Pädagogische Psychologie. Erfolgreiches Lernen und Lehren.* Stuttgart: Kohlhammer.

Havighurst, R. J. (1956). Research on the developmental-task concept. *The School Review, 64,* 215–223.

Heckhausen, H. (1974). *Leistung und Chancengleichheit.* Göttingen: Hogrefe.

Heckhausen, H. (1984). Emergent achievement behaviour: Some early developments. In J. G. Nicholls (Ed.), *The development of motivation.* Greenwich: JAI Press.

Heckhausen, J. & Heckhausen, H. (2010). *Motivation und Handeln* (4. Aufl.). Berlin: Springer.

Heider, F. (1958). *The psychology of interpersonal relations.* New York: Wiley.

Heinemann, K. (1998). *Einführung in die Soziologie des Sports* (4. Aufl.). Schorndorf: Hofmann.

Heim, R. (2002). Jugendliche Sozialisation und Selbstkonzeptentwicklung im Hochleistungssport. Eine empirische Studie aus pädagogischer Perspektive. Aachen: Meyer & Meyer.

Helmke, A. (1992). *Selbstvertrauen und schulische Leistungen.* Göttingen: Hogrefe.

Herbart, J. F. (1831). *Pädagogische Briefe oder Briefe über die Anwendung der Psychologie auf die Pädagogik* (Ausgabe Willmann-Fritzsch 1913, Bd. II). Leipzig: Osterwick.

Herrmann, T. (1991). *Lehrbuch der empirischen Persönlichkeitsforschung* (6. Aufl.). Göttingen: Hogrefe.

Herzog, W. (1995). Reflexive Praktika in der Lehrerinnen- und Lehrerbildung. *Beiträge zur Lehrerbildung, 3,* 253–273.

Herzog, W. (2006). *Zeitgemäße Erziehung. Die Konstruktion pädagogischer Wirklichkeit.* Weilerswist: Velbrück Wissenschaft.

Higgins, E. T. (1991). Development of self-regulatory and self-evaluative processes: Costs, benefits, and tradeoffs. In M. R. Gunnar & L. A. Sroufe (Eds.), *Self processes and development. The Minnesota symposia on child psychology* (pp. 125–165). Hillsdale, NJ: Lawrence Erlbaum Associates.

Horberg, E. J. & Chen, S. (2010). Significant others and contingencies of self-worth: Activation and consequences of relationship-specific contingencies of self-worth. *Journal of Personality and Social Psychology, 98,* 77–91.

Hurrelmann, K. (1998). *Einführung in die Sozialisationstheorie* (6. Aufl.). Weinheim: Beltz.

Hurrelmann, K. (2002). *Einführung in die Sozialisationstheorie* (8. Aufl.). Weinheim: Beltz.

Hurrelmann, K. (2006). *Einführung in die Sozialisationstheorie* (9. Aufl.). Weinheim: Beltz.

J

James, W. (1890). *The principles of psychology.* New York: Holt.

Jerusalem, M. & Klein-Hessling, J. (2002a). Soziale Selbstwirksamkeitserwartung. In M. Jerusalem & J. Klein-Hessling (Hrsg.), *Skalendokumentation des Projektes «Sicher und gesund in der Schule»* (S. 6). Berlin: Humboldt-Universität.

Jerusalem, M. & Klein-Hessling, J. (2002b). Soziale Kompetenz. Entwicklungstrends und Förderung in der Schule. *Zeitschrift für Psychologie, 210,* 164–174.

Jerusalem, M. & Schwarzer, R. (1991). Entwicklung des Selbstkonzepts in verschiedenen Lernumwelten. In R. Pekrun & H. Fend (Hrsg.), *Schule und Persönlichkeitsentwicklung* (S. 115–128). Stuttgart: Enke.

K

Kagan, J. (1991). The theoretical utility of constructs for self. *Developmental Review, 11,* 244–250.

Klein-Hessling, J. & Drössler, S. (2003). Selbstwirksamkeitserwartung Teamfähigkeit. In M. Jerusalem, S. Drössler, J. Klein-Hessling & B. Röder (Hrsg.), *Skalendokumentation des Projektes «Förderung von Selbstwirksamkeit und Selbstbestimmung in der Schule (FoSS)»* (S. 20). Berlin: Humboldt-Universität.

Klemmert, H. (2004). *Äquivalenz- und Effekttests in der psychologischen Forschung.* Frankfurt: Peter Lang.

Kling, K. C., Hyde, J. S., Showers, C. J. & Buswell, B. N. (1999). Gender differences in self-esteem: A meta-analysis. *Psychological Bulletin, 125,* 470–500.

Köller, O. & Möller, J. (2006). Selbstwirksamkeit. In D. H. Rost (Hrsg.), *Handwörterbuch Pädagogische Psychologie* (3. Aufl., S. 693–699). Weinheim: Beltz.

Krampen, G. (2000). *Handlungstheoretische Persönlichkeitspsychologie.* Göttingen: Hogrefe.

Krampen, G. (2002). Persönlichkeits- und Selbstkonzeptentwicklung. In R. Oerter & L. Montada (Hrsg.), *Entwicklungspsychologie* (5. Aufl., S. 675–710). Weinheim: Beltz.

Krause, C., Wiesmann, U. & Hannich, H.-J. (2004). *Subjektive Befindlichkeit und Selbstwertgefühl von Grundschulkindern.* Lengerich: Pabst.

Krug, S. & Kuhlmann, K. (2005). Motiveffekte individueller Bezugsnormen im Sportunterricht. In F. Rheinberg (Hrsg.), *Motivationsförderung im Schulalltag* (S. 115–125). Göttingen: Hogrefe.

Kunter, M., Schümer, G., Artelt, C., Baumert, J., Klieme, E., Neubrand, M., Prenzel, M., Schiefele, U., Schneider, W., Stanat, P., Tillmann, K.-J. & Weiss, M. (2002). *PISA 2000: Dokumentation der Erhebungsinstrumente.* Berlin: Max-Planck-Institut für Bildungsforschung.

Kurz, D. (1973). Gymnastische Erziehung bei Platon und Aristoteles. In H. Lenk, S. Moser & E. Beyer (Hrsg.), *Philosophie des Sports* (S. 163–184). Hofmann: Schorndorf.

L

Lamprecht, M., Fischer, A. & Stamm, H. P. (2008). *Sport Schweiz 2008. Kinder- und Jugendbericht.* Magglingen: Bundesamt für Sport BASPO.

Léger, L. A., Mercier, D., Gadoury, C. & Lambert, J. (1988). The multistage 20 metre shuttle run test for aerobic fitness. *Journal of Sports Sciences, 6,* 93–101.

Lerner, R. M. (2002). *Concepts and theories of human development* (3rd ed.). New Jersey: Erlbaum.

Leppin, A. (1999). Förderung von sozialer Kompetenz bei Jugendlichen: Wem helfen Präventionsprogramme? In B. Röhrle & G. Sommer (Hrsg.), *Prävention und Gesundheitsförderung* (S. 203–219). Tübingen: DGVT-Verlag.

Lintunen, T. (1999). Development of self-perceptions during the school years. In Y. V. Auweele, F. Bakker, S. Biddle, M. Durand & R. Seiler (Eds.), *Psychology for physical educators* (pp. 115–134). Champaign: Human Kinetics.

Lloyd, J. & Fox, K. R. (1992). Achievement goals and motivation to exercise in adolescent girls: A preliminary investigation study. *British Journal of Physical Education Research Supplement, 11*, 12–16.

Luckner, J. & Nadler, R. (1997). *Processing the experience: Strategies to enhance and generalize learning.* Dubuque, IA: Kendall/Hunt.

Lüdtke, O. & Köller, O. (2002). Individuelle Bezugsnormorientierung und soziale Vergleiche im Mathematikunterricht. *Zeitschrift für Entwicklungspsychologie und Pädagogische Psychologie, 34*, 156–166.

Lüdtke, O., Köller, O., Marsh, H. W. & Trautwein, U. (2005). Teacher frame of reference and the big-fish-little-pond effect. *Contemporary Educational Psychology, 30*, 263–285.

M

Magnusson, D. (1990). Personality development from an interactional perspective. In L. A. Pervin (Ed.), *Handbook of personality: Theory and research* (pp. 193–222). New York: Guilford.

Magnusson, D. & Cairns, R. B. (1996). Developmental science: Toward a unified framework. In R. B. Cairns, G. H. Elder & E. J. Costello (Eds.), *Developmental science* (pp. 7–30). Cambridge: University Press.

Markus, H. (1977). Self-schemata and processing information about the self. *Journal of Personality and Social Psychology, 35*, 63–78.

Markus, H. & Nurius, P. (1986). Possible selves. *American Psychologist, 41*, 954–969.

Marsh, H. W. (1988). *Self Description Questionnaire: A theoretical and empirical basis for the measurement of multiple dimensions of preadolescent self-concept. A test manual and a research monograph.* San Antonio, TX: The Psychological Corporation.

Marsh, H. W. (1990). A multidimensional, hierarchical model of self-concept: Theoretical and empirical justification. *Educational Psychology Review, 2*, 77–172.

Marsh, H. W. (1993). Physical fitness self-concept: Relations of physical fitness to field and technical indicators for boys and girls aged 9–15. *Journal of Sport and Exercise Psychology, 15*, 184–206.

Marsh, H. W. & Craven, R. G. (1997). Academic self-concept: Beyond the dustbowl. In G. Phye (Ed.), *Handbook of classroom assessment: Learning, achievement and adjustment* (pp. 131–198). Orlando, FL: Academic Press.

Marsh, H. W., Ellis, L. A. & Craven, R. G. (2002). How do preschool children feel about themselves? Unravelling measurement and multidimensional self-concept structure. *Developmental Psychology, 38*, 376–393.

Marsh, H. W. & Hau, K.-T. (2003). Big-fish-little-pond-effect on academic self-concept: A cross-cultural (26-country) test of the negative effects of academically selective schools. *American Psychologist, 58*, 364–376.

Marsh, H. W. & O'Mara, A. (2008). Reciprocal effects between academic self-concept, self-esteem, achievement, and attainment over seven adolescent years: Unidimensional and multidimensional perspectives of self-concept. *Personality and Social Psychology Bulletin, 34*, 542–552.

Marsh, H. W. & Peart, N. (1988). Competitive and cooperative physical fitness training programs for girls: Effects on physical fitness and on multidimensional self-concepts. *Journal of Sport and Exercise Psychology, 10*, 390–407.

Marsh, H. W. & Redmayne, R. S. (1994). A multi-dimensional physical self-concept and its relations to multiple components of physical fitness. *Journal of Sport and Exercise Psychology, 16*, 43–55.

Marsh, H. W., Trautwein, U., Lüdtke, O., Baumert, J. & Köller, O. (2007). The Big Fish Little Pond Effect: Persistent negative effects of selective high schools on self-concept after graduation. *American Educational Research Journal, 44*, 631–669.

Marsh, H. W. & Yeung, A. S. (1998). Top-down, bottom-up, and horizontal models: The direction of causality in multidimensional, hierarchical self-concept models. *Journal of Personality and Social Psychology, 75*, 509–527.

Mayring, P. (2002). *Einführung in die Qualitative Sozialforschung. Eine Anleitung zu qualitativem Denken*. Weinheim: Beltz.

McCoy, A. R. & Reynolds, A. J. (1998). Evaluating implementation. In A. J. Reynolds & H. J. Walberg (Eds.), *Advances in Educational Productivity* (pp. 117–133). Stamford: JAI Press.

McCrae, R. R. & John, O. P. (1992) An introduction to the five-factor model of personality. *Journal of Personality, 60*, 175–215.

McFarlin, D. B., Baumeister, R. F. & Blascovich, J. (1984). On knowing when to quit: Task failure, self-esteem, advice, and nonproductive persistence. *Journal of Personality, 52*, 138–155.

McKenzie, M. (2003). Beyond «the Outward Bound process»: Rethinking student learning. *The Journal of Experiential Education, 26*, 8–23.

Memmert, D. & König, S. (2007). Teaching games at elementary schools. *International Journal of Physical Education, 44*, 54–67.

Meyer, W.-U. (1984). *Das Konzept von der eigenen Begabung*. Bern: Huber.

Mischo, C. (2005). Promoting perspective coordination by dilemma discussion. The effectiveness of classroom group discussion on interpersonal negotiation strategies of 12-year-old students. *Social Psychology of Education, 8*, 41–63.

Mischo, C. & Rheinberg, F. (1995). Erziehungsziele von Lehrern und individuelle Bezugsnormen der Leistungsbewertung. *Zeitschrift für Pädagogische Psychologie, 9*, 139–151.

Mittag, W. & Hager, W. (2000). Ein Rahmenkonzept zur Evaluation psychologischer Interventionsmaßnahmen. In W. Hager, J. L. Patry & H. Brezing (Hrsg.), *Evaluation psychologischer Interventionsmaßnahmen* (S. 102–128). Bern: Huber.

Montada, L. (2008). Fragen, Konzepte, Perspektiven. In R. Oerter & L. Montada (Hrsg.), *Entwicklungspsychologie* (6. Aufl., S. 3–48). Weinheim: Beltz.

Möller, J. (2006). Attributionen. In D. H. Rost (Hrsg.), *Handwörterbuch Pädagogische Psychologie* (S. 34–40). Weinheim: Beltz.

Möller, J. & Jerusalem, M. (1997). Attributionsforschung in der Schule. *Zeitschrift für Pädagogische Psychologie, 11*, 151–166.

Möller, J., Pohlmann, B., Köller, O. & Marsh, H. W. (2009). A meta-analytic path analysis of the internal/external frame of reference model of academic achievement and academic self-concept. *Review of Educational Research, 79*, 1129–1167.

Moschner, B. & Dickhäuser, O. (2006). Selbstkonzept. In D. H. Rost (Hrsg.), *Handwörterbuch Pädagogische Psychologie* (3. Aufl., S. 685–692). Weinheim: Beltz.

Mummendey, H. D. (2006). *Psychologie des «Selbst». Theorien, Methoden und Ergebnisse der Selbstkonzeptforschung.* Göttingen: Hogrefe.

Muris, P. (2002). Relationships between self-efficacy and symptoms of anxiety disorders and depression in a normal adolescent sample. *Personality and Individual Differences, 32,* 337–348.

N

Neber, H. (2001). Kooperatives Lernen. In D. H. Rost (Hrsg.), *Handwörterbuch Pädagogische Psychologie* (2. Aufl., S. 361–366). Weinheim: Beltz.

Neuber, N. (2007). *Entwicklungsförderung im Jugendalter – Theoretische Grundlagen und empirische Befunde aus sportpädagogischer Perspektive.* Schorndorf: Hofmann.

Neumann, O. (1957). *Sport und Persönlichkeit.* München: Barth.

Nicholls, J. G. (1984). Achievement motivation: Conceptions of ability, subjective experience, task choice, and performance. *Psychological Review, 91,* 328–346.

Nitsch, J. R., Gabler, H., Singer, R. (2000). Sportpsychologie – ein Überblick. In H. Gabler, J. R. Nitsch & R. Singer (Hrsg.), *Einführung in die Sportpsychologie. Teil 1 Grundthemen* (3. Aufl., S. 11–42). Schorndorf: Hofmann.

O

Oerter, R. (2008). Kindheit. In R. Oerter & L. Montada (Hrsg.), *Entwicklungspsychologie* (6. Aufl., S. 225–270). Weinheim: Beltz PVU.

Oerter, R. & Dreher, M. (2008). Jugendalter. In R. Oerter & L. Montada (Hrsg.), *Entwicklungspsychologie* (6. Aufl., S. 271–332). Weinheim: Beltz PVU.

Oesterreich, C. & Heim, R. (2006). Der Sportunterricht in der Wahrnehmung der Lehrer. In Deutscher Sportbund & Deutsche Sportjugend (Hrsg.). *DSB-SPRINT-Studie. Eine Untersuchung zur Situation des Schulsports in Deutschland* (S. 153–180). Aachen: Meyer & Meyer.

O'Mara, A. J., Marsh, H. W., Craven, R. G. & Debus, R. (2006). Do self-concept interventions make a difference? A synergistic blend of construct validation and meta-analysis. *Educational Psychologist, 41,* 181–206.

P

Parsons, J. E. & Ruble, D. N. (1977). The development of achievement-related expectancies. *Child Development, 48,* 1075–1079.

Paul, G. & Volk, T. L. (2002). Ten years of teacher workshops in an environmental problem-solving model: Teacher implementation and perceptions. *The Journal of Environmental Education, 33,* 10–20.

Paulhus, D. L. (1998). Interpersonal and intrapsychic adaptiveness of trait self-enhancement: A mixed blessing? *Journal of Personality and Social Psychology, 74,* 1197–1208.

Pawlik, K. (Hrsg.). (1996). *Grundlagen und Methoden der Differentiellen Psychologie.* Göttingen: Hogrefe.

Percy, L. E., Dziuban, C. D. & Martin, J. B. (1981). Analysis of effects of distance running on self-concepts of elementary students. *Perceptual and Motor Skills, 52,* 42.

Pekrun, R. (1996). Geschichte von Differentieller Psychologie und Persönlichkeitspsychologie. In K. Pawlik (Hrsg.), *Grundlagen und Methoden der Differentiellen Psychologie* (S. 83–123). Göttingen: Hogrefe.

Petersen, L.-E. (1994). *Selbstkonzept und Informationsverarbeitung.* Essen: Blaue Eule.

Petrakis, E. & Bahls, V. (1991). Relation of physical education to self-concept. *Perceptual and Motor Skills, 73,* 1027–1031.

Phillips, D. A. & Zimmerman, M. (1990). The developmental course of perceived competence and incompetence among competent children. In R. J. Sternberg & J. Kolligian (Eds.), *Competence considered* (pp. 41–66). New Haven, CT: Yale University Press.

Podlich, C. (2008). *Selbstgewolltes Leisten. Der Einfluss sportlicher Bewegungsaktivitäten auf das Selbstkonzept von Kindern.* Weinheim: Juventa.

Pomerantz, E. M., Ruble, D. N., Frey, K. S. & Greulich, F. (1995). Meeting goals and confronting conflict: Children's changing perceptions of social comparison. *Child Development, 66*, 723–738.

Popper, K. R. (1935). *Logik der Forschung.* Wien: Springer.

Preiser, S. (2001). Kontrollüberzeugung. In D. H. Rost (Hrsg.), *Handwörterbuch Pädagogische Psychologie* (2. Aufl., S. 355–360). Weinheim: Beltz.

Prohl, R. (2006). *Grundriss der Sportpädagogik* (2. Aufl.). Wiebelsheim: Limpert.

Prohl, R. & Krick, F. (2006). Lehrplan und Lehrplanentwicklung – programmatische Grundlagen des Schulsports. In Deutscher Sportbund (Hrsg.), *DSB-SPRINT-Studie. Eine Untersuchung zur Situation des Schulsports in Deutschland* (S. 19–52). Aachen: Meyer & Meyer.

Pühse, U. (1999). Soziale Lernprozesse im Sportunterricht. In W. Günzel & R. H. Laging (Hrsg.), *Neues Taschenbuch des Sportunterrichts, Band 1 Grundlagen und pädagogische Orientierungen* (S. 215–234). Baltmannsweiler: Schneider.

Pühse, U. (2009). Sozialerziehung. In H. Haag & A. Hummel (Hrsg.), *Handbuch Sportpädagogik* (2. Aufl., S. 335–343). Schorndorf: Hofmann.

R

Reinmann-Rothmeier, G. & Mandl, H. (1998). Wenn kreative Ansätze versanden: Implementation als verkannte Aufgabe. *Unterrichtswissenschaft, 26*, 292–311.

Rheinberg, F. (1980). *Leistungsbewertung und Lernmotivation.* Göttingen: Hogrefe.

Rheinberg, F. (2001). Bezugsnormorientierung. In D. H. Rost (Hrsg.), *Handwörterbuch Pädagogische Psychologie* (2. Aufl., S. 55–62). Weinheim: Beltz.

Rheinberg, F. (2005). Trainings auf der Basis eines kognitiven Motivationsmodells. In F. Rheinberg & S. Krug (Hrsg.), *Motivationsförderung im Schulalltag* (S. 36–52). Göttingen: Hogrefe.

Rheinberg, F. (2006). Bezugsnormorientierung. In D. H. Rost (Hrsg.), *Handwörterbuch Pädagogische Psychologie* (3. Aufl., S. 55–62). Weinheim: Beltz.

Rheinberg, F. (2008). Bezugsnormen und die Beurteilung von Lernleistung. In W. Schneider & M. Hasselhorn (Hrsg.), *Handbuch der Pädagogischen Psychologie* (S. 178–186). Göttingen: Hogrefe.

Rheinberg, F. & Krug, S. (Hrsg.). (2005). *Motivationsförderung im Schulalltag* (3. Aufl.). Göttingen: Hogrefe.

Rheinberg, F., Krug, S., Lübbermann, E. & Landscheidt, K. (1980). Änderung der Leistungsbewertung im Unterricht: lehrer- und schülerseitige Effekte eines Interventionsversuchs. *Unterrichtswissenschaft, 8*, 48–60.

Rheinberg, F. & Vollmeyer, R. (2008). Motivationsförderung. In W. Schneider & M. Hasselhorn (Hrsg.), *Handbuch der Pädagogischen Psychologie* (S. 391–403). Göttingen: Hogrefe.

Rheinberg, F., Vollmeyer, R. & Lehnik, A. (2000). Selbstkonzept der Begabung, Erfolgserwartungen und Lernleistung. In F. Försterling, J. Stiensmeier-Pelster & L.-M. Silny (Hrsg.), *Kognitive und emotionale Aspekte der Motivation* (S. 77–97). Göttingen: Hogrefe.

Riepe, L. & Zindel, M. (Hrsg.). (1996). *Das Paderborner Modell der Talentsichtung*. Paderborn: Zindel-Verlag.

Robins, R. W. & Beer, J. S. (2001). Positive illusion about the self: Short-term benefits and long-term costs. *Journal of Personality and Social Psychology, 80*, 340–352.

Roebers, C. M. (2007). Entwicklung des Selbstkonzeptes. In M. Hasselhorn & W. Schneider (Hrsg.), *Handbuch der Entwicklungspsychologie* (S. 381–391). Göttingen: Hogrefe.

Rogers, C. R. (1951). *Client-centered therapy*. Boston: Houghton Mifflin.

Rosenberg, M. (1979). *Conceiving the self*. New York: Basic Books.

Roth, H.-J. (1994). Soziale Interaktion und Spiel – Entwicklungstheoretische Überlegungen zum Sport als Ort moralischen Lernens. In U. Pühse (Hrsg.), *Soziales Handeln im Sport und Sportunterricht* (S. 85–100). Schorndorf: Hofmann.

Roth, K. & Willimczik, K. (1999). *Bewegungswissenschaft*. Reinbek: Rowohlt.

S

Satow, L. & Schwarzer, R. (2003). Entwicklung schulischer und sozialer Selbstwirksamkeitserwartung: Eine Analyse individueller Wachstumskurven. *Psychologie in Erziehung und Unterricht, 50*, 168–191.

Scherler, K. (1997). Die Instrumentalisierungsdebatte in der Sportpädagogik. *Sportpädagogik, 21* (2), 5–11.

Schmidt, M. & Conzelmann, A. (*online first*, 2011). Selbstkonzeptförderung im Sportunterricht. Eine psychologische Betrachtung einer pädagogischen Zielperspektive. *Sportwissenschaft, 41*, doi: 10.1007/s12662-011-0195-7.

Schmidtbleicher, D. (2009). Entwicklung der Kraft und der Schnelligkeit. In J. Baur, K. Bös, A. Conzelmann & R. Singer (Hrsg.), *Handbuch Motorische Entwicklung* (2. Aufl., S. 149–166). Schorndorf: Hofmann.

Schneewind, K. A. (2001). Persönlichkeit. In G. Wenninger (Hrsg.), *Lexikon der Psychologie* (S. 237–240). Heidelberg: Spektrum.

Schneider, W. (1998). Performance prediction in young children: Effects of skill, metacognition, and wishful thinking. *Developmental Science, 1*, 291–297.

Schoeneman, T. J. (1981). Reports of the sources of self-knowledge. *Journal of Personality, 49*, 284–294.

Schoeneman, T. J., Tabor, L. E. & Nash, D. L. (1984). Children's reports of the sources of self-knowledge. *Journal of Personality, 52*, 124–137.

Scholz, M. (2006). *Erlebnis – Wagnis – Abenteuer*. Schorndorf: Hofmann.

Schütz, A. (2003). *Psychologie des Selbstwertgefühls. Von Selbstakzeptanz bis Arroganz* (2. Aufl.). Stuttgart: Kohlhammer.

Schütz, A. & Sellin, I. (2003). Selbst und Informationsverarbeitung. *Zeitschrift für Differentielle und Diagnostische Psychologie, 24*, 151–161.

Schwalbe, M. L. & Staples, C. L. (1991). Gender differences in sources of self-esteem. *Social Psychology Quarterly, 54*, 158–168.

Schwarzer, R. (1994). Optimistische Kompetenzerwartung: Zur Erfassung einer personalen Bewältigungsressource. *Diagnostica, 40*, 105–123.

Schwarzer, R. & Jerusalem, M. (Hrsg.). (1999). *Skalen zur Erfassung von Lehrer- und Schülermerkmalen. Dokumentation der psychometrischen Verfahren im Rahmen der Wissenschaftlichen Begleitung des Modellversuchs Selbstwirksame Schulen*. Berlin: Freie Universität Berlin.

Schwebel, D. C. & Plumert, J. M. (1999). Longitudinal and concurrent relations among temperament, ability estimation, and injury proneness. *Child Development, 70*, 700–712.

Sedlmeier, P. & Renkewitz, F. (2008). *Forschungsmethoden und Statistik in der Psychologie*. München: Pearson Studium.

Shavelson, R. J., Hubner, J. J. & Stanton, G. C. (1976). Self-concept: Validation of construct interpretations. *Review of Educational Research, 46*, 407–441.

Silbereisen, R. K. & Ahnert, L. (2002). Soziale Kognition – Entwicklung von sozialem Wissen und Verstehen. In R. Oerter & L. Montada (Hrsg.), *Entwicklungspsychologie* (5. Aufl., S. 590–618). Weinheim: Beltz.

Singer, R. (2000). Sport und Persönlichkeit. In H. Gabler, J. R. Nitsch & R. Singer (Hrsg.), *Einführung in die Sportpsychologie. Teil 1 Grundthemen* (3. Aufl., S. 289–336). Schorndorf: Hofmann.

Smith, T. L. (1982). Self-concepts and movement skills of third grade children after physical education programs. *Perceptual and Motor Skills, 54*, 1145–1146.

Sodian, B. (2008). Entwicklung des Denkens. In R. Oerter & L. Montada (Hrsg.), *Entwicklungspsychologie* (S. 436–479). Weinheim: Beltz PVU.

Sonstroem, R. J. (1997). The physical self-system: A mediator of exercise and self-esteem. In K. R. Fox (Ed.), *The physical self: From motivation to well-being* (pp. 3–26). Champaign, IL: Human Kinetics.

Sonstroem, R. J., Harlow, L. L. & Josephs, L. (1994). Exercise and self-esteem: Validity of model expansion and exercise associations. *Journal of Sport and Exercise Psychology, 16*, 29–42.

Sonstroem, R. J. & Morgan, W. P. (1989). Exercise and self-esteem: Rationale and model. *Medicine and Science in Sports and Exercise, 21*, 329–337.

Späth, U. & Schlicht, W. (2000). Sportliche Aktivität und Selbst- und Körperkonzept in der Phase der Pubeszenz. *psychologie und sport, 7*, 51–66.

Spence, J. C., McGannon, K. R. & Poon, P. (2005). The effect of exercise on global self-esteem: A quantitative review. *Journal of Sport and Exercise Psychology, 27*, 311–334.

Staub, F. C. (2001). Fachspezifisch-pädagogisches Coaching: Förderung von Unterrichtsexpertise durch Unterrichtsentwicklung. *Beiträge zur Lehrerbildung, 19*, 175–198.

Staub, F. C. (2004). Fachspezifisch-pädagogisches Coaching: Ein Beispiel zur Entwicklung von Lehrerfortbildung und Unterrichtskompetenz als Kooperation von Wissenschaft und Praxis. In J. Baumert, D. Lenzen, R. Watermann & U. Trautwein (Hrsg.), *PISA und die Konsequenzen für die erziehungswissenschaftliche Forschung* (S. 113–141). Wiesbaden: VS Verlag für Sozialwissenschaften.

Steins, G. & Wicklund, R. A. (1993). Zum Konzept der Perspektivenübernahme: Ein kritischer Überblick. *Psychologische Rundschau, 44*, 226–239.

Stern, D. N. (1985). *The interpersonal world of the infant. A view from psychoanalysis and developmental psychology.* New York: Basic Books.

Stiller, J. & Alfermann, D. (2007). Promotion of a healthy self-concept. In J. Liukkonen, Y. V. Auweele, B. Vereijken, D. Alfermann & Y. Theodorakis (Eds.), *Psychology for physical educators. Student in focus* (Vol. 2, pp. 123–140). Champaign I. L.: Human Kinetics.

Stiller, J. & Alfermann, D. (2008). Inhalte und Struktur des physischen Selbstkonzepts. In A. Conzelmann & F. Hänsel (Hrsg.), *Sport und Selbstkonzept. Struktur, Dynamik und Entwicklung* (S. 14–25). Schorndorf: Hofmann.

Stiller, J., Würth, S. & Alfermann, D. (2004). Die Messung des physischen Selbstkonzepts (PSK). Zur Entwicklung der PSK-Skalen für Kinder, Jugendliche und junge Erwachsene. *Zeitschrift für Differentielle und Diagnostische Psychologie, 25,* 239–257.

Stipek, D. J. (1984). Young children's performance expectations: Logical analysis or wishful thinking? In J. G. Nicholls (Ed.), *The development of motivation.* Greenwich: JAI Press.

Sygusch, R. (2007). *Psychosoziale Ressourcen im Sport. Ein sportartenorientiertes Förderkonzept für Schule und Verein.* Schorndorf: Hofmann.

Sygusch, R. (2008). Selbstkonzeptförderung im Jugendsport – Zufall oder zielgerichtet? In A. Conzelmann & F. Hänsel (Hrsg.), *Sport und Selbstkonzept. Struktur, Dynamik und Entwicklung* (S. 140–156). Schorndorf: Hofmann.

T

Taylor, S. E. (1989). *Positive illusions: Creative self-deception and the healthy mind.* New York: Basic Books.

Taylor, S. E. & Brown, J. D. (1988). Illusion and well-being: A social psychological perspective on mental health. *Psychological Bulletin, 103,* 193–210.

Taylor, S. E. & Brown, J. D. (1994). Positive illusions and well-being revisited: Separating fact from fiction. *Psychological Bulletin, 116,* 21–27.

Thomas, M. (1989). *Zentralität und Selbstkonzept.* Bern: Huber.

Trautner, H. M. (2008). Entwicklung der Geschlechtsidentität. In R. Oerter & L. Montada (Hrsg.), *Entwicklungspsychologie* (S. 625–651). Weinheim: Beltz PVU.

Trudeau, F. & Shephard, R. J. (2008). Physical education, school physical activity, school sports and academic performance. *International Journal of Behavioral Nutrition and Physical Activity, 5:10.*

V

Valkanover, S. (1996). *Körperkonzept und Sportaktivität bei Jugendlichen.* Unveröffentlichte Lizentiatsarbeit, Bern, Universität. Zugriff am 16. April 2008 unter http://www.ubka.uni-karlsruhe.de/cgi-bin/psview?document=sonstiges/1

Valkanover, S. (2005). *Intrigenspiel und Muskelkraft. Aspekte der Psychomotorik im Zusammenhang mit Mobbing im Kindergarten.* Bern: Haupt.

Vealey, R. S. (2002). Personality and sport behavior. In T. S. Horn (Ed.), *Advances in sport psychology* (2nd ed., pp. 43–82). Champaign, IL: Human Kinetics.

Visé, M. & Schneider, W. (2000). Determinanten der Leistungsvorhersage bei Kindergarten- und Grundschulkindern: Zur Bedeutung metakognitiver und motivationaler Einflussfaktoren. *Zeitschrift für Entwicklungspsychologie und Pädagogische Psychologie, 32,* 51–58.

W

Weiner, B. (1986). *An attributional theory of motivation and emotion.* New York: Springer.

Weiss, M. R. & Ferrer-Caja, E. (2002). Motivational orientations and sport behavior. In T. S. Horn (Ed.), *Advances in sport psychology* (pp. 101–183). Champaign, IL: Human Kinetics.

Weiss, M. R. & Horn, T. S. (1990). The relationship between children's accuracy estimates of their physical competence and achievement-related behaviors. *Research Quarterly for Exercise and Sport, 61,* 250–258.

Wentzel, K. R. & Wigfield, A. (2007). Motivational interventions that work: Themes and remaining issues. *Educational Psychologist, 42,* 261–271.

Wigfield, A., Eccles, J. S., Yoon, K. S., Harold, R. D., Arbreton, A. J. A., Freedman-Doan, C. et al. (1997). Change in children's competence beliefs and subjective task values across the elementary school years: A 3-year study. *Journal of Educational Psychology, 89,* 451–469.

Wild, E., Hofer, M. & Pekrun, R. (2001). Psychologie des Lerners. In A. Krapp & B. Weidenmann (Hrsg.), *Pädagogische Psychologie* (S. 207–270). Weinheim: Beltz PVU.

Willimczik, K. (1995). Die Davidsbündler – zum Gegenstand der Sportwissenschaft. In H. Digel (Hrsg.), *Sportwissenschaft heute: eine Gegenstandsbestimmung* (S. 39–89). Darmstadt: Wissenschaftliche Buchgesellschaft.

Willimczik, K. (2009). Motorische Entwicklung in der mittleren/späten Kindheit und im Jugendalter. In J. Baur, K. Bös, A. Conzelmann & R. Singer (Hrsg.), *Handbuch motorische Entwicklung* (2. Aufl., S. 301–318). Schorndorf: Hofmann.

Wilson, T. D. (2009). Know thyself. *Perspectives on Psychological Science, 4,* 384–389.

Wine, J. (1971). Test anxiety and directions of attention. *Psychological Bulletin, 76,* 92–104.

Wylie, R. C. (1979). *The self-concept. Theory and research on selected topics* (Vol. 2). Lincoln: University of Nebraska Press.

Y

Yamnill, S. & McLean, G. N. (2001). Theories supporting transfer of training. *Human Resource Development Quarterly, 12,* 195–208.

Z

Ziegler, A. & Finsterwald, M. (2008). Attributionstraining. In W. Schneider & M. Hasselhorn (Hrsg.), *Handbuch der Pädagogischen Psychologie* (S. 416–427). Göttingen: Hogrefe.

Ziegler, A. & Schober, B. (2001). *Theoretische Grundlagen und praktische Anwendung von Reattributionstrainings.* Regensburg: Roderer.

Anzeigen

Gerhard Steiner
Lernen
20 Szenarien aus dem Alltag

2. Nachdruck 2011 der 4., unveränd. Aufl.
2007. 400 S., 53 Abb., Kt
€ 29.95 / CHF 48.90
ISBN 978-3-456-84402-2

Wer mit Lehren, Instruieren und Erziehen zu tun hat, findet hier eine moderne Einführung in die Psychologie des Lernens. Anhand von 20 Szenarien aus dem Alltag zeigt der Autor, unter welchen Bedingungen tatsächlich Verhaltensänderungen erlernt oder neue Wissensstrukturen erworben werden können – sei es beim Jonglieren oder Aufräumen, der Impulskontrolle oder beim Umgang mit Examensängsten.

Erhältlich im Buchhandel oder über
www.verlag-hanshuber.com

Jürg Frick
Was uns antreibt und bewegt
Entwicklung verstehen, begleiten und
beeinflussen

2011. 360 S., Kt
€ 19.95 / CHF 28.50
ISBN 978-3-456-84981-2

Von Kindesbeinen an werden wir von verschiedensten inneren und äußeren
Faktoren beeinflusst und angetrieben. Oft ist uns dabei nicht klar, was
uns und unsere Familie wirklich bewegt. Aber nur wenn wir erkennen, was
sich in unserem Inneren abspielt, können wir Entwicklungen bei uns und
bei unseren Kindern tatsächlich beeinflussen und fördern.
Der Anhang enthält zur Vertiefung und Reflexion die Beschreibung von
28 Lebensstiltypen, ein persönliches Entwicklungspanorama sowie einen
Entwicklungsfragebogen.

Erhältlich im Buchhandel oder über
www.verlag-hanshuber.com